U0556700

本书出版得到中国—上海合作组织国际司法交流合作培训基地，昆明新时代海外利益保护与安全问题研究院的资助

韩国研究文库

A STUDY ON
SOUTH KOREA'S PERCEPTIONS
TOWARDS CHINA'S NEIGHBORHOOD DIPLOMACY
(2002-2014)

韩国对中国周边外交的认知研究

（2002~2014）

张弛/著

社会科学文献出版社
SOCIAL SCIENCES ACADEMIC PRESS (CHINA)

目 录

导 论 // 001
    一 问题的提出及选题意义 // 001
    二 文献综述 // 005
    三 研究思路与方法 // 018
    四 研究范畴的择取与核心概念的厘定 // 019
    五 框架结构与安排 // 022

第一章 新中国成立以来中国周边外交的发展历程 // 024

第一节 "周边"的概念和中国周边环境的基本特征 // 024
    一 "周边"的概念 // 024
    二 中国周边环境的基本特征 // 027

第二节 毛泽东、邓小平、江泽民时期的中国周边外交 // 030
    一 毛泽东时期中国周边外交的理论与实践 // 030
    二 邓小平时期中国周边外交的理论与实践 // 033
    三 江泽民时期中国周边外交的理论与实践 // 036

第三节 胡锦涛时期的中国周边外交 // 040
    一 胡锦涛时期的中国周边环境 // 040
    二 胡锦涛时期的中国周边外交理论 // 041
    三 胡锦涛时期中国周边外交的主要成果 // 045

第四节 习近平时期的中国周边外交 // 048
　一 习近平时期中国新周边环境 // 048
　二 习近平时期中国周边外交理论新发展 // 049
　三 习近平时期中国周边外交新实践 // 053
小结 // 056

第二章　韩国对中国周边外交的基本认知 // 059

第一节 韩国政府对中国周边外交的基本认知 // 059
　一 中国周边外交的基本特征 // 061
　二 朝鲜半岛核问题上的中国外交 // 063
　三 以中日韩为核心的东亚合作 // 065
　四 中韩关系 // 067

第二节 韩国学界对中国周边外交的基本认知 // 072
　一 中国周边外交的演变、内容、目标和未来 // 073
　二 中国的东北亚政策与朝鲜半岛政策 // 075
　三 中国的东南亚政策与区域合作 // 078
　四 中国与俄罗斯、中亚国家的关系：以"西进"政策为中心 // 080
　五 中国的南亚外交：以中印关系为中心 // 084

第三节 韩国媒体对中国周边外交的基本认知 // 086
　一 研究方法 // 087
　二 韩国媒体对中国周边外交的认知分析 // 089

第四节 韩国民众对中国周边外交的基本认知 // 096
　一 研究内容 // 096
　二 研究结果及分析 // 097

小　结 // 108

第三章　韩国对中国周边外交中合作与争议问题的认知 // 111

第一节　韩国对上海合作组织的认知 // 112
　　一　韩国政府对上海合作组织的认知 // 112
　　二　韩国学界对上海合作组织的认知 // 114
　　三　韩国媒体对上合组织的认知 // 119

第二节　韩国对亚洲基础设施投资银行的认知 // 126
　　一　韩国政府对亚投行的认知 // 127
　　二　韩国学界对亚投行的认知 // 129
　　三　韩国媒体对亚投行的认知 // 133

第三节　韩国对南海争端的认知 // 140
　　一　韩国政府对南海争端的认知 // 141
　　二　韩国学界对南海争端的认知 // 144
　　三　韩国媒体对南海争端的认知 // 149

小　结 // 156

第四章　韩国对中国周边外交认知的特征与形成原因 // 159

第一节　韩国对中国周边外交认知的特征 // 159
　　一　非对立性 // 159
　　二　不对称性 // 160
　　三　二重性 // 161
　　四　政经分离 // 162

第二节　中韩两国对中国周边外交认知的比较 // 164
　　一　中韩两国认知的主要共同点 // 164
　　二　中韩两国认知的主要分歧 // 168

第三节　韩国对中国周边外交的认知形成之原因 // 173
　　一　理性角度：韩国的国家利益决定了国家认知 // 174

二 情境角度：半岛地缘、东北亚格局、儒家文明对韩国认知的
    影响 // 176
  三 性情角度：韩国社会的认知偏好和情感对其认知的影响 // 180
 小　结 // 186

第五章　韩国对中国周边外交认知的启示：思考周边外交研究的新视角与未来的实践方向 // 188

 第一节　周边外交研究的新视角 // 189
  一 "由外至内"模式对"由内至外"模式的补充意义 // 189
  二 坚持以我为主的必要性 // 191
  三 构建认知互动的周边外交研究新视角 // 192
 第二节　新时期中国周边外交的实践方向 // 197
  一 寻找与周边国家战略对接的利益结合点 // 198
  二 构建多元、包容的亚洲文化 // 200
  三 加强对民众特别是青年的公共外交 // 204
  四 搭建或提升地区合作交流的公共平台 // 205
  五 向周边国家提供合适的公共产品 // 209
  六 推动打造周边战略支点国家 // 212
 小　结 // 215

结　论 // 217

参考文献 // 225

后　记 // 242

导 论

一 问题的提出及选题意义

"周边外交"在中华人民共和国外交史上既是一个年轻的、正在发展中的概念，又是一个与新中国外交相伴始终的领域。自新中国成立以来，历届中央政府都十分重视发展与周边邻国的友好关系。然而，"周边外交"一词的正式提出，却是在冷战结束之后。随着美苏两极体制的瓦解，中国面临的国际形势发生了重大变化，党中央果断地将发展周边外交作为外交工作的重点，开拓中国外交的新局面。经过二十余年的不懈努力，中国的周边外交取得了丰硕的成果。特别是进入21世纪以来，中国的周边外交更加积极活跃，成立"上海合作组织"、建设"中国-东盟自由贸易区"、主持"六方会谈"等一系列具体行动，不仅增进了与周边国家的友好关系，而且向各国表明中国是一个负责任的大国，是维护地区和平稳定的重要推动力之一。党的十八大报告指出，中国将"坚持与邻为善、以邻为伴，巩固睦邻友好，深化互利合作，努力使自身发展更好惠及周边国家"，[①] 再次向周边各国表

[①] 《胡锦涛：坚定不移沿着中国特色社会主义道路前进 为全面建成小康社会而奋斗》，人民网，2012年11月9日，http://cpc.people.com.cn/18/n/2012/1109/c350821-19529916-11.html，最后访问日期：2015年3月14日。

明了中国建设和谐、稳定、繁荣周边环境的坚定意愿。2013年10月，习近平在周边外交工作座谈会上进一步阐述了"亲、诚、惠、容"的全新理念，规划了"一带一路"的宏伟蓝图，提出了建设"命运共同体"的美好构想。这些新观点、新思路都将对未来周边外交的发展产生积极而深远的影响。

在周边外交取得积极成果并赢得不少周边国家赞许的同时，应当看到，迄今为止，"中国威胁论"在周边国家中仍旧有一定的市场。一些个人或团体始终认为中国积极推进周边外交，其终极目的还是获取地区领导权，在东亚重建"朝贡体系"。这些"杂音"不仅不利于中国与周边国家解决历史遗留问题，而且影响了中国在周边国家人民心目中的形象。因此，了解和考察周边国家对中国周边外交的认知，兼听积极的反响和消极的声音，不但有利于找到"中国威胁论"的根源，对症下药，而且可以为未来更有效地推进周边外交提供新方式、新思路，使"命运共同体"意识尽早在周边地区生根发芽。然而，众多邻国文化、利益各异，它们对中国周边外交的看法自然会出现多多少少的差别。要分析这众多的认知与看法，需要对它们进行有效的分类整合。正如戴维·伊斯顿在著名的《政治生活的系统分析》一书中所指出的，如果要使试图在同一时间破门而入的人群通过大门，一个重要的办法就是要他们成群地而不是一个个地进入，或是允许有些人作为其他人的代表进入。① 这意味着在研究周边国家对中国周边外交的认知时，选择合适的国家作为范例，对分析和推演周边国家的一般认知具有重要意义，而韩国恰恰就是研究周边国家认知中的一个典范。

之所以称韩国为典范，其主要原因有二：一是韩国既是中国的周边国家之一，又是一个"中等强国"，没有美、日、俄、印等国的"大国光环"，"周边国"的色彩鲜明。中国外交总布局长期以来都是大国是关键、周边是首要、发展中国家是基础、多边是重要舞台。在中国周边大国环伺、邻国众多的环境下，一些国家既是"周边国"，又带有"大国"色彩。如唯一

---

① 〔美〕戴维·伊斯顿：《政治生活的系统分析》，王浦劬主译，人民出版社，2012，第120~121页。

的超级大国美国、经济大国日本、军事大国俄罗斯和新兴大国印度等，它们既可以作为周边外交的对象，也可以归入大国外交的范畴。而韩国没有大国的特质，鲜明地体现了"周边国"的特征。习近平在会见韩国议长郑义和时就曾明确指出，中方"始终将韩国放在周边外交的重要位置"。① 二是韩国作为与中国一衣带水的邻国，虽与中国在地缘、历史、文化、经济等多方面有着紧密的联系，但身为美国的盟国，韩国在安全上更倚重与美国的同盟关系，这种"安美经中"的现象在周边国家中具有相当的代表性。地理上，韩国所在的朝鲜半岛在地缘上是大陆与海洋的过渡地带，与中国互为唇齿；历史上，中韩两国之间长期的互助和交流留下了诸如壬辰抗倭战争、上海大韩民国临时政府等一段段佳话；文化上，对儒家文化的传承体现了两国文化上的亲缘；经贸上，频繁的往来更使两国在经济上密不可分。不过，迄今为止，韩美同盟仍是韩国国家安全的基础，韩国对中国的崛起特别是军力发展心存忧虑。这种经济上依赖中国、安全上求助美国的"安美经中"现象在周边中小国家中显得极为突出。基于上述两点原因，本书拟以韩国为突破口，通过韩国的认知来反映和挖掘周边国家对中国周边外交的看法，研究并试图回答以下几个互相关联的问题：韩国对中国周边外交的基本认识是什么？韩国如何看待中国与周边国家的合作与争议？影响韩国认知的因素有哪些？对这些问题的研究考察，笔者认为，其理论和实践意义至少可以体现在以下三个方面。

　　首先，研究韩国对中国周边外交的认知，从理论上可以开辟周边外交研究领域"由外至内"的研究新模式。周边外交中的"周边"一词，所指的就是中国的周边地区。虽然"周边"涵盖的地理范围随着时代的发展，有邻国、"小周边"、"大周边"等不同的界定，但最终来讲，"周边"是相对于中国这个"中心"来讲的，其从诞生之初就很难摆脱"中国中心主义"的倾向。正是由于这种中国中心主义，过去的周边外交研究特别是国内的研究，基本上采取的是"由内至外"的方式，即立足于中国这个本位出发

---

① 《习近平：中方始终将韩国放在周边外交重要位置》，新华网，2014年12月18日，http://news.xinhuanet.com/world/2014-12/18/c_1113696351.htm，最后访问日期：2015年5月15日。

点,梳理周边外交的发展历程,总结周边外交的工作经验,进行周边外交战略的顶层设计等。这种"由内至外"模式尽管有利于切实立足中国的实际情况来解决周边外交中的问题,但是过度强调了作为施动者的"中国"对受动者的"周边国家"所施加的影响,忽视了受动者本身是一个极富主观意识的行为体,能够对施动者的行为进行能动反应的特质。因此,以"由外至内"模式作为对"由内至外"模式的补充,从受动者的角度,解读施动者的行为,不仅可以使各行为体更加平等地互动,而且也有利于找到互动过程中的最大公约数,使中国的周边外交更具包容性,更容易得到周边国家的认可。

其次,借鉴韩国对中国周边外交的认知,在实践上有利于反思中国周边外交工作中存在的问题,从而更有效地促进未来周边外交的开展。唐太宗曾说:"夫以铜为镜,可以正衣冠;以古为镜,可以知兴替;以人为镜,可以明得失。"① 对于一个国家来说亦如是。在经济全球化和地区一体化快速发展的今天,各国之间的相互依存更加紧密,一个国家制定的政策不仅会对本国产生影响,而且会对邻国、周边地区乃至全球产生某种效应。这些受到波及的国家或地区对该政策的反应对该政策的顺利推行发挥着重要的作用。回顾过去中国的周边外交实践,中国的确提出了不少好意见,也做了很多实事,但在收获成果的同时,不能否认的是,周边国家对中国外交行为的批判和误解依然存在。例如,中俄输油管线由于日本的搅局和俄罗斯自身的考量被迫从"安大线"改为"泰纳线",中国帮助缅甸修筑的密松水电站被指控掠夺资源、破坏当地生态和人民生计而被突然叫停等一系列事件,这些都表明中国周边外交的成功与否,不仅取决于中国自身,也受制于周边国家国内因素的影响。所以,在未来推进周边外交政策的过程中,在立足自身利益的基础上,中国还需要站在周边国家立场上的换位思考。不断借鉴他国的这面"镜子"来反思中国周边外交中存在的问题,在此基础上与周边国家展开互动,不仅能突出中国周边外交互惠互利的精神,而且能

---

① 刘昫等:《旧唐书》卷71,中华书局,1975,第2561页。

使未来的外交工作更有效、更顺遂。

最后，充分了解韩国对中国周边外交的认知，有助于寻找中韩两国在国家战略上的利益结合点，并在此基础上推动两国的多方面合作，增进中韩友谊。韩国社会对中国周边外交的认知，不仅反映了韩国的观点和看法，而且对中国外交实践有丰富的启示。通过思考这些启示，可以发现中韩两国在国家战略上的共同利益之所在。新自由制度主义者罗伯特·基欧汉指出，合作的出现，取决于机制的模式；而促进机制形成的激励因素，取决于共享或是共同利益的存在。① 因此，找到中韩的共同利益之所在，将极大地推动两国合作平台的建设。例如，中国提出"一带一路"倡议之后，韩国的一些学者立即提出是否可以借道中国将中亚输油管线铺设至韩国，能否将欧亚高铁的东段与朝鲜半岛相连接等设想。虽然这些设想要实现面临重重困难，但是它们毕竟为未来周边战略的实施和中韩两国的合作提供了突破口。未来中国周边外交的有效展开，不仅取决于中国自身的努力，也有赖于周边国家在这一过程中的积极合作。如果中韩两国能实现战略上的互通协调，那么既将有利于双方达到互惠共赢的成效，也将对中国与其他周边国家的战略互通起到积极的示范性作用。

二　文献综述

考察韩国对中国周边外交的认知，就是研究韩国社会群体对中国周边外交的综合认识。韩对中国周边外交的认知，从本质上说，是海外中国周边外交研究的一部分。基于此，笔者首先梳理海外（主要是西方国家）对中国周边外交研究的既有现状、特点和局限，然后在此基础上引出目前韩国国内关于中国周边外交的相关研究，概括并分析目前韩国对中国周边外交认知的研究现状，论述本书的必要性和学术意义。

（一）西方国家对中国周边外交的研究概况

韩国对中国周边外交的研究，是海外中国周边外交研究的一部分。在

---

① 〔美〕罗伯特·基欧汉：《霸权之后：世界政治经济中的合作与纷争》，苏长和、信强、何曜译，上海人民出版社，2001，第96页。

海外中国周边外交研究这一领域，以美国为首的西方国家握有压倒性的话语权。韩国国内的中国周边外交研究，虽然需要参考中国国内的原始资料和研究文献，但是其研究视角基本上是套用西方的。这一现状不仅与二战后西方文化对韩国社会的影响有重大关系，更重要的是，目前韩国国内高校和研究机构中研究国际关系的学者，有相当大一部分受业于西方国家（特别是美国），拥有欧美学校授予的学位。同时，韩国本土的高等教育也充分参照了欧美模式，培养的人才大多也饱读西方学术理论，拥有一定的海外经历。正是受这些因素影响，西方世界的研究理论和成果对韩国国内关于中国周边外交的研究有着重大影响。因此，在梳理韩国国内的研究之前，只有考察西方世界（主要是欧美国家）对中国周边外交研究的现状，分析这些研究的主要结论，才能发现西方研究的不足和它们对韩国研究的影响。

西方学界对中国外交的研究成果丰硕，但其或着眼于宏观层的中国整体的外交战略，或注重于微观层的国别外交与次区域外交，反而对中观层的周边外交研究相对不足。截至目前，西方学界专门研究中国与周边国家关系（非中国与周边国家的双边外交和周边次区域外交）的论著数量十分有限。这一现状表明，中国周边外交研究在海外中国学中尚属一个新生的领域，而这一现状与中国目前对周边外交的重视极不协调。

首先，就已成书的研究成果来看，目前的主要著作包括布兰德利·沃马克（Brantly Womack）的《不平等下的中国：亚洲的非对称外交关系》，[1] 泰勒·弗莱维尔（M.Taylor Fravel）的《强边安邦：中国领土争端中的冲突与合作》，[2] 布鲁斯·埃勒曼（Bruce A. Elleman）等人编著的《北京的实力与中国的边界：二十个亚洲邻国》，[3] 乔纳森·霍尔斯拉格（Jonathan Holslag）

---

[1] Brantly Womack, *China among Unequals: Asymmetric Foreign Relations in Asia*, Singapore: Co.Pre.Ltd., 2012.

[2] M.Taylor Fravel, *Strong Borders Secure Nation: Cooperation and Conflict in China's Territorial Disputes*, Princeton: Princeton University Press, 2008.

[3] Bruce A.Elleman, eds., *Beijing's Power and China's Borders: Twenty Neighbors in Asia*, New York: M.E.Sharpe, 2012.

的《中国与亚洲必有一战》。①

沃马克的《在不平等下的中国：亚洲的非对称外交关系》一书是他在2001~2009年撰写的20篇文章的汇编。沃马克在书中阐述了不对称理论这一重要概念，并运用其分析一般国际关系、中国外交政策、中美关系以及中国与周边国家的关系。作者认为，无论是过去还是现在，中国都是亚洲乃至东方世界的中心，但中国的这种中心性制造出的地区基本模式是一种非对称注意力模式：中国对周边国家的具体情况不甚注意，但周边国家常常会对中国过度敏感。这种不对称关系往往会导致中国与周边国家之间的误解，进而引起双方之间的矛盾。作者认为，在不对称关系下，中国需要的是周边国家对它的尊重，而周边国家需要的是中国承诺不威胁其身份和利益，而作者为妥善处理这种不对称关系开出的一剂良方是相互尊重，提倡协商而不是胁迫。该书的主要贡献就在于为周边国家对中国崛起恐惧的原因提供了一种系统的理论解释，但该书缺乏一个强有力的结尾，既未对全书的内容进行提炼和升华，对如何实现相互尊重的具体方法也语焉不详。

弗莱维尔的《强边安邦：中国领土争端中的冲突与合作》和埃勒曼等人编著的《北京的实力与中国的边界：二十个亚洲邻国》是研究中国与周边国家领土领海划界和争议问题的著作。前者从国际政治、国家安全等角度，通过新中国成立后在领土争端中的决策动因理论来考察新中国处理与周边国家领土领海争端的案例。该书的最大贡献在于构建了针对国家在领土争端中合作与冲突行为的政策动因理论，即国家会在什么样的情况下采取拖延、合作、对抗三种策略解决领土争端问题。后者是一本论文集，系统分析了中国与周边国家和地区的领土领海划界问题，按国别讨论的原则详述了周边国家和地区与中国疆界问题的由来、现状以及遗留问题，并按争议问题的地理特征，将20个国家和地区分为五大区域，并归纳了五大区域争议问题各自的特点。其主旨在于阐述边界争议问题对中国崛起的影响，指出众多的邻国既给中国带来了经济上的机遇，也潜藏着抑制中国崛起的因素。

---

① Jonathan Holslag, *China's Coming War with Asia*, Cambridge: Polity Press, 2015.

霍尔斯拉格的《中国与亚洲必有一战》可谓目前西方学界关于中国周边外交的最新成果。这本书既详细回顾了新中国成立以来中国周边外交发展的历史脉络和争端问题，也提出了不少颇受争议的观点。霍尔斯拉格在书中指出，新中国成立以来，中国历经数十年的奋斗，实现了四大宏伟愿景中的三个，即巩固边疆、维护共产党的执政地位以及国家主权受到承认和尊重，但唯一尚未实现的愿景就是完成统一。他认为完成统一这一愿望将使中国与周边国家的关系陷入冲突和紧张。霍尔斯拉格的这本书虽然说是西方学界屈指可数的专注于中国周边外交研究的作品，但它仍然没有跳脱约翰·米尔斯海默"大国政治悲剧"的逻辑，认为中国将会重蹈历史上大国的覆辙。霍尔斯拉格过于聚焦中国经济军事实力的增长，认为中国要维护核心利益就必然与其他国家发生战争，而忽视了中国软实力的作用以及在争议问题上的合作行为，以致得出一个武断和悲观的结论。中国驻比利时大使曲星指出，如果霍尔斯拉格将此书再版的话，可以考虑在标题后加一个问号，改为《中国与亚洲必有一战吗？》，使每个读者在阅读后自己得出结论，这也许更符合研究人员客观判断和价值中立的原则。①

其次，就现有的研究论文来讲，沈大伟（David Shambaugh）的《中国走进亚洲：重塑地区秩序》②一文是一篇研究冷战后中国崛起与周边政策比较有代表性的文章。该文主要探讨中国的崛起将给地区格局带来何种影响。一方面，他指出，1997~1998年亚洲金融危机、中国对地区多边组织的再评价、呼吁废除同盟和重申邓小平的和平发展理论等是中国在20世纪90年代到21世纪初积极开展周边外交的主要动因。另一方面，他认为21世纪以来周边外交的主要支柱包括参加地区组织、与周边国家建立和深化战略伙伴关系、扩大地区经济联系和减少安全领域的不信任与紧张。不同于西方许多鼓吹"中国威胁论"的学者，沈大伟认为中国是有可能和平崛起的，

---

① 《驻比利时曲星大使在比学者〈China's Coming War with Asia〉新书发布辩论会上的发言》，中华人民共和国外交部网站，2015年3月2日，http://wcm.fmprc.gov.cn/pub/chn/gxh/tyb/zwbd/dszlsjt/t1241924.htm，最后访问日期：2015年10月27日。

② David L. Shambaugh, "China Engages Asia: Reshaping the Regional Order," *International Security*, Vol.29, No.3, 2004.

中国的利益与周边国家和美国是可以有效调和的。然而，沈大伟坚持未来地区秩序仍需要以美国的同盟体系为核心，中国的发展将受益于这一体系。这一观点反映出，尽管他认为美国应鼓励中国参与未来地区秩序的建设，但中国的角色和地位仍是从属性的，发挥的作用也是有限的。

赵穗生的《中国周边政策的形成》①是一篇系统研究改革开放至21世纪初中国周边外交政策发展演变的文章。文章首先回顾了中国周边政策的发展，随后分析了这些政策对构建中国周边环境的影响，最后指出了中国周边政策面临的挑战。赵穗生在研究中国的周边政策时着重于安全领域，认为邓小平时期、江泽民时期中国的周边环境固然得到很大的改善，但与周边国家的边海争议、区域竞争对手的存在（日本、印度）、周边国家对"中国威胁"的恐惧和中美关系始终是对中国周边环境的最大挑战。赵穗生对中国周边政策持悲观的态度，指出中国学者认为"中国与邻国在安全上有着共同利益，在整体利益上与邻国不存在冲突"的看法过于乐观。

斯图亚特·哈里斯（Stuart Harris）的《中国的区域政策：何种程度的霸权？》②是一篇将中国的区域外交与周边外交相等同的文章。哈里斯的文章更多地采用了中国学者在探讨周边外交时的论述方式，将中国的区域政策分为六个板块，即美国、东盟、南亚、中亚、俄罗斯与东北亚来进行探讨，认为一个中国原则、外交总布局、中美关系和能源需求是影响中国周边政策的主要因素。在衡量中国是不是地区霸权的问题上，作者认为不仅要研究中国的意图和愿望，更需要考虑中国的现实能力。作者指出，目前认为"中国已是地区霸权"的观点为时尚早，但是不能低估中国未来的潜力。

肖恩·布雷斯林（Shaun Breslin）的《理解中国在地区的崛起：解释、身份和影响》③一文系统阐述了冷战后中国在周边地区崛起过程的特点。首

---

① Suisheng Zhao, "The Making of China's Periphery Policy," in Suisheng Zhao, ed., *Chinese Foreign Policy: Pragmatism and Strategic Behavior*, New York: M.E.Sharpe, 2004.
② Stuart Harris, "China's Regional Polices: How Much Hegemony?" *Australian Journal of International Affairs*, Vol.29, No.4, 2005.
③ Shaun Breslin, "Understanding China's Regional Rise: Interpretation, Identities and Implications," *International Affairs*, Vol.85, No.4, 2009.

先，作者认为中国地区政策开始转变始于20世纪90年代后期，驱动因素是1995~1996年的台海危机和1997年的亚洲金融危机。其次，作者认为中国在地区的形象也开始发生变化，主要表现为"负责任大国"概念的提出、"中国模式"等。此文最重要的成果在于总结了中国在地区崛起的三条经验：寻求对要求补充"华盛顿共识"下全球金融治理的呼声的支持，危机使中国领导者强化了作为负责任地区行为者的意向，中国的软实力在危机时代可以在地区经济上发挥领导性的影响。但是，布雷斯林对中国的诸如"和平崛起""国际秩序的补充建设者"之类的自我身份的定位表示怀疑，他认为中国不愿做一个安于现状的国家，"补充"是一种变相的改变，而"中国模式"也并非为了弥补"美国模式"的不足，而是要与"美国模式"进行实质上的竞争。

马必胜（Mark Beeson）和李福建（Fujian Li）合作的论文《被迷惑还是被惊吓？理解中国的地区关系》[1]也是一篇反思中国与周边国家关系特别是中国与东北亚及东南亚国家关系的文章。文章旨在探讨作为东亚大国，中国在崛起过程中是如何融入该地区并发展与周边国家关系的。不同于一般的中国区域政策研究，该文相对简化了中国区域政策展开的过程，着重考察中国学者是如何看待区域主义（Regionalism）和如何推行区域战略（Regional Strategy）的。在探讨与东南亚、东北亚国家关系的过程中，作者更多采用了一种双边模式，指出虽然中国已经比较成功地融入东亚多边机制，但是中国依然偏好在双边的框架下与东亚国家协商和互动。作者认为，由于周边国家更多是以实际利益而不是以意识形态为基础来看待中国，中国在未来区域政策的推进中有必要培养周边国家对中国的善意。

除了上述论文外，罗伯特·萨特（Robert Sutter）的《中国的善邻政策及其对台湾的影响》、[2] 德·卡斯特罗（Renato Cruz De Castro）的《发掘中

---

[1] Mark Beeson & Fujian Li, "Charmed or Alarmed? Reading China's Regional Relations," *Journal of Contemporary China*, Vol.73, No.21, 2012.

[2] Robert Sutter, "China's Good Neighbor Policy and Its Implication for Taiwan," *Journal of Contemporary China*, Vol.13, No.41, 2004.

国在东亚和平崛起的前景》①等都涉及中国的周边外交问题。但总的来看，西方学界更多地用"区域"（region）一词来指代"周边"，其研究的范围还是集中于由东北亚和东南亚组成的"东亚地区"，对中亚、南亚的关注相对较少。西方学者热衷的问题还是崛起的中国会不会因为成为地区霸权而改变东亚的国际秩序，对经济整合、领土争议等问题的考察基本上是服务于这个中心的。至于中国周边外交在其他领域的影响，西方学者就显得相对漠然。西方学者对中国周边外交的研判，大多仍局限于进攻性现实主义的思维逻辑，认为"中国必将成为修正主义国家，追求霸权，对周边国家形成威胁"。即使是相信中国能够和平崛起的温和派，也主张维持目前美国主导下的东亚秩序，希望中国融入其中而不是试图对其进行改革或发起挑战。这些观点或多或少带有"西方中心论""中国威胁论"等影响的痕迹。

（二）韩国国内对中国周边外交研究的概况

韩国虽与中国是一衣带水的邻国，但由于冷战时期两国并没有官方的外交关系，韩国对中国外交的研究起步较晚，直到中美关系改善、中国重返联合国时期才逐渐发展起来。②早年韩国研究中国外交的学者，大多受业于美国、中国台湾等地，研究思路受西方理论的影响很深。中韩建交后，韩国的中国外交研究开始迅速推进，来华留学、访学人员日渐增加，逐渐形成了以著名大学和智库为主要据点的研究阵地。成均馆大学的成均中国研究所、汉阳大学的中国问题研究所、庆南大学的极东问题研究所、国家安保战略研究院、世宗研究所、峨山政策研究院、东亚研究院等机构都是韩国著名的中国政治外交研究机构。但总体来说，同西方学界类似，韩国对中国外交的研究主要集中于宏观层面的中国对外政策和微观层面的中国与朝鲜半岛关系，对包括中国周边外交在内的区域政策等中观层面的研究仍显不足。

---

① Renato Cruz De Castro, "Exploring the Prospect of China's Peaceful Emergence in East Asia," *Asian Affairs: An American Review*, Vol.33, No.2, 2010.

② 〔韩〕康埈荣：《韩国的中国学研究趋势和展望》，《学习与探索》2012年第1期，第128页。

目前韩国国内尚缺乏有关中国周边外交专题研究的专著，专门论述周边外交的论文数量亦不多。在这为数不多的专题研究中，比较有代表性的成果主要是李东律的《中国的周边地域外交战略和目标》、[①] 尹永德的《中国的周边外交和对东盟政策》、[②] 李熙玉的《中国的周边地域战略和对东南亚政策的新调整》、[③] 韩硕熙的《中国周边外交的成功战略》[④] 和申成元的《中国的对外政策和周边关系》[⑤] 等文章。

李东律的《中国的周边地域外交战略和目标》比较系统地阐述了中国周边外交发展历程，着力于分析冷战结束之后中国周边外交的主要特征和政策目标。李东律认为，冷战后中国为实现复兴并应对美国对华的包围，着力从经济外交、伙伴外交和多边外交三个主要领域来发展与周边国家的关系。20世纪90年代，中国主要致力于通过加深经济上的相互依存来构筑与周边国家的互信，建设安定的周边环境，促进经济发展，以多边主义来制衡美国的单边霸权。21世纪前十年，中国在既有的"睦邻"政策的基础上提出了"睦邻、安邻、富邻"的"三邻"政策，积极构筑有利于中国崛起的国际环境，深化地区经济合作，巩固中国复兴的地区基础。李东律认为，中国周边外交的最终目标是实现中国复兴，而实现这一目标的两个先行条件有两个：一是以强国的姿态构筑安定的周边经济和安全环境，二是通过与周边国家的经济合作来增强综合国力。但李东律认为，中国周边战略的最终目标和先行条件之间存在原则性的矛盾，即周边国家对中国复兴的不安与实现中国复兴的两个先行条件之间存在冲突。李东律的文章虽然是研究冷战后中国周边外交的扛鼎之作，但其提出的周边国家对中国复兴的预期认知都是不安的假设，需要进一步商榷。

尹永德和李熙玉的文章都是在论述中国周边外交的基础上展开对中国

---

① 이동률,「중국의 주변지역 외교 전략 및 목표」,『中國研究』제38집, 2006.
② 윤영덕,「중국의 주변외교전략과 대아세안 정책」,『한국과 국제정치』022권 3호, 2006.
③ 이희옥,「중국의 주변지역전략과 대동남아정책의 새로운 조정」,『中蘇研究』제35권 2호, 2011.
④ 한석희,「중국 주변국 외교의 성공전략」,『Sungkyun China Brief』제12권 2호, 2014.
⑤ 신성원,「중국의 대외정책과 주변국 관계」,『정책연구과제』제1호, 2014.

与东盟关系的探讨。尹永德对中国周边外交特征和内容的分析，主要观点与李东律类似，不过更着重在论述内容之前分析周边外交的发展背景，即中国对国际环境认识的变化，基于地缘政治和安全利益的考虑以及中长期国家战略目标的提出。尹永德的文章仍没有完全跳脱"中国威胁论"的思维定式，认为中国周边战略的目标还是致力于建立"以中国为中心的亚洲新秩序"。同时，他也提到，由于中国与周边国家存在领土海洋等主权问题上的纷争、周边国家仍对中国心存不安和警戒、美国对亚洲事务的干涉等因素的存在，他并不看好中国实现这一目标。李熙玉的文章主要着墨于中国的东盟政策，通过周边外交发展的大背景来分析中国东盟政策的新变化。通过分析中国的东盟政策，他提出中国周边外交存在的一些问题十分值得关注，即周边外交成果并没有惠及周边国家民众，投资行为缺乏法律保障容易在当地引起新的纷争，脆弱的政治互信使周边国家更倾向于对华实行平衡战略。这些观点，对未来中国周边外交的开展具有积极的借鉴意义。

相较于前三篇文章主要论述江泽民时期、胡锦涛时期的周边外交，韩硕熙和申成元的文章专注于研究习近平时期中国周边外交的新特点。韩硕熙认为目前中国周边外交需直面三个问题：一是言行一致的问题，即中国是否能真正按照"亲、诚、惠、容"的周边外交理念开展外交实践；二是追求和平发展的愿望与在核心利益问题上绝不让步的立场之间的矛盾；三是中国给予周边国家经济利益必能提升周边国家对华好感的外交认识误区。基于以上分析，韩硕熙明确指出未来中国周边外交成功的关键在于真正贯彻"亲、诚、惠、容"的周边外交理念。他的这一主张，在目前韩国学界得到比较广泛的响应。

申成元的文章则主要关注中共十八大以来中国诸如"一带一路""新安全观""新型大国关系"等重大外交政策的提出和与周边国家关系的新动向。申成元在文章中发表了他对近年来中国周边外交中一些热点问题的看法，诸如美国的"亚太再平衡"、钓鱼岛、南海、东海防空识别区、亚投行、乌克兰危机与中俄关系等，以此总结新时期中国周边外交的战略目标：努力遏制潜在地缘上的对华包围，通过缔结中韩FTA提高中国在东亚共同体中的地位，警戒印度、加强与巴基斯坦关系以确保与阿拉伯海和波斯湾的联系,加强与中亚国家和蒙古国的经济合作以确保能源供应,以"一国两制"解决台湾问题等。申成元认为中国明确表现出以经济实力为基础在亚洲构建新秩序的愿望,并试图将自身的传统价值置于东北亚秩序的核心。这一观点扭曲了中国的战略意图,也不符合中国一贯的不干涉内政、不将自身理念强加于人的原则。

除了上述周边外交专题研究论文外,一些韩国出版的中国外交政策研究的专著也对从更宏观的层面把握中国周边外交发展有着积极的借鉴意义。其中比较值得注意的有徐真英的《21世纪中国的外交政策:"富强的中国"与朝鲜半岛》、[1] 金钰埈的《中国外交路线与政策:从毛泽东到胡锦涛》、[2] 洪廷杓等人的《现代中国外交论》。[3]

徐真英的著作系统论述了中国外交政策,他首先论述了中国外交理论和战略的发展,其次考察了中国与美、俄、日等大国关系的历史发展以及两岸关系,最后回归朝鲜半岛,探讨中国与朝、韩的关系,并提出了所谓的"新朝鲜策略"。徐真英在书中将中国从改革开放到21世纪初二十多年间的外交大战略概括为四大特点:实用主义的"搭便车"外交战略,以国家利益和经济发展为基础致力于中国的复兴,在国际社会韬光养晦并遏制霸权主义的发展,致力于从内部改善现行国际秩序而非全面变革。

金钰埈的著作首先从讨论中国外交的研究方法开始,依次考察了前改革开放时代(毛泽东时期)、改革开放时代(邓小平时期)和后冷战时代(江泽民时期、胡锦涛时期)的中国外交理论路线和政策实践。在讨论后冷战时代的中国外交时,金钰埈专列一节论述了21世纪初中国的周边外交政策。金钰埈认为,21世纪中国周边外交致力于三大领域的建设:建构和平稳定的国际环境,消除周边国家对中国威胁的忧虑,深化地区经济合作。金钰埈认为,21世纪前十年中国周边外交整体上是比较成功的,中国在积

---

[1] 서진영,『21세기 중국 외교정책:'부강한 중국'과 한반도』,서울:폴리테이아,2006.
[2] 김옥준,『중국 외교노선과 정책:마오저뚱부터 후진타오까지』,서울:리북,2011.
[3] 홍정표,『장즈롱,현대중국외교론』,파주:나남,2011.

极建设大国地位和发挥大国影响的同时，尽可能地减轻了周边国家对中国崛起的疑虑，并在东盟自贸区建设、与南亚国家关系改善、缓和朝核问题等方面取得了一定成果。但同时，金钰晙也指出中国周边外交面临的难题，包括与周边国家的领土海洋纠纷、周边国家对大国的忧虑、美国潜在的干涉以及美、日、俄、印等周边大国对"中国主导的地区秩序"的抵制。金钰晙虽与过去尹永德等人在许多问题上秉持类似的看法，但最后特别提出，未来中国周边外交应根据周边国家的不同特点和问题的多样性，开展有针对性的差别外交。这一展望不仅在近年来中国周边外交的实践中得以验证，而且在中韩两国学界得到一定的响应。

洪廷构等人的著作也是一部系统考察中国外交发展历程的作品，书中除了详尽历述毛泽东、邓小平、江泽民、胡锦涛四代领导人时期中国的外交政策外，还讨论了中国与周边国家的海洋领土争议问题。首先从国际海洋法出发，论述中国海洋领土主张的法律依据，其次以专案形式考察中日在钓鱼岛问题上的纠纷以及中国与越南、菲律宾在南海诸岛问题上的争议和北部湾划界问题。

韩国学者研究中国周边外交的论著，集中反映了韩国学界对中国周边外交系统、深度的思考。但是，韩国对中国周边外交的认知并不仅仅局限于这些长篇大论的著作和论文，韩国的学者、记者、政府官员和企业高管也会在一些媒体上发表评论，阐述对中国周边外交的看法。虽然这些评论在思想上可能不如学术论著那样系统和深刻，但在一定程度上对研究韩国对中国周边外交的认知有着借鉴意义。另外，一些研究机构和智库发表的政策报告，也对把握韩国对中国周边外交认识的现状有值得参考的意义。

中韩建交后，韩国媒体对中国的关注与日俱增，主流媒体经常邀请韩国著名的中国学学者和资深的记者撰写社论，对中国的内外政策发表见解。甚至有的主流媒体内部设有专门研究中国或东北亚的研究机构，如《中央日报》的中国研究所、《朝鲜日报》的东北亚研究所等。这些研究机构聘有专门的研究人员，为主流媒体撰写有关中国的社论。在众多的涉及中国的报道和社论中，主要针对中国周边外交的文章有《愈加强硬的中国式单边主义外交：根深蒂固的中华主义，对周边国的无视》、①《对中国外交攻势的解读》、②《周边超紧张：中国"力量"外交》、③《"亲、诚、惠、容"：中国周边外交的假象》、④《中国的周边外交和应对之法》、⑤《中国的周边战略和韩国的角色》⑥等。总的来看，韩国媒体对中国周边外交负面评论的倾向明显增强，特别是在中国与周边国家的领土海洋纷争中，同情小国、指责中国的声音反映出"中国威胁论"在韩国媒体界占有不少市场。另外，媒体登载评论的倾向性，与中韩关系密切相关。在2004~2005年的高句丽问题，2010年的天安舰事件、延坪岛事件上，韩国媒体的负面报道评论明显较多，而朴槿惠执政初期随着中韩关系的改善，韩国媒体评论对中国周边外交的态度也变得相对和缓。

政策报告也是反映韩国对中国周边外交认知的重要部分，在这一领域，峨山政策研究院近年来走在前列，特别是其发布了一系列基于民调的政策研究报告，⑦从政治、经济、外交、安全等多个领域反映了韩国公众对中国的认识。这些报告虽然大多内容比较简短，却是研究韩国公众对中国认知的不可或缺的材料。其中特别要提到的是金知玭等人撰写的《东北亚秩序

---

① 홍순도，「〈거세지는 중국식 일방외교〉뿌리깊은 중화주의…주변국무시」，『문화일보』，2004년 6월 18일．
② 이남주，「중국의 외교공세 읽는 법」，『경향신문』，2010년 8월 5일．
③ 김기수·이정애，「중국 '힘의 외교'에 주변국 초긴장」，『내일신문』，2010년 9월 27일．
④ 한우덕，「'친·성·혜·용'，중국 주변국 외교의 허상」，『중앙일보』，2013년 12월 9일．
⑤ 국제칼럼，「중국의 주변외교와 마주하는 법」，『경향신문』，2014년 1월 27일．
⑥ 김한권，「중국의 주변국 전략과 한국의 역할」，『한국일보』，2014년 2월 19일．
⑦ 如《韩国对周边国家的认识》(2013、2014)、《韩国人的对美、对中认识：中国未来经济领先、政治力也与美国接近》(2014)、《国家好感度报告》(2013、2014)、《国家领导人好感度报告》(2013、2014)、《2012年度峨山民调》(2013)、《国家经济力影响评价》(2013)、《国家政治力影响评价》(2013)、《危险国家调查》(2013)、《韩中关系的主要议题》(2013)、《韩美中国际关系调查》(2013)、《韩中首脑会谈评价》(2013)、《国家信赖度调查》(2013)、《韩国与周边国家关系评价与展望》(2013)、《周边国家威胁评价与威胁领域》(2013)、《韩中FTA认同与否》(2013)、《韩中FTA的赞成与反对以及FTA的受惠国》(2013)等，这些研究报告均参见峨山政策研究院网站，http://www.asaninst.org/contents/category/publications/public-opinion-surveys/。

与韩中关系的未来：竞争与合作之间》，[①]该报告主要就朴槿惠政府上台以来韩国人对中国领导人的好感度、韩中关系、中国军事与经济崛起、文化影响力等方面的认识进行了广泛调查和深入分析。金知玧等人根据调查分析认为，中韩两国外交、安全和经济领域扩大合作的起点应该是文化合作。这一结论，对于中国未来周边外交工作方向的改进和提高中国软实力外交是颇有参考意义的。

和西方学者的研究类似，韩国学者对中观层面的中国整体周边外交研究相对不足，研究的重点更偏重于周边外交之于韩国的影响和思考韩国的应对之策。虽然21世纪以来韩国学者开始更多地重视对中文文献的使用和对中国研究成果的参照，但是在研究方法和思路上，基本上还是采用西方学界的路径，承袭西方的主要观点，这使韩国的研究在整体上仍然依附于西方体系，并没有找到一条部分韩国学者呼吁的有别于西方研究和中国研究的独立的"韩国路径"。在大多数韩国学者看来，中国周边外交是机遇与挑战并存，韩国既要搭乘中国的经济快车，又要时刻警惕中国复兴后的大国主义倾向。

通过梳理西方国家与韩国国内关于中国周边外交的研究，可以发现，相较于宏观层面的中国外交大战略研究和微观层面的国别和次区域外交研究，中观层面的整体周边外交研究仍是目前海外中国外交研究的薄弱环节。虽然随着近年来中韩两国交流的日益频繁，中国的声音在韩国国内得到了一定程度的回应，许多研究成果也为韩国学者所引用，但这并不能代表韩国的周边外交研究已经脱离了西方的体系。西方观点和理论指导下的对中国文献的解读，成为韩国"西体中用"式研究的主要特点。通过系统梳理韩国官方、学界、媒体对中国周边外交认知的情况，并在某些领域参考已有的相关民调数据，由此概括韩国社会对中国周边外交认知的特点和影响因素，对总结周边外交的经验、促进国内外周边外交研究互动具有重大意义。

---

① 〔韩〕金知玧、姜忠求、李宜澈、Karl Friedhoff：《东北亚秩序与韩中关系的未来：竞争与合作之间》，李婷婷、金民政、陈柄男译，首尔：峨山政策研究院，2014。

三　研究思路与方法

本书以韩国政府的公开外交文献、韩国学者对中国周边外交的相关研究、韩国主要新闻媒体的报道评论为基本资料，在部分问题上参考相关的一些既有民调数据，分析韩国社会对中国周边外交的认知情况。本书将首先回顾新中国成立以来中国周边外交的发展，总结中国周边外交的理论思想和实践经验，展现中国周边外交的自我认知；第二，通过韩国的官方、学界、新闻媒体、民调来描绘韩国对中国周边外交基本认识的轮廓；第三，依靠官、学、媒三大渠道来分析韩国对中国周边合作和争议问题的具体看法；第四，归纳韩国对中国周边外交的认知特征，并以国际政治心理学相关原理为主要理论工具，分析韩国对中国周边外交认知产生的原因；第五，在考察韩国对中国周边外交认知给中国带来的启示的基础上探索研究中国周边外交的新视角，并为未来中国周边外交的实践方向建言。因此，本书在广泛搜集相关文献和参考前人研究的基础上，在研究方法上注重三个结合。

首先，国内认知和国外认知的对比研究。对任何一种外交政策的评判，都不能仅仅局限于本国利益的损益考量，也应适当考虑外界对该政策的反应。特别是在中国崛起和高度参与国际地区事务的背景下，如果仍秉持现实主义的做法追求相对利益最大化，将难以与他国开展合作。中国的周边外交若要在未来取得更大的成就，既需要考虑中国发展的实际需求，也需要在一定程度上呼应周边国家对中国的寄望。在当前国内周边外交研究不断涌现的情况下，适当引入国外的研究，与国内研究进行参照，不仅有利于国内外研究的互动，而且具有"揽镜自鉴"的功效。通过对比国内的主体认知和国外的客体认知，可以发现对于同一问题国内外认知的异同，并由此找出这种差别的根源，从而为未来外交实践的展开提供有益的指导。

其次，主观与客观相结合的研究。认知属于心理学概念，即人的感官对外界事物实施信息加工的过程。认知对象的客观存在和客观环境的制约固然能够影响人的认知，但人能动的主观加工过程更是认知形成的关键因素。从社会学和心理学来讲，国家可以被视为社会人或是类人的社会行为体，也有着独特的认知。在国际政治心理学中，客观利益的存在与现实情境的制约自然对国家认知的形成有着因果联系，但是认知主体的偏好、信念和情感等主观因素也在积极地塑造着国家认知的形态。因此，分析韩国对中国周边外交认知的形成，是一个主观与客观相结合的过程，利益、情境、性情等诸多主客观因素的共同作用，形成了韩国对中国周边外交独特的看法。

最后，理论与政策相结合。本书旨在研究韩国对中国周边外交的认知及其成因。但是，本书并不局限于对这种认知轮廓的描绘以及从理论角度分析其生成，而是要在分析韩国对中国周边外交认知之后为未来中国周边外交工作的开展方向提出政策性建议。研究韩国对中国周边外交的认知不仅有助于中国反思外交工作的不足，而且对探索未来实践的方向也具有启发性意义。在新时期周边外交的开展过程中，中国亟须借鉴这些有益的启示，一方面弥补现有周边外交工作的不足，另一方面在此基础上开始新的外交实践。以韩国对中国周边外交认知为借鉴，联系中国当前周边外交的现状，提出相关的政策性建议，是本书重要的目的之一。

四 研究范畴的择取与核心概念的厘定

在正式研究韩国对中国周边外交认知这一问题之前，本书不仅要对研究时间、案例择取的理由进行说明，而且要对"周边""周边外交"等核心概念进行明确的界定，避免读者产生对研究范围的疑问和对概念的混淆。

一是关于研究时间段的选择。本书之所以将2002年作为研究的起点，主要是因为2002年在中国外交发展史和周边外交史上具有划时代的重要意义。王逸舟在《中国外交六十年（1949~2009）》一书中，将新中国成立以来中国外交的发展历程划分为六个分期，并将2002年至今这段时期称为中国外交的"全新成长期"。[①] 从2002年党的十六大召开至2014年，中国发生了重大的变化。中国经济的高速发展带动了中国综合国力的提升，中国

---

① 王逸舟、谭秀英主编《中国外交六十年（1949~2009）》，中国社会科学出版社，2009，第18页。

外交也打开了崭新的局面:中国的国际地位进一步提高,影响力由地区向全球扩散,中国逐渐从过去国际规范的被动接受者转为主动制定者,中国正以前所未有的积极姿态参与区域合作和全球治理进程。在周边外交的发展历程中,以胡锦涛为总书记的第四代党中央领导集体明确指出,中国坚持"与邻为善、以邻为伴",奉行"睦邻、安邻、富邻"的周边外交政策,为国内经济发展创造了繁荣稳定的周边环境。以习近平同志为核心的新一届中央领导集体在坚持"三邻"政策的基础上,进一步提出"亲、诚、惠、容"的周边外交新理念,规划了"一带一路",推进建设"命运共同体",打开了周边外交的新局面。2002~2014年是中国周边外交从调整适应阶段的"韬光养晦"逐渐走向"有所作为"甚至"奋发有为"的重大转折时期,考察这一时期韩国对中国周边外交的认知,更加凸显这一时期在中国周边外交发展历程中的历史意义。

二是关于中国周边外交中合作与争议案例的择取。考察韩国对中国周边外交中合作与争议问题的认知是对韩国对中国周边外交基本认知的具体化,对进一步理解韩国的认知有着重要意义。冷战结束以来,中国开始积极参与周边地区的多边合作,也面临历史上遗留的诸多争议问题。本书之所以选择上合组织、亚投行、南海争端作为代表性案例加以研究,原因包括以下三点。首先,既然是研究合作与争议问题,合作与争议案例就要并存。同时,上合组织、亚投行虽属于合作问题,但性质不同,一个为高级政治的安全议题,一个为低级政治的经济议题。这样选择,既考察了中国在周边地区的合作与争议,又照顾到了性质不同的议题。其次,上合组织、亚投行、南海争端都涉及中国与多个周边国家,比中韩自贸区建设、中日钓鱼岛争端等双边问题更有代表性,更能从比较宏观的层面研究中国与周边国家的关系。最后,从地缘角度上讲,上合组织成员国地处中国周边板块的西北一侧,位于"丝绸之路经济带";南海争端各方处于周边板块的东南一方,扼守"21世纪海上丝绸之路"的咽喉;而参与亚投行的国家遍布中国周边地区,散落于"一带一路"沿线,海陆并重。这三个案例的涉及方对称、均衡地分布在中国周边的地缘板块之上,而且都与"一带一路"

倡议有着密切联系。

三是关于"周边"一词地理范围的界定。"周边"一词在中国外交史上是一个不断发展的概念,从最早于20世纪80年代后期在论述国家外交与安全研究的文献中出现至今,其地理范围随着时间的推移呈逐渐扩大的趋势。因此,在现有的官方文献和研究文献中,周边的概念有"邻国"、"小周边"和"大周边"之分。"邻国"是"周边"一词最早所指的地理范围,即与中国直接陆海相邻的国家。"小周边"的概念则是在与中国海陆相邻的基础上,考虑到中国周边地理板块的分布,以东北亚、东南亚、南亚、中亚四大板块代替罗列为数众多的陆海邻国。"大周边"的概念是近年来以复旦大学石源华、祁怀高为代表的学者率先提出的对"周边"地理范围的最新定义:将西亚和南太平洋两大板块与传统上由东北亚、东南亚、南亚、中亚组成的四大周边板块共组为新的中国"大周边"。[①]"大周边"不再局限于地理概念上的相邻,而是延伸至战略意义上的边疆。但本书所要研究的周边外交,主要还是界定在"小周边",即传统的四大板块。之所以这样选择,主要是因为"大周边"虽然体现了学界的最新成果,但仍未成为官方的正式定义。同时,这一概念目前在韩国的研究中也尚未被广泛采纳。因此,本书仍遵循以往长期使用的"小周边"概念,将周边外交定义为中国在传统四大板块内的外交。

四是关于"周边外交"的内容在双边外交和多边外交之间的选择。"周边外交",简而言之,就是中国与周边国家在主权平等的基础上处理彼此之间的关系。中国的周边外交既包括中国与某个周边国家之间的双边外交,亦包括中国与数个周边国家之间的多边外交,双边外交和多边外交相互交织,包含的内容相当广泛。在研究韩国对中国周边外交的认知时,如果对中国与周边国家的双边外交一一考察,那将是一项极为宏大浩繁的工程。因此,本书在研究时主要考察韩国对中国在周边地区的多边外交的认知,或者是说韩国是如何看待中国与多个周边国家的关系的,包括整体周边外交和次区域外交。在做案例分析时,选择的案例也都牵涉中国与数个周边

---

① 祁怀高、石源华:《中国的周边安全挑战与大周边外交》,《世界经济与政治》2013年第6期,第44页。

国家，并不考察诸如中韩自贸协定、中日钓鱼岛争端、中印边界纠纷等只涉及双边的合作与争议问题。总的来说，本书在界定中国周边外交时立足于中国在周边地区的多边外交，从比较宏观的层面上研究韩国对中国周边外交的认知。

五　框架结构与安排

按照研究思路，本书的框架结构大致如下。

导论部分首先介绍本书选题的理由及其理论和实践意义；其次对有关国内外研究文献进行梳理和评价；最后阐述本书的研究思路和研究方法。在文献综述部分，本书着重考察韩国学界有关中国周边外交研究的学术著作和论文，兼及对媒体报道评论、民调报告等辅助成果的分析。在研究思路上，本书采用归纳法，首先，总体上从官方文献、学界成果、媒体报道和民调数据来描绘韩国对中国周边外交的基本认识轮廓；其次，以三个具体的案例，通过官、学、媒三大途径来进一步剖析韩国如何看待中国与周边国家间的合作与争议问题；再次，借助国际政治心理学的相关理论来分析韩国认知产生的多重原因；最后，借鉴韩国的启示来构建新的研究视角和提出新的实践方向。在研究方法上，本书力求做到国内外认知对比结合、主观和客观结合以及理论与政策结合。

第一章主要是回顾和总结新中国成立以来中国周边外交的发展历程。首先，概述2002年之前中华人民共和国周边外交史的发展，即毛泽东时期、邓小平时期、江泽民时期在处理周边外交问题时的思想和实践；其次，阐述胡锦涛时期中国周边外交的主要理论发展和实践成果；最后，探讨习近平时期中国周边外交提出的新理念和新战略。

第二章是研究韩国对中国周边外交认知的概况。首先是基于韩国外交部的公开文献，总结韩国政府的认知；其次是通过梳理韩国学者关于中国周边外交的研究，考察韩国学界的认知；再次是利用分析韩国主要报纸的报道来归纳韩国媒体的认知；最后是借鉴峨山政策研究院和皮尤研究中心发布的相关民调报告，分析韩国民众的认知。

第三章通过三个案例，以政府、学界、媒体三个领域的相关文献来具体分析韩国对中国处理周边合作和争议问题的看法。首先，通过韩国对上海合作组织活动的评价，分析韩国是以怎样的心态看待中国在周边地区安全合作组织中的作用；其次，考察韩国对亚投行的认识，分析韩国对中国主导下的经济合作组织的立场；最后，研究韩国对南海问题的看法，分析韩国对中国处理周边领土领海争议问题的态度、倾向。

　　第四章总结了韩国对中国周边外交的认知特征，并分析韩国认知的生成原因。首先，宏观、抽象地归纳韩国对中国周边外交的认知特征；其次，具体比较中韩两国认知中的主要异同点；最后，在国际政治心理学的理论框架下剖析韩国对中国周边外交认知形成的主要原因。

　　第五章是在考察韩国对中国周边外交认知对中国外交工作启示的基础上，思考未来中国周边外交研究的新观点和实践的新方向。具体来说，首先提出一种有机整合中国主体认知和周边国家客体认知的周边外交研究新视角，然后在基于推进中国与周边国家交流与互动的原则下，提出未来中国周边外交工作的实践方向。

　　最后是结论，综述全文要旨，强调倾听"韩国的声音"在开辟周边外交研究新模式和实践新方向方面的示范性意义。

第一章
新中国成立以来中国周边外交的发展历程

第一节 "周边"的概念和中国周边环境的基本特征

一 "周边"的概念

"周边"一词在中华人民共和国外交史上并不是一个由来已久的概念，20世纪80年代后期才正式出现于官方文献。1988年，李鹏总理在第七届全国人民代表大会第一次会议上做政府工作报告时，首次提出了"周边"一词。但在当时，"周边"主要指的是与中国相邻的中小国家，苏联、日本这两大邻国并不在中国的"周边国"之列。[①] 1991年5月江泽民总书记在访苏发表演讲时，正式将苏联和日本纳入周边国家之列。[②] 苏联解体后，俄罗斯与中亚

[①] 李鹏总理在1988年政府工作报告中将外交布局划分为中美、中苏关系，与周边各国关系，中日关系，中国与欧洲社会主义国家关系，中国与西欧、加拿大、澳大利亚、新西兰的关系，与第三世界国家关系几个部分。参见《李鹏：政府工作报告——1988年3月25日在第七届全国人民代表大会第一次会议上》，新华网，2004年10月19日，http://news.xinhuanet.com/ziliao/2004-10/19/content_2109803.htm，最后访问日期：2015年10月3日。

[②] 江泽民在1991年5月访苏期间在莫斯科向苏联公众发表讲话，强调"中国重视同周边国家发展睦邻友好关系"，其中包括苏联、朝鲜、印度、巴基斯坦、斯里兰卡、孟加拉国、尼泊尔、缅甸、泰国、马来西亚、菲律宾、日本、印度尼西亚、新加坡、蒙古国、老挝、柬埔寨、越南，参见《走向二十一世纪的中国——江泽民同志在莫斯科向苏联公众发表的讲话》，《人民日报》1991年5月18日，第1版。

的独联体国家取代苏联,成为中国的周边国家。至此,周边国家涵盖了中国所有的陆海邻国。其中,陆上邻国14个,包括蒙古国、俄罗斯、朝鲜、越南、老挝、缅甸、印度、尼泊尔、不丹、巴基斯坦、阿富汗、塔吉克斯坦、吉尔吉斯斯坦、哈萨克斯坦;海上邻国中,除朝鲜和越南与中国陆上相接外,韩国、日本、菲律宾、马来西亚、文莱、印度尼西亚6国均与中国隔海相望。20世纪90年代中后期,中国国内论述中国外交的文献中,将周边国家定义为"除接壤的邻国外,还有不接壤的邻国"。①这些不接壤的邻国因处于中国的周边板块,也常常和中国的邻国一起,被视为中国的周边国家。这些国家包括东南亚的泰国、柬埔寨、新加坡,南亚的孟加拉国、斯里兰卡、马尔代夫,中亚的乌兹别克斯坦、土库曼斯坦。而美国虽在中国周边没有领土,但鉴于美国在中国周边地区的重大利益和强大影响力,许多研究周边外交的文献也将美国作为中国的一个特殊的"周边国",或是周边外交中的一个重要因素来对待。这样,周边外交研究中的"小周边"概念已基本完善,即将中国的周边定义为东北亚、东南亚、南亚、中亚四大板块。

进入21世纪后,随着中国经济的发展和国力的提升,中国的国际影响力和海外利益逐渐拓展,以复旦大学石源华、祁怀高为代表的一批学者,在考虑到在最大限度有利于巩固中国地缘战略依托、中国自身实力以及对周边的有效影响力、实施周边外交的成本与收益三个因素的前提下,将西亚、南太平洋两大板块连同"小周边"包含的四大板块一起纳入新的"大周边"。②"大周边"之所以将西亚和南太平洋纳入,主要是因为西亚和南太平洋都是中国周边外交的延伸地区,西亚与中国的能源安全、边疆稳定和西部发展息息相关,而南太平洋地区则是中国海上安全的关键所在。③"大周边"概念的提出,不仅反映了中国综合国力和国际影响力的伸张,更体现了新时期中国的利益观、安全观、战略观的重大转变。然而,与传统的"小周边"相比,"大周

---

① 中共中央文献编辑委员会编《江泽民文选》第3卷,人民出版社,2006,第313页。
② 祁怀高、石源华:《中国的周边安全挑战与大周边外交战略》,《世界经济与政治》2013年第6期,第44页。
③ 祁怀高:《关于周边外交顶层设计的思考》,《国际关系研究》2014年第4期,第15页。

边"的概念虽然在近年来备受关注,但在国内外周边外交研究中,"周边"仍然多指"小周边"的地理范围。这种倾向,不仅源于学者们长期以来在周边外交研究中形成的传统,还由于"大周边"中西亚、南太平洋两大板块在目前的官方文献中仍然被排除在"周边"的定义之外。"周边"概念的历史演进之官方表述与学界表述可见表1-1和表1-2。

表1-1 "周边"概念的历史演进之官方表述

时间、文献	涵盖范围	背景与特点
1988年,李鹏总理政府工作报告	朝鲜半岛、蒙古国、东盟、南亚	冷战时期:不含苏联、日本两大邻国
1991年,江泽民《走向二十一世纪的中国》	苏联、蒙古国、朝鲜半岛、日本、东盟、南亚	冷战即将结束,苏联濒临解体:包含苏联、日本
1993年,李鹏总理政府工作报告	朝鲜半岛、日本、东盟、南亚、俄罗斯、中亚独联体国家	苏联解体:俄罗斯和中亚国家归入周边国家范围
2001年,江泽民《同周边国家发展睦邻友好关系》	接壤国和非接壤国	进入21世纪后:正式将部分非邻国划入周边国家的范围
2003年,王毅《与邻为善,以邻为伴》	29个周边国家,其中14个为直接接壤的邻国	党的十六大后:将周边国家分为东、南、西、北四面

资料来源:作者自行制作。

表1-2 "周边"概念的历史演进之学界表述

时间、文献	涵盖范围	背景与特点
1995年,陆忠伟《面向二十一世纪的中国周边形势》	亚太地区	后冷战时代:以国与国双边关系为主
2002年,朱听昌《中国周边安全环境与安全战略》	东北亚、东南亚、南亚、俄罗斯和中亚	21世纪:将俄罗斯与中亚归于一个板块
2003年,张小明《中国周边安全环境分析》	东北亚、东南亚、南亚、中亚	21世纪:地缘意义上的"小周边"
2008年,张蕴岭《中国与周边国家:构建新型伙伴关系》	俄罗斯、日本、韩国、蒙古国、东盟国家、印度、巴基斯坦、尼泊尔、阿富汗、中亚国家、美国、澳大利亚等20个国家和地区	党的十七大后:首次将澳大利亚归为中国的周边国家
2013年,祁怀高、石源华《中国的周边安全挑战与大周边外交战略》	东北亚、东南亚、南亚、中亚、西亚、南太平洋	后金融危机时代,中国崛起,美国战略东移:战略意义上的"大周边"

资料来源:作者自行制作。

二 中国周边环境的基本特征

中国是世界上陆海邻国最多的国家,陆地边界线总长约2.28万公里,海岸线更是长达3.2万公里(其中大陆海岸线1.8万公里,岛屿海岸线1.4万公里)。地理位置上,中国处于欧亚大陆东缘,扼守着太平洋通往大陆心脏地带的通道。英国著名地缘政治学家麦金德指出,中国位于世界枢纽边缘的"内新月地带",具有极其重要的战略意义。[1]漫长的边境、众多的邻国、复杂的地形、多样的文化、重要的地缘位置等多种因素决定了中国周边环境的复杂性,也使中国的周边环境具有世界上许多国家所不具备的特征。

(一)邻国众多,强邻环伺

中国虽然不是世界上陆地面积最大的国家,却有着比世界面积最大的国家——俄罗斯还要多的陆海邻国。按照麦金德的观点,在国际竞争中,邻国越多,特别是接壤的邻国越多,越不利。[2]以此而论,中国的周边环境显然要比世界上任何一个国家都要复杂和恶劣。更为严重的是,中国的众多邻国中不乏全球和地区大国,并在地缘上几乎环绕着中国。在北方,中国与军事大国俄罗斯有着漫长的边境线,冷战时期苏联在中苏蒙边境驻有重兵,给中国带来了巨大的军事压力。在东面,美日同盟不仅扼守着中国通往太平洋的海上要道,更凭借自身的强大实力,制衡中国在亚洲的影响力。在西南,中国与新兴大国印度的边界争议问题尚未得到解决,1962年中印边界冲突的阴影依然是两国之间难以解开的心结,"龙象之争"更是反映了中国与印度在经济、军事等多领域激烈竞争的现状。2014年世界军费排名前十的国家中,有4个国家(俄、日、印、韩)是中国的周边国家;而在世界8个实际拥有核武器的国家中,也有4个国家(俄、印、巴、朝)位于中国的周边地区。"从国家安全方面看,邻国少>邻国多,邻国

---

[1] 〔英〕哈·麦金德:《历史的地理枢纽》,林尔蔚、陈江译,商务印书馆,1985,第61~63页。
[2] 朱听昌主编《中国周边安全环境与安全战略》,时事出版社,2002,第1页。

弱＞邻国强。"① 由此观之，中国不仅拥有众多邻国，还面临不少强国、拥核国，这样的周边环境从理论上来讲，对中国是相对不利的。

（二）多元文化并存，文化差异性大

中国的周边国家之间文化差异很大。中国虽然是一个具有五千年历史的文明古国，迄今传承着两千余年的儒家文化，在东亚历史上缔造了一个以中国为中心的儒家文化圈，但现在中国的周边国家中，除了韩、日等邻国还在一定程度上承袭儒家的伦理文化外，其他周边国家基本上属于非儒家文化圈。如泰国、缅甸、斯里兰卡、柬埔寨、老挝、越南等国主要信奉佛教；中亚诸国，南亚的巴基斯坦和孟加拉国，以及东南亚的马来西亚、印度尼西亚和文莱信奉伊斯兰教；基督教和天主教在韩国、新加坡、菲律宾等国家具有相当的影响力；印度的印度教、日本的神道教、俄罗斯的东正教也各自在其国内具有重要地位。如此复杂的文化交织重叠分布于中国的周边，不同文化之间的差异和冲突极易显露出来。根据亨廷顿的文明冲突理论，文明的核心国家之间不大可能直接使用武力，而在文明的断层线上，则常常会产生冲突。②中国的周边恰恰处于文明的断层线上，印巴冲突、20世纪和21世纪的两场阿富汗战争，部分来讲，都是不同文明间的冲突导致的悲剧。中国周边地区的文明断层，是导致中国周边环境不稳定的重要因素。中亚"三股势力"的泛滥等都是中国周边面临的威胁。

（三）域外大国对周边环境影响巨大

美国由于在亚洲的重大利益和强大国力，对中国周边环境具有不可忽视的影响力。首先，美国在亚洲与日本、韩国、菲律宾、泰国等中国的周边国家缔结了军事同盟条约，并在日本、韩国、新加坡、菲律宾、太平洋的关岛和印度洋的迪戈加西亚岛等地建有军事基地，以美国为中心的亚太同盟体系构成中国周边地区安全体系的支柱，对中国周边环境的稳定有着不可替代的影响。其次，美国也在周边区域经济整合过程中发挥着巨大的作用。美国是

---

① 程广中：《地缘战略论》，国防大学出版社，1999，第84页。
② 〔美〕塞缪尔·亨廷顿：《文明的冲突与世界秩序的重建》，周琪等译，新华出版社，1998，第230页。

最早提倡建设亚太自由贸易区的国家,并于 2009 年正式加入并主导了《跨太平洋伙伴关系协定》(Trans-Pacific Partnership Agreement, TPP)的建设。到 2014 年,TPP 已经拥有美国、日本等 12 个成员国,而其中就有 4 个(日本、马来西亚、文莱、越南)是中国的周边国。2015 年 10 月,TPP 12 个成员国在美国亚特兰大达成基本协议,宣告历时 5 年多的谈判结束。尽管特朗普上台后宣布美国退出 TPP,但 TPP 的一系列规则未来有可能对地区甚至国际贸易新规则的制定产生重大影响。最后,美国提倡的西方价值观对中国周边国家的渗透力不可忽视。美国宣扬的宪政、民主、普世价值等观念,在中国周边有着相当大的市场。20 世纪 80 年代韩国、菲律宾等国独裁政府的下台以及 2010 年缅甸大选和民选政府的成立,反映出美式民主、自由等价值观念对中国周边国家政局变动的潜在影响力。

(四)域内国家之间"亚洲悖论"现象显著

"亚洲悖论"(Asia Paradox)是韩国总统朴槿惠提出的一个概念,原指东北亚国家间相互依存度不断加深的同时,矛盾长期得不到解决,不信任加剧。① 虽然这一概念最早是为了解决东北亚问题提出,但该悖论在中国周边的其他一些地区也有所显现。目前,中国已是大多数周边国家的最大贸易伙伴,周边国家相互之间的经贸往来也相当频繁,东南亚国家联盟、南亚区域合作联盟、上海合作组织等区域多边组织在中国的周边地区合作中发挥了重要作用,中国 - 东盟自贸区、区域全面经济伙伴关系(Regional Comprehensive Economic Partnership, RCEP)等区域自贸协定也对地区经济的整合产生了积极的影响。然而,日俄北方四岛问题、朝核问题、中日韩历史问题、韩日独岛(日本称"竹岛")问题、中韩苏岩礁问题、中日钓鱼岛问题、南海争议问题、泰柬柏威夏寺之争、中印边界问题、印巴克什米尔问题等难以得到有效解决甚至恶化,大大迟滞了周边各国之间的安全合作,使周边国家之间常常出现"政冷经热"的局面。彼此之间的不信任,不仅阻碍了周边各国间在更深层次和更广领域的交流与合作,也给域外大

---

① 〔韩〕朴炳奭:《朴槿惠政府东北亚和平合作构想的具体化和改进方向》,《当代韩国》2014 年第 1 期,第 56 页。

国介入区内事务提供了绝佳的机会。中国周边环境中"亚洲悖论"的存在，恰是美国能够积极介入中国周边事务、发挥"离岸平衡手"作用的重要原因之一。

第二节　毛泽东、邓小平、江泽民时期的中国周边外交

一　毛泽东时期中国周边外交的理论与实践

（一）毛泽东时期的中国周边环境

毛泽东时期，中国周边环境出现过三个阶段的重大演变。首先，从新中国成立初期到20世纪50年代末，中国的周边环境呈东南形势严峻、西北较为稳定的特点。新中国成立后，美国对华采取敌视和封锁的政策，派遣第七舰队进入台湾海峡，阻止中国统一；在朝鲜战争中，组织联合国军与中朝联军进行了长期的拉锯战，并扶植日本成为远东反共制华的基地；在东南亚，英、法、荷等老牌殖民主义国家卷土重来，威胁中国南疆，中国东、南两线周边环境非常严峻。在此形势下，中国选择"一边倒"政策，与苏联缔结了《中苏友好同盟互助条约》，稳定了北部边界。同时，20世纪50年代，中国与印度、印度尼西亚、巴基斯坦、阿富汗、尼泊尔、斯里兰卡、柬埔寨等国家建交，使西部边疆的局势得到稳定。

其次，20世纪50年代末到60年代末，中国周边环境全面恶化。这主要是由于中苏两国关系恶化，北方边境形势高度紧张。与此同时，中美的对立关系并未得到缓解，美国介入越南战争，从南线威胁中国国家安全。另外，中印关系因边界战争走向敌对，印度选择站在苏联一方，与苏联在一定程度上形成对华南北夹击之势。

最后，从20世纪60年代末到毛泽东逝世，中国东南周边局势有所好转，西北边境却面临极大威胁。从60年代后期开始，冷战呈苏攻美守的态势，在此情况下，中美关系得以改善，并促进了中日关系正常化以及中国与泰国、马来西亚、菲律宾等东南亚国家建交，中国东南海疆局势好

转。在此期间，苏联在中苏蒙边境陈兵百万，对中国国家安全形成了极大的威胁。

（二）毛泽东时期的中国周边外交理论

以毛泽东为核心的党的第一代领导集体对中国周边外交做过许多精辟的论述，毛泽东、周恩来等主要领导人在处理中国与周边国家关系时积累的许多原则与经验，成为之后中国周边外交理论的宝贵财富。

第一，以联盟或准联盟来防止四面受敌的地缘政治思想。虽然毛泽东没有接触过西方的地缘政治理论和思想，也没有明确的地缘政治概念，但他不自觉地会从地缘政治的角度考虑中国的周边形势。[①] 新中国成立初期，面临东、南方向美国的压力，毛泽东果断选择"一边倒"政策，与苏联缔结同盟，稳定西、北边疆。在既反美又反苏的20世纪60年代，毛泽东发展了"中间地带"思想，提出"两个中间地带"理论，实际上是希望与欧、日等西方国家和广大亚非拉国家结成既反美又反苏的统一战线，缓解美、苏对中国南、北的双向压力。中美关系改善后，毛泽东提出"一条线、一大片"战略，构筑包括美国在内的反对苏联霸权的国际统一战线，应对苏联在北方边境的百万驻军。因此，毛泽东的周边外交思想带有一定的联盟理论色彩，通过联盟或统一战线来稳定周边，以免四面受敌。

第二，与周边国家友好和睦相处的外交哲学。毛泽东历来主张与邻国和睦相处，并对邻国做了大量说服工作。1955年底，毛泽东在与泰国客人谈话时表示："我们不在你们国家讲共产主义，我们只讲和平共处，讲友好，讲做生意。"[②] 在毛泽东和平共处外交哲学的基础上，周恩来在1954年访问印度、缅甸期间与两国总理首倡和平共处五项原则，并将其作为建立国家间正常关系及进行交流合作时应遵循的基本原则，在国际社会中引起了巨大的反响。直到今天，和平共处五项原则仍是公认的指导国际关系的准则，成为国际社会普遍接受和遵守的国际规范。

---

① 叶自成：《新中国外交思想：从毛泽东到邓小平——毛泽东、周恩来、邓小平外交思想比较研究》，北京大学出版社，2001，第253页。
② 外交部、中央文献研究室编《毛泽东外交文选》，中央文献出版社，1994，第229页。

第三，采取谈判或协商方式和平解决与邻国边界问题的指导方针。毛泽东主张和平处理国与国之间的关系，尤其主张以和平方式解决边界争议问题。例如，在珠穆朗玛峰划界上，毛泽东提出"一半一半"的解决方案，他对尼泊尔首相说，"全给你们，我们感情上过不去；全给我们，你们感情上过不去"，"问题的中心"是两国的友谊，"有了这个中心，任何问题都可以解决"。①可见，毛泽东在解决边界问题上总的精神是和平谈判或协商，考虑的是双方利益而不仅仅是中国单方面的利益，体现了国际主义精神。

第四，在与周边邻国交往时遵循求同存异的原则。毛泽东在探讨与周边国家交往时，非常重视求同存异，寻找共同话语。例如，1954年毛泽东在会见印度总理尼赫鲁时谈道："尽管我们在思想上、社会制度上有不同，但是我们有一个很大的共同点，那就是我们都要对付帝国主义。"②在毛泽东思想的基础上，周恩来在1955年的万隆会议上提出了求同存异的方针，指出："我们应该在共同的基础上来互相了解和重视彼此的不同见解。"③求同存异作为中国外交的重要原则之一，为后来的国际关系民主化思想、和谐世界思想都提供了丰富的理论源泉。

（三）毛泽东时期中国周边外交主要成果

在毛泽东周边外交思想的指引下，毛泽东、周恩来等党的第一代领导人在外交实践中取得了丰硕的成果，为后来中国几十年周边外交的发展打下了比较坚实的基础。

首先，中国在20世纪50年代初期抗美援朝，60年代支持越南人民的反美爱国斗争，沉重打击了美帝国主义的嚣张气焰，不仅为周边国家取得反帝斗争胜利、实现民族独立做出了重要贡献，而且提升了新中国在国际上的地位和影响力。

其次，在边界问题上，中国成功与缅甸、尼泊尔、蒙古国、巴基斯坦、

---

① 《毛泽东外交文选》，第395~397页。
② 《毛泽东外交文选》，第164页。
③ 中华人民共和国外交部、中央文献研究室编《周恩来外交文选》，中央文献出版社，1990，第122页。

阿富汗等国以和平谈判的方式划定了边界，不仅维系了和这些邻邦的友好关系，而且确保了边疆稳定。在印度、苏联对中国主权构成威胁时，中国政府果断展开自卫反击，维护了国家利益和领土主权。

再次，妥善与东南亚国家处理了华侨问题，废除了双重国籍，要求华侨根据自愿原则选择国籍，只保留一个国籍，这消除或减弱了华侨所在国政府的怀疑和"中国威胁论"在周边的影响，为建立中国与东南亚国家间的良好关系创造了必要条件。

最后，民间外交取得了重大成果。20世纪50年代和60年代，中国虽未与日本、泰国等国正式建立外交关系或实现关系正常化，但民间外交取得了重大成果。经济界、文化界知名人士之间的交流互访，大大推进了彼此之间的经贸往来和相互了解，以民促官，为正式建交和实现关系正常化奠定了基础。

二 邓小平时期中国周边外交的理论与实践

（一）邓小平时期的中国周边环境

邓小平时期中国周边环境变化可以划分为两个阶段。第一阶段为20世纪70年代末到80年代初。苏联仍是中国周边的最大威胁。1979年底，苏联入侵阿富汗，霸权主义达到顶峰，对中国西北边境构成了更大的威胁。同时，在苏联的支持下，越南推行地区霸权主义，入侵柬埔寨，控制老挝，试图在中南半岛建立所谓的"印度支那共和国联邦"，给中国的南疆安全带来极大挑战。

第二阶段为1982~1989年。1982年苏联领导人勃列日涅夫在塔什干发表讲话，向中国释放改善关系的信号，中苏关系开始缓和。1985年戈尔巴乔夫担任苏共总书记后继续改善中苏关系，并于1989年实现两国关系正常化，苏联从蒙古国撤军，使长期紧张的北方边境得以安宁。中苏关系的改善，使中国周边最大的威胁消失，这为中国集中精力进行经济建设、深入推行改革开放提供了重要保证。整体来说，邓小平时期苏联逐渐衰落，冷战走向终结，国际局势的相对缓和使中国的周边环境有了较大的改观。

(二)邓小平时期的中国周边外交理论

虽然邓小平的国内建设思想总体是在否定毛泽东晚年错误思想的基础上提出来的,但邓小平外交思想对于毛泽东外交思想,是继承之中有发展,丰富之中有创新。① 邓小平不仅较多地继承了毛泽东的外交战略思想,而且承袭了毛泽东思考国际问题的方法和思维。② 但邓小平与毛泽东在外交思想上的最大不同是邓小平外交思想带有鲜明的现实主义外交哲学色彩。这是邓小平对毛泽东晚年理想主义外交思想局限的超越,也是对周恩来务实外交思想的继承与发展。因此,邓小平周边外交思想进一步丰富并发展了毛泽东、周恩来关于周边外交的理论与实践。

第一,使周边外交从理想主义回归现实主义。邓小平改变了毛泽东晚年认为战争与革命是时代主题的判断,认为"在较长时间内不发生大规模的世界战争是有可能的,维护世界和平是有希望的"。③ 邓小平指出:"现在世界上真正大的问题,带有全球性的战略问题,一个是和平问题,一个是经济问题或者说发展问题。"④ 在和平与发展已成为世界主题的背景下,中国要以经济建设为中心,要争取和平的周边环境,就需要与周边追求和平的力量展开合作。

第二,坚持独立自主不结盟的外交政策。这一时期的独立自主与新中国成立初期相比,有了新的内涵:不同超级大国结盟;不参加大国组织的军事集团;根据问题的是非曲直来决定自己的立场。⑤ 邓小平是第一个明确提出以国家利益作为中国外交出发点的领导人,⑥ 他果断摒弃了"世界革命"的思想,不根据意识形态来开展外交关系。特别是在和东南亚国家交往时

---

① 《邓小平外交思想学习纲要》编写组编《邓小平外交思想学习纲要》,世界知识出版社,2000,第8页。
② 叶自成:《新中国外交思想:从毛泽东到邓小平——毛泽东、周恩来、邓小平外交思想比较研究》,第49页。
③ 中共中央文献编辑委员会编《邓小平文选》第3卷,人民出版社,1993,第127页。
④ 《邓小平文选》第3卷,第105页。
⑤ 秦亚青等:《构建中国特色外交理论的初步思考》,赵进军主编《新中国外交60年》,北京大学出版社,2010,第28页。
⑥ 叶自成:《新中国外交思想:从毛泽东到邓小平——毛泽东、周恩来、邓小平外交思想比较研究》,第71页。

不再提亚非拉是"世界革命中心",积极发展同这些国家执政党和反对党的交往。这种根据国家利益而非意识形态的独立自主不结盟外交,逐渐消除了周边国家对中国在"文化大革命"时期输出革命的恐惧,改善了中国与周边国家的关系。

第三,以"搁置争议、共同开发"的思想来处理中国与周边国家的领土领海争议问题。① 对于历史上遗留下的边海争议问题,毛泽东、周恩来等第一代领导人提倡在和平共处五项原则基础上谈判或协商解决。邓小平进一步发展了这一基本思想,明确提出:"有些国际上的领土争端,可以先不谈主权,先进行共同开发。"② "搁置争议、共同开发"并非不重视主权,而是在解决主权问题之前争议双方先从经济利益出发,共同开发资源,使双方都得利,在此过程中寻找和创造有利于解决主权问题的时机,最终消除争端。

第四,坚持"韬光养晦、有所作为"的战略方针。毛泽东时期,中国周边外交的侧重点在于安全,经济外交为政治目的服务。而邓小平从中国的基本国情和国际力量对比出发,认为改革开放时期最重要的任务就是经济建设,明确指出:"我们千万不要当头,这是一个基本国策。"③ 在发展与周边国家关系时,邓小平将经济外交作为周边外交的主要内容,强调与周边国家互惠互利,改变了过去只重意识形态、超越自身能力对外经济援助的做法,使周边经济外交真正独立于政治目的之外,实现了双赢或共赢。

(三)邓小平时期中国周边外交主要成果

"文化大革命"期间,受"左"倾错误思想的影响,中国与许多周边国家的关系有所恶化,周边环境不容乐观。中共十一届三中全会之后,邓小平纠正了周边外交中的"左"倾错误,使"文化大革命"时期受到伤害的周边关系逐渐得到恢复或改善。

---

① 唐彦林:《继承与发展——三代领导集体周边外交思想比较研究》,《当代世界与社会主义》2005年第4期,第79页。
② 《邓小平文选》第3卷,第49页。
③ 《邓小平文选》第3卷,第363页。

首先，进入20世纪80年代后，由于国内经济弊端显现，苏联在冷战中对抗美国开始感到力不从心，谋求对华和解。邓小平抓住这一有利时机，与苏联实现了关系正常化，并呼吁苏联从中苏边境、蒙古国和阿富汗撤军，使中国北方面临的军事压力得以缓解。

其次，在面临越南在苏联支持下推行地区霸权主义的情况下，中国坚决予以反对，果断展开自卫反击，积极支援柬埔寨等国人民的反越爱国斗争，挫败了越南试图独霸中南半岛的企图，间接遏制了苏联企图在东南亚扩张势力的野心，不仅维护了中国主权与领土完整，也为地区和平稳定做出了积极的贡献。

再次，借助中苏关系改善之机，中国先后实现了中蒙、中越、中老关系正常化，恢复了与这些社会主义邻国之间的传统友好关系，使中国与这些国家之间的革命情感得以传承，人民之间的友好往来得以延续。

最后，中国与美、日、韩等资本主义国家的经贸和人文往来得到极大的发展。20世纪80年代，美国成为中国的第二大外贸伙伴和商品出口市场，在教育、科技等领域加强了对华援助，中国也成为向美国派遣留学生最多的国家之一。中日贸易在80年代蓬勃发展，日本成为中国最大的贸易伙伴，对华援助也居各国之首，日本的投资与援助对中国解决改革开放初期国内资金贫乏问题发挥了重要的作用。中韩两国在80年代虽尚未建交，但在卢泰愚政府"北方政策"①的推动下，两国的经贸、人员往来和文化、体育交流日益密切，这为1992年中韩建交打下了良好的基础。

三 江泽民时期中国周边外交的理论与实践

（一）江泽民时期的中国周边环境

从1989年起，世界格局发生重大变化，东欧剧变，苏联解体，美苏

---

① "北方政策"指的是卢泰愚政府时期韩国希望通过与中国、苏联和东欧社会主义国家关系的改善，在一定程度上影响朝鲜，创造有利于朝鲜半岛统一的环境，最终实现半岛统一。"北方政策"萌芽于20世纪70年代，在卢泰愚政府时期得以全面推行，该政策对缓和韩国与社会主义国家之间的关系，实现中韩、苏韩建交等发挥了重大的作用。

对峙的冷战格局终结。冷战的结束，虽然使两极对立的世界局势暂时有所缓和，但苏联的解体却使中美之间潜在的矛盾开始显现。1989年北京政治风波后，面对西方制裁带来的负面影响和不利的国际环境，中国领导人一面顶住西方的压力，一面选择从周边突围，打破西方设置的封锁线。20世纪90年代，中国与周边国家的关系得到突飞猛进的发展，在东、东南一侧，中国先后与韩国、新加坡、文莱等国建交，使周边外交网络基本完善；在西、北一线，中国与俄罗斯、中亚独联体国家建交，为边境稳定和开展边界谈判创造了良好的条件。1989~2002年，中国周边环境呈总体和平、局部战乱，总体缓和、局部紧张，总体稳定、局部动荡的基本态势。

（二）江泽民时期的中国周边外交理论

江泽民外交思想的理论渊源包括崇尚和平的中国传统文化哲学、近现代西方外交理论、马列主义外交理论和新中国外交理论。[1] 其中，邓小平外交思想是江泽民外交思想最直接、最重要的理论来源。江泽民外交思想实质上是在新的实践基础上对邓小平外交思想的补充、完善和具体化，因此江泽民时期中国周边外交理论的主要特征在于对邓小平周边外交理论的继承与完善并有所创新。

第一，积极与周边国家建立伙伴关系的战略思想。江泽民依据后冷战时期国际形势的变化，调整了邓小平时期独立自主不结盟的政策，提出了建立伙伴关系这一战略思想。伙伴关系不同于毛泽东时期的战略联盟，也不同于邓小平时期的不结盟，其突出特点在于不结盟、不对抗、不针对第三国。伙伴关系的建立，既可以避免因僵守不结盟政策而使中国陷入外交孤立，也可以防止联盟战略导致的国际关系对立与紧张。中国通过积极与周边国家建立伙伴关系，稳定了周边环境，提升了合作水平，为中国在地区的和平发展创造了必要的条件。

第二，提出了"与邻为善，以邻为伴"的周边外交思想。中国自古以

---

[1] 孔凡河：《江泽民外交思想研究》，博士学位论文，华东师范大学政治学系，2007，第7页。

来就有"亲仁善邻"的思想观念,江泽民在2001年周边安全问题座谈会上讲话指出,"春秋时期的《左传》中提出:'亲仁善邻,国之宝也。'管仲主张:'远者来而近者亲','远者以礼,近者以体'。同邻国关系搞好了,对国家的利益极大。"①1989~2002年,除1991年、2001年外,每年的政府工作报告都提到要与周边国家发展睦邻友好关系。党的十六大报告指出,"将继续加强睦邻友好,坚持与邻为善、以邻为伴,加强区域合作,把同周边国家的交流和合作推向新水平"。②"与邻为善、以邻为伴"是对中国周边外交实践的高度概括与总结,为21世纪、新时期的周边外交指明了前进的方向,对进一步做好周边工作具有重要的指导意义。③

第三,提倡世界的多样性和国际关系民主化思想。毛泽东、周恩来在处理国际关系时,非常重视世界的多样性,反对霸权主义,主张"求同存异",提倡以和平共处五项原则作为处理国与国关系的基本准则。邓小平发展了这一思想,提出了"一国两制""搁置争议、共同开发"建立多极化世界等思想。在此基础上,江泽民认为尊重多样性是国际和地区合作与发展的前提。江泽民在1994年的APEC会议上指出:"既有多样性,又相互依存,是亚太地区的现实……承认这样的现实,把它转化为我们的优势,亚太经济合作就会生机勃勃,就有日益广阔的前景。"④与此同时,江泽民还积极倡导国际关系民主化,主张各国都享有主权平等和内政不受干涉、平等发展、平等参与国际事务的权利,各种文明享有共同发展的权利。尊重多样性和国际关系民主化思想,顺应了时代潮流,有利于中国与周边国家平等和睦相处,为地区稳定和构建多极世界做出了重大理论贡献。

第四,发展地区多边外交,构建国际政治经济新秩序。江泽民在反思国际旧秩序、发展不平衡和经济全球化问题的基础上,提出建立政治上相

---

① 《江泽民文选》第3卷,第314页。
② 《江泽民:全面建设小康社会,开创中国特色社会主义事业新局面——在中国共产党第十六次全国代表大会上的报告》,新华网,2002年11月17日,http://news.xinhuanet.com/ziliao/2002-11/17/content_693542.htm,最后访问日期:2015年3月13日。
③ 王毅:《与邻为善 以邻为伴》,《求是》2003年第4期,第19页。
④ 《江泽民文选》第1卷,第415页。

互尊重、经济上相互促进、文化上相互借鉴、安全上相互信任的国际政治经济新秩序。在构建新秩序的过程中，中国与周边国家的多边合作不可或缺。江泽民指出，随着世界多极化和经济全球化的深入发展，多边外交的作用日益突出，中国要推动建立国际政治经济新秩序，要积极向周边国家宣传中国的主张，争取首先在周边国家中取得共识。[①]

第五，提倡以新安全观构筑周边地区和平稳定的秩序。冷战结束以来，国际形势发生深刻变化，以军事联盟、国家安全等为核心的传统安全观已经和国际形势、时代潮流格格不入。江泽民在 1999 年日内瓦国际裁军大会上首次论述了新安全观的核心思想，指出"新安全观的核心，应该是互信、互利、平等、合作"。[②] 新安全观的内涵不仅包括传统的政治、军事安全，还包括经济、技术、环境等非传统安全，不只局限于国家，而且重视群体、集团特别是人的安全。江泽民在提出这一概念后，着力在周边地区实践新安全观，特别是上合组织的建立成为实践新安全观的最重要成果。新安全观的提出与实践，既有力维护了中国周边安全，又积极推动了地区合作，并成为后来习近平"亚洲安全观"重要的理论渊源。

（三）江泽民时期中国周边外交的主要成果

江泽民时期是"周边外交"真正意义上从"第三世界外交"中独立出来，成为中国外交布局主要支柱的开始。在十余年时间里，周边外交取得了令人瞩目的成就。

首先，20 世纪 90 年代初，中国先后与印度尼西亚、新加坡、俄罗斯、中亚独联体国家、韩国等周边国家建立外交关系。至此，中国已与除不丹外的所有周边国建立了外交关系，与周边国家相互沟通交流的网络已经构建并完善，周边外交得以全面蓬勃发展。

其次，1997 年亚洲金融危机中，中国坚持人民币不贬值，并对东南亚国家提供一揽子援助和低息贷款。中国的行为"不仅受到了地区的赞誉，而且与国际货币基金组织与其他国际信贷机构形成了鲜明的对比，这些援

---

① 《江泽民文选》第 3 卷，第 317 页。
② 《江泽民文选》第 2 卷，第 313 页。

助戳穿了以前流行的中国冷漠、霸权的谎言,而代之以一个负责任的大国形象"。①

再次,中国在周边地区的多边合作迈上了新的台阶。中国于1991年加入亚太经合组织,于1999年与日韩两国和东盟国家建立"10+3"合作机制,于2001年与俄罗斯等国成立上海合作组织,并与东盟国家达成建设中国—东盟自贸区的共识。这些都标志着中国在周边地区的多边外交达到一个新水平。

最后,中国与俄罗斯、印度、巴基斯坦、美国、东盟、日本等国建立了不同形式的伙伴关系,稳定了与周边国家的关系,营造了和平友好的地区气氛,为国家之间建立新型关系树立了积极的典范。

第三节　胡锦涛时期的中国周边外交

一　胡锦涛时期的中国周边环境

2002年党的十六大的召开,标志着以胡锦涛为总书记的党中央开始治国理政。在21世纪第一个十年,中国既面临前所未有的发展机遇,也面临来自国内外的各种挑战。

首先,"9·11"事件引发了美国的全球反恐战争,美国需要中国在某些方面予以配合,由此中美关系有所改善。2006年、2011年,胡锦涛主席两次访美,2005年美国总统小布什访华,2009年奥巴马访华,中美领导人的互访深化了两国关系。自2009年起,中美每年都举行战略与经济对话,以加强两国在战略性、长期性、全局性问题上的协调沟通。中美关系的稳定和发展间接为形成良好的周边环境提供了有利条件。

其次,中国经济在20世纪前十年的高速增长和日本经济复苏的乏力使东亚格局发生一定的变化,日本右翼化倾向和对华警戒心理日益增强。小泉纯一郎在担任首相期间六次参拜靖国神社,致使中日关系一度陷入僵局。

---

① David L. Shambaugh, "China Engages Asia: Reshaping the Regional Order," *International Security,* Vol.29, No.3, 2004, p.68.

同时，日本政府推进向海外派兵，于 2007 年正式将防卫厅升格为防卫省，并致力于强化日美同盟。日本国内保守主义和军国主义抬头，中日关系和中国东部周边环境面临严峻的挑战。

再次，在与周边国家发展友好关系的同时，中国国力的增强使"中国威胁论"甚嚣尘上，中国与周边国家在领土领海争议问题上的矛盾加剧。2007 年，越南政府在南海争议水域公开招标，开发石油天然气，导致中越关系恶化。2009 年，菲律宾颁布沿海基线法案，将南沙群岛部分岛屿和黄岩岛划为自己的领土。2010 年，日本在东海争议海域非法抓扣中国渔船船长，导致中日关系陷入冰点。中国与日本、菲律宾、越南等国在领土领海争议问题上矛盾的加剧，使中国周边的不确定因素增加。

最后，2008 年全球金融危机使美国经济实力受损，而在这期间中国经济的发展与美国国力的相对下降使美国对中国产生忧惧。2009 年，美国提出"重返亚洲"的口号，着手提升与中国周边国家的关系，以制衡中国。美国加强了与日、韩、澳等传统亚太盟国的军事合作，甚至在 2010 年与韩国在黄海举行联合军演，明对朝鲜，暗指中国。美国对亚洲关注度的提升和对中国发展的防范，增加了中国在周边承受的安全压力。

总的来说，以 2008 年全球金融危机为分界点，前一阶段中国周边环境较为稳定，后一阶段不利因素有所增加。

二 胡锦涛时期的中国周边外交理论

党的十六大以来，以胡锦涛同志为总书记的党中央继承了毛泽东、邓小平、江泽民时期的周边外交思想，依据周边形势和国际形势的变化，结合中国自身发展与国情，提出了一系列新的论述，丰富和发展了中国周边外交理论。

（一）奉行"睦邻、安邻、富邻"的周边外交政策

"睦邻、安邻、富邻"的"三邻"政策由温家宝总理在 2003 年 10 月 7 日出席在印度尼西亚巴厘岛举行的首届中国 - 东盟商务与投资峰会时提出，是落实"与邻为善、以邻为伴"周边外交方针的政策方向。"睦邻"是继承

和发扬中华民族亲仁善邻、以和为贵的哲学思想，在与周边国家和睦相处的原则下，共筑本地区稳定、和谐的国家关系结构；"安邻"是要积极维护地区的和平与稳定，坚持通过对话合作增进互信，通过和平谈判解决分歧，为亚洲的发展营造和平安定的地区环境；"富邻"是加强与邻国的互利合作，深化区域和次区域合作，积极推进区域经济一体化，与亚洲各国实现共同发展。① "三邻"政策实质上是在政治、安全、经济三个框架内与周边国家展开合作，维持友好关系。"三邻"政策的提出，表明了中国贯彻"与邻为善、以邻为伴"周边外交方针的决心，彰显了中国周边外交政策"有所作为"的一面。"三邻"政策旨在向周边国家传递这样的信息：中国的发展对周边国家而言不是威胁而是机遇。"睦邻、安邻、富邻"政策的提出，不仅丰富并深化了原有睦邻政策的内涵，而且真正把中国的利益和周边国家的利益联系了起来，为构建中国与周边国家的"利益共同体"创造了有利条件。

（二）坚持"和平发展"的基本战略思想

胡锦涛在党的十七大报告中全面并深刻阐述了中国坚持和平发展道路的重要思想，他指出："中国将始终不渝走和平发展道路。这是中国政府和人民根据时代发展潮流和自身根本利益做出的战略抉择。"② 和平发展道路是历史的选择，是对毛泽东时期、邓小平时期、江泽民时期和平外交政策的继承和发扬，坚持"和平发展"的战略反映出以胡锦涛同志为总书记的党中央对时代主题的深刻理解和把握。"和平发展"不同于"和平崛起"，"和平发展"的战略目标是做经济超级大国而非综合性超级大国，③ 表明中国庄

---

① 《温家宝：中国的发展和亚洲的振兴》，中华人民共和国驻印度尼西亚共和国大使馆网站，2004年4月21日，http://www.fmprc.gov.cn/ce/ceindo/chn/rdht/dmhy/t86944.htm，最后访问日期：2015年3月15日。

② 《胡锦涛：高举中国特色社会主义伟大旗帜 为夺取全面建成小康社会新胜利而奋斗——在中国共产党第十七次全国代表大会上的报告》，新华网，2007年10月24日，http://news.xinhuanet.com/newscenter/2007-10/24/content_6938568.htm，最后访问日期：2015年10月20日。

③ 楚树龙、郭宇立：《中国"和平发展"战略及模式》，《现代国际关系》2008年第2期，第5页。

严承诺在富强之后绝不称霸、绝不对外输出意识形态和将自身价值强加于人，将走一条与历史上的世界大国迥然不同的发展之路。"和平发展"战略的提出，不仅在国际社会产生了重大影响，而且对开展周边外交有着积极的意义。它有利于消除"中国威胁论"对周边国家的影响，减轻它们对崛起后中国的担心和疑虑。这对深化中国与周边国家之间的互信、加强周边地区的各种合作是极有帮助的。

（三）构建"和谐世界"的重要思想

"和谐世界"是胡锦涛主席在2005年参加雅加达亚非峰会时首次提出的重要外交思想，并在当年联合国成立60周年的大会上加以全面系统的阐述。它的理论渊源来自三个方面：一是中国古代政治思想中"协和万邦"的理念，二是毛泽东时期、邓小平时期、江泽民时期的和平外交思想，三是"和谐社会"的理念。[1]胡锦涛指出："'和谐世界'是一个本着平等开放的精神，维护文明的多样性，促进国际关系民主化，各种文明兼容并蓄的世界。"[2]它的内涵包括在承认多样性基础上的合作，在平等和民主基础上的合作以及在相互协调和相互合作基础上寻求共赢。[3]中国要建设"和谐世界"，首先需要建设"和谐周边"。因此，胡锦涛主席在提出"和谐世界"的理念之后，又将这一理念加以延伸，提出要建立"和谐地区""和谐亚洲"。事实上，无论是"和谐地区"还是"和谐亚洲"，都是"和谐世界"的有机组成部分。特别是中国的周边地区，环境异常复杂，文化极为多元，发展高度不平衡，若能建设和谐的中国周边环境，将产生极大的外溢效应，对构建和谐世界做出重要贡献。"和谐世界"思想是中国对外战略的完整指导原则，也对转变中的国际体系提出了中国的追求和方向，具有重要的理论和现实意义。[4]

---

[1] 满振刚：《构建和谐世界：中国外交新理念的深层解读》，《河南师范大学学报》（哲学社会科学版）2006年第5期，第51页。

[2] 《胡锦涛：努力建设持久和平、共同繁荣的和谐世界——在联合国成立60周年首脑会议上的讲话》，新华网，2005年9月16日，http://news.xinhuanet.com/world/2005-09/16/content_3496858.htm，最后访问日期：2015年3月20日。

[3] 夏立平：《论和谐世界的内涵》，《当代亚太》2007年第12期，第12页。

[4] 俞新天：《"和谐世界"与中国的和平发展道路》，《国际问题研究》2007年第1期，第7页。

（四）坚持开放包容的地区主义精神

中国参与区域一体化的程度不断加深是胡锦涛时期中国周边外交的重要特点之一，提倡开放包容的精神是中国在区域一体化过程中坚持的重要原则。胡锦涛在亚太经合组织第十四次领导人非正式会议上发表讲话时提出，要"奉行开放包容……努力形成兼收并蓄、优势互补的亚太区域合作格局"。① 温家宝总理也在首届东亚峰会上指出："在区域合作进程中，要坚持开放的思维，倡导开放的地区主义，在开放中推动各国共同进步、促进各地区共同发展。"② 由此可见，21世纪中国在与周边国家开展合作的过程中，反对搞封闭的、排他主义的区域合作机制，而是本着开放主义的精神，欢迎区域内和域外国家参与。同时，中国也充分尊重周边地区合作机制的多样性，力主促使各种机制并行不悖地共同发展，并在这一过程中加强机制之间的协调沟通，取长补短。提倡开放包容的地区主义精神，不仅尊重周边国家发展的多样性，也适应区域化和全球化发展的时代潮流，为中国与发展水平不同的周边各国共同参与地区合作奠定了良好的基础。

（五）树立以人为本的外交理念

以人为本的外交理念直接来源于科学发展观，是科学发展观在外交层面的反映。2004年，中国外长李肇星在两会记者招待会上指出："我们的外交是全中国人民的外交；新时期的中国外交贯彻着以人为本、执政为民这一宗旨。"③ 以人为本外交理念的提出意味着中国外交哲学从维护整体利益的国家中心主义到关切公民个体权益的战略转变。④ 胡锦涛时期，中国外交开始从"外交为国"转向"外交为民"，积极在制度建设、危机

---

① 《胡锦涛：推动共同发展 谋求和谐共赢》，新华网，2006年11月18日，http://news.xinhuanet.com/world/2006-11/18/content_5347218.htm，最后访问日期：2015年3月20日。
② 《温家宝：坚持开放包容 实现互利共赢》，新华网，2005年12月14日，http://news.xinhuanet.com/world/2005-12/14/content_3920030.htm，最后访问日期：2015年3月20日。
③ 《李肇星：李肇星就中国外交工作和国际问题回答中外记者提问》，中华人民共和国外交部网站，2004年3月6日，http://www.fmprc.gov.cn/ce/ceindo/chn/xwdt/t86928.htm，最后访问日期：2015年10月20日。
④ 金灿荣、刘世强：《论以人为本的中国外交思想》，《外交评论》2009年第5期，第30页。

处理、对外援助等领域体现以人为本的精神，服务并维护中国民众在海外的人身安全和合法权益。同时，中国民间外交和公共外交的发展也上了一个新台阶，非政府外交有效弥补了政府外交的不足，扩大了国与国之间的合作交流领域。以民为本的外交理念在周边外交中日益凸显，例如中国与日、俄、印等国通过举办交流年、文化年、友好年等活动，极大增进了民间的相互了解。在2004年印度洋海啸、2011年日本大地震期间，中国政府和民间对受灾国的援助都体现了以人为本的国际人道主义精神。

三 胡锦涛时期中国周边外交的主要成果

21世纪前十年是中国经济高速发展的时期，也是中国和平发展的重要阶段。在胡锦涛关于周边外交的新理论、新思想指引下，中国周边外交取得了可观的成果。

（一）陆上边界问题基本解决

新中国成立之后，由于历史和现实的原因，中国与周边国家的边界存有不少争议，历届中央政府都致力于和平解决这些争议。进入21世纪后，除了中国在北方与俄罗斯、哈萨克斯坦、吉尔吉斯斯坦、塔吉克斯坦的边界，以及在西南与印度、不丹的边界问题外，中国与其他陆上邻国的划界问题已经得到妥善的解决。20世纪末21世纪初，中国与俄罗斯、哈萨克斯坦、吉尔吉斯斯坦、塔吉克斯坦四国展开多轮双边及多边谈判，彻底解决了中国北方边界问题。中国与哈萨克斯坦于2002年，与吉尔吉斯斯坦于2004年，与塔吉克斯坦于2010年正式签署了关于国界线的勘界议定书，顺利解决了中国西北2700余公里的陆地边界问题。中俄在20世纪90年代两国签署的国界东段和西段两个协定的基础上，于2004年签署《中俄国界东段补充协定》，划定了中俄长达4300多公里的边界。2008年，俄罗斯将中俄最后一块争议领土黑瞎子岛西侧一半的岛屿归还中国，中俄划界问题终告解决。至此，除了中国与印度、不丹在西南一侧的边界争议问题尚未解决外，中国的陆上边界已基本划定。陆上边界的基本划定，不仅妥善解决了中国与陆上邻国的历史遗留问题,而且为解决中国海洋边界问题提供了有益的经验。

(二)中国与周边国家双边关系进一步发展

21世纪,中国进一步深化了江泽民时期与周边一些国家建立的"伙伴关系"的内涵并提升了水平。首先,中美两国自2009年起每年都定期举行战略与经济对话,由两国负责外交和财经的最高长官带队,就两国关系的战略性、长期性、全局性问题进行对话。该对话机制的建立,有利于中美两国加强交流,减少误判,同时对中美两国在周边问题上的对话协商有着积极的意义。其次,中国与俄罗斯、印度等大国的伙伴关系水平得到提升,中日则建立了战略互惠关系。中俄"战略协作伙伴关系"于2011年提升为"全面战略协作伙伴关系",中印"面向未来的建设性合作伙伴关系"也于2005年提升为"面向和平与繁荣的战略合作伙伴关系"。2008年胡锦涛主席访日期间,中日联合宣布全面推进战略互惠关系,承诺在政治互信、人文交流、互利合作、防务对话、地区和全球化五个层面进一步加强合作。中国与周边大国伙伴关系水平的提升或内实化,有利于加强与大国在周边的合作,构建和平稳定的周边环境。再次,中国在周边的"伙伴关系"网络进一步完善。除了中国与美、俄、印、日的合作关系外,中国与巴基斯坦建立了"全天候战略合作伙伴关系",与越南、老挝、柬埔寨、缅甸、泰国建立了"全面战略合作伙伴关系",与韩国、阿富汗、斯里兰卡、东盟、中亚诸国建立了"战略合作伙伴关系",与蒙古国、印度尼西亚建立了"战略伙伴关系",与孟加拉国、尼泊尔建立了"全面合作伙伴关系",与新加坡建立了"与时俱进的全方位合作伙伴关系",与菲律宾建立了"战略性合作关系"。目前,中国的"伙伴关系"网络已经基本覆盖整个周边地区,对中国与周边国家关系的发展和地区合作起到了推动性的作用。

(三)中国在参与和解决周边事务中的作用和地位进一步提升

进入21世纪后,中国为维护周边环境的安全稳定积极参与了一系列周边问题的协商和解决过程,以实际行动驳斥了"中国威胁论"的说法,显示出"负责任大国"的形象。这一时期,中国参与解决的主要周边地区问题有两个。第一，作为东道国主持"六方会谈"，为和平解决朝鲜核问题积极奔走牵线。2003~2007年，以中国为东道国，中、朝、韩、美、日、俄六国在北京就解决朝鲜核问题先后进行了六轮六方会谈。目前六方会谈虽然因朝鲜的退出暂时面临停摆的困境，但会谈达成的"9·19共同声明"等一系列成果对缓和半岛的局势、促进东北亚的和平稳定做出了积极的贡献。特别是六方会谈作为东北亚安全合作的一种可行方式，对建构新型东北亚安全机制有着建设性意义。第二，在南海问题解决上，中国积极与当事国和东盟展开协商，并达成了一定的共识。2002年，中国与东盟十国在柬埔寨金边签署《南海各方行为宣言》，强调以《联合国宪章》、和平共处五项原则等为基础，通过友好协商和平解决南海问题。《南海各方行为宣言》的签署，有助于维护南海的和平稳定，巩固中国与东盟的互信，为将来南海争议岛礁归属问题的谈判提供了一个有力的架构。

（四）中国与周边国家的多边合作水平进一步提高

冷战结束后，中国开始参加在周边地区的多边合作组织。21世纪以来，中国在周边区域的多边外交更加活跃，在一些国际组织中的参与度和话语权有了明显的提升。中国在周边地区多边外交的最主要成果有两个，即上海合作组织和中国－东盟自由贸易区。首先，2001年成立的上海合作组织最初的主要目的在于打击恐怖主义、分裂主义和极端主义"三股势力"，但历经多年的发展，上合组织不仅成为维护中亚地区安全的重要机制，也成为成员国在经济、能源等领域合作的重要平台。上合组织在原来5个发起国的基础上，吸收乌兹别克斯坦为会员国，并接纳蒙古国、伊朗、巴基斯坦、印度、阿富汗为观察员国，影响力由中亚向南亚、西亚扩散。同时，上合组织建立了元首、总理、外长、防长等定期会议机制，成立了秘书处和反恐机构，为加强成员国在多领域的协调沟通奠定了坚实基础。其次，中国－东盟自由贸易区建设成果显著。中国与东盟于2001年宣布启动自贸区建设以来，历经近十年的时间，终于在2010年正式建成中国－东盟自贸区。中国－东盟自贸区是世界上人口最多的自贸区，也是发展中国家最大的自贸区。中国－东盟自贸区的建立，对促进域内经济发展、贸易和投资便利化、提高区域竞争力等有着重要的积极意义。特别是中国为东南亚农产品生产国提供了更为宽松的市场准入，使西方宣扬"民主准则"的竞争对手难以找到反对的借口。①

第四节　习近平时期的中国周边外交

一　习近平时期中国新周边环境

2008年爆发的全球金融危机，使世界的权力格局发生了一定程度的改变。在东亚地区，美国力量的相对下降和中国的崛起，使美国提出的"G2"构想浮出水面。党的十八大召开前后，国际局势仍处于后金融危机时代的调整时期，中国的周边环境也呈现出新的特点。

首先，美国实行"亚太再平衡"战略，积极介入亚洲事务，与中国在周边地区的竞争加剧。美国自2009年提出"重返亚太"后，将战略重心逐渐向亚太地区转移。2012年，美国防长帕内塔正式提出"亚太再平衡"战略，试图通过介入亚洲事务主导该地区，制衡中国的影响力。美国的"亚太再平衡"战略对中国"三管齐下"：安全上，以美日同盟为主轴，加强与日本、韩国、澳大利亚、新加坡、泰国等的同盟关系，并拉拢印度、越南、印度尼西亚等国，强化美国在亚太的军事存在；经济上，美国急于促成TPP谈判，并有意将中国拒于第一轮谈判之外，试图以TPP对抗中国的经济影响力，主导亚太地区未来的自贸体系；意识形态上，提倡由共享西方价值观的中国周边国家组成"民主国家同盟"，以共同的价值观为纽带，围堵中国。

其次，周边安全形势恶化，海上争端加剧。中国周边安全形势自2010年以来呈明显恶化之势，至今仍处于调整之中。②中国周边环境的恶化集中体现为海上争端加剧，中国与日本在钓鱼岛，与菲律宾、越南在南海问题

---

① Shaun Breslin, "Understanding China's Regional Rise: Interpretations, Identities and Implications", *International Affairs*, Vol.85, No. 4, July 2009, p.831.
② 李志斐：《中国周边：海上纷争与中美博弈》，张洁主编《中国周边安全形势评估（2013）——海上争端的焦点与根源》，社会科学文献出版社，2013，第3页。

上的矛盾日益突出。日本政府于2012年对钓鱼岛实施"国有化"后,加强对钓鱼岛附近的军事部署,并拉拢美国介入钓鱼岛争端,制衡中国。黄岩岛事件后,菲律宾邀请美国重返苏比克湾军事基地,充当美国在南海反华制华的"急先锋"。越南与中国在南海争议升温之后,国内反华氛围浓重,并在2014年爆发了大规模的排华事件,越南积极诱导美、日、印等域外大国介入南海问题,以增加与中国讨价还价的筹码。

再次,中俄、中韩伙伴关系水平有了明显的提升。普京再次当选总统后,推行兼顾东西两线的"双头鹰外交"。2014年乌克兰事件爆发后,俄罗斯受到西方制裁,为缓和国内外压力,主动加强了与中国的关系。2014年上海亚信峰会期间,中俄两国签约,中国将向俄罗斯购买价值4000亿美元的天然气,两国元首还一同出席了中俄联合军演开幕式,共同宣布要将中俄"全面战略协作伙伴关系"提升到一个新的水平。韩国的外交政策虽仍以美韩同盟为基础,但对华关系的重要性与日俱增,韩国试图平衡美韩同盟和中韩战略合作伙伴关系的倾向日趋明显。中韩两国之间的经贸、人员、文化交流进一步加强。

最后,东亚以美国为首的安全体系和以中国为中心的经济体系并立的格局已显露端倪。2008年全球金融危机后,中国经济快速发展,中国成为带动地区经济发展的火车头,取代美国成为周边大部分国家的第一大贸易伙伴,中国与周边各国的经济依存度日益加深,在地区的经济影响力迅速扩大。但在安全领域,中国与大部分周边国家的政治互信还有待进一步提升,东亚的安全体系主要以美国的同盟体系为支撑。周边国家在安全上靠美国、在经济上靠中国的"安美经中"倾向日益明显,平衡美中两国的政策成为许多周边国家的选择。东盟、印度等一方面希望借助中国的投资发展本国经济;另一方面强化与美国的安全合作,防止中国在亚洲"一家独大"。

二 习近平时期中国周边外交理论新发展

党的十八大以后,周边外交在中国外交总布局中的重要性日益上升。2013年和2014年,中共中央先后召开周边外交工作座谈会和外事工作会议,对未来的周边外交工作做了全盘、系统的部署。在这两次会议上，习近平在讲话中阐述了一系列关于周边外交的新理念、新战略，将中国周边外交理论体系提升到新高度。

（一）将周边外交提升至中国外交总布局的首要地位

中国外交总布局长期是"大国是首要，周边是关键，发展中国家是基础，多边是重要舞台"。周边外交尽管在总布局中占有重要地位，但仍居于大国关系之后。党的十八大之后，周边外交的重要性日益凸显。2013年10月，中共中央在北京召开周边外交工作座谈会，其规格之高，为新中国成立以来所罕见。2014年11月，中共中央召开外事工作座谈会，习近平在讲话中对拓展和深化外交布局提出了新的要求，将抓好周边外交工作置于建设大国关系之前，这反映出周边外交在中国外交总布局中占据了首要位置，周边外交与建设新型大国关系一样，成为中国外交布局的主要支柱。中国周边国家中不乏大国，而建设新型大国关系的国家大多也位于中国周边，周边外交和建设新型大国关系相互支持，有机结合，成为中国未来外交战略的新特点。

（二）提出"亲、诚、惠、容"的周边外交理念

习近平在2013年中央周边外交工作座谈会讲话中，首次提到"亲、诚、惠、容"的周边外交理念。"亲"是指要坚持睦邻友好，守望相助；讲平等、重感情；常见面，多走动；多做得人心、暖人心的事，使周边国家对我们更友善、更亲近、更认同、更支持，增强亲和力、感召力、影响力。"诚"是指要诚心诚意对待周边国家，争取更多的朋友和伙伴。"惠"是指要本着互惠互利的原则同周边国家开展合作，编织更加紧密的共同利益网络，将双方利益融合并提升到更高水平，既使周边国家得益于中国发展，也使中国从周边国家共同发展中获得裨益和助力。"容"是指要倡导包容的思想，强调亚太之大容得下大家共同发展，以更加开放的胸襟和更加积极的态度促进地区合作。①"亲、诚、惠、容"体现了中国周边外交工

---

① 《习近平：让命运共同体意识在周边国家落地生根》，新华网，2013年12月25日，http://news.xinhuanet.com/2013-10/25/c_117878944_2.htm，最后访问日期：2015年3月16日。

作的"四位一体",侧重点虽各不相同,但统一于中国文化的核心思想——"仁"。① 它既反映了习近平周边外交新理念对中国传统儒家文化思想精髓的继承,也是对新中国成立60多年来中国睦邻外交实践的高度总结。

(三)推行"一带一路"倡议

"一带一路"倡议中,"一带"是指"丝绸之路经济带",由习近平主席在2013年9月访问哈萨克斯坦时提出;"一路"是指"21世纪海上丝绸之路",由习近平主席在2013年10月在印度尼西亚出席APEC领导人非正式会议时提出。"丝绸之路经济带"以古代丝绸之路为基础,横贯东亚、中亚、南亚、西亚乃至欧洲;"21世纪海上丝绸之路"则循着当年郑和下西洋的路线,连接东亚、东南亚、南亚、西亚及东非。从国内角度来讲,"一带一路"是中国的新一轮对外开放,是促进西部大开发,实现陆海统筹、东西互济的"一体两翼"新开放格局的重要举措;从国际和地区角度来讲,是整合欧亚大陆经济、加强区域间互联互通、寻求各方利益共同点、实现沿线各国互利共赢的宏伟蓝图。"一带一路"以政策沟通、设施联通、贸易畅通、资金融通、民心相通为主要内容,兼顾各方利益,反映各方诉求,携手推动更大范围、更高水平、更深层次的大开放、大交流、大融合。②"一带一路"不仅将有利于国内经济结构调整转型,拉动沿线省份经济发展,开辟对外贸易新路,而且有利于建设和平稳定繁荣的周边环境,将中国建成实现欧亚大陆互联互通的纽带。

(四)培育"命运共同体"的美好愿景

"命运共同体"是由不同国家、不同民族组成的命运攸关、利益相连、相互依存的集合体。③ 党的十八大之后,习近平在多个国际场合下倡导要建立各种"命运共同体"。"命运共同体"是在"利益共同体"基础上的进

---

① 邢丽菊:《从传统文化角度解析中国周边外交新理念——以"亲、诚、惠、容"为中心》,《国际问题研究》2014年第3期,第9页。
② 《国家发改委、外交部、商务部联合发布〈推动共建丝绸之路经济带和21世纪海上丝绸之路的愿景与行动〉》,中国国家发展和改革委员会网站,2015年3月28日,http://xwzx.ndrc.gov.cn/xwfb/201503/t20150328_669090.html,最后访问日期:2015年10月20日。
③ 李文:《构建人类命运共同体思想引领时代潮流》,《人民日报》2018年3月13日。

一步发展，它不仅强调利益的共享，而且要求责任共担。利益共同体之下各国间的关系是生意性质的合作关系，而命运共同体之下则是朋友、伙伴之间的合作关系；"命运共同体是一种具有高度政治共识和稳定合作预期、能够经受一定程度压力考验的关系"。[①] 在中国与周边国家之间政治互信有待提高的情况下，培育周边"命运共同体"意识，就是要将中国的和平发展道路与周边国家追求和平的愿景联系起来，把"中国梦"和周边国家追求繁荣发展的梦对接起来，增进彼此间的互信，真正做到"你中有我，我中有你"。建设周边"命运共同体"，就要与周边国家开展政治、安全、经济、人文、外交"五位一体"的合作，在这一过程中，中国的周边环境将会得到极大的改善，中国与周边国家的关系也会取得实质性的发展。

（五）树立"亚洲安全观"的新安全理念

习近平在2014年上海亚洲相互协作与信任措施会议第四次峰会上提出："应积极倡导共同、综合、合作、可持续的亚洲安全观，创新安全理念，搭建地区安全和合作新架构，努力走出一条共建、共享、共赢的亚洲安全之路。"[②] 亚洲安全观是习近平新时期中国对构建周边地区乃至亚洲和平的新设想，首先，它首倡共同，认为安全应该是普遍的、平等的、包容的，展现出这种安全观与大国主导下军事同盟的鲜明不同。其次，它强调综合，即在继承和发展冷战后"新安全观"的基础上统筹传统安全和非传统安全。再次，它主张合作，提倡上合组织、东盟地区论坛、南亚区域合作联盟等周边安全合作组织加强沟通和对话。最后，它讲求可持续，着眼于发展，致力于消除贫困，以从根本上铲除滋生不安的土壤。外交部副部长程国平认为，要营造良好的周边环境，不仅需要增进国际认同，而且需要推动周边和亚洲国家秉持共同的政策理念。[③] 亚洲安全观的提出，正是适应了新时

[①] 周方银：《命运共同体——国家安全观的重要元素》，人民网，2014年6月4日，http://theory.people.com.cn/n/2014/06/04/c112851-25101849.html，最后访问日期：2015年3月15日。

[②] 《习近平：积极树立亚洲安全观 共创安全合作新局面》，新华网，2014年5月21日，http://news.xinhuanet.com/world/2014-05/21/c_126528981.htm，最后访问日期：2015年3月15日。

[③] 《程国平：亚洲安全观：引领亚洲安全合作新方向》，求是网，2014年7月16日，http://www.qstheory.cn/dukan/qs/2014-07/16/c_1111594448.htm，最后访问日期：2015年3月15日。

期构筑良好周边环境的需要,以亚洲安全观指导下的新周边安全合作来取代冷战思维下的地区军事同盟,从而使中国和周边国家真正实现安全上的"共赢"。

(六)坚持正确义利观的价值原则

正确义利观由习近平在2013年访问非洲时首次提出,在同年的周边外交工作座谈会上进一步做了系统的阐述:"要找到利益的共同点和交汇点,坚持正确义利观,有原则、讲情义、讲道义,多向发展中国家提供力所能及的帮助。"[①]2015年初,习近平在出席中国-拉共体首届部长级会议时将正确义利观进一步发展为"讲信义、重情义、扬正义、树道义"。[②]习近平将正确义利观作为中国对外关系尤其是中国与周边国家和发展中国家关系的核心价值理念,体现了中国作为地区的负责任大国,充分发扬国际主义精神、与周边国家友好相处的真诚意愿。正确义利观要求中国在周边外交实践中坚持平等相待,遵守国际关系的基本原则;对较为落后的周边国家,要重情轻利,不能在合作中唯利是图、斤斤计较;在认识和看待周边问题时,要根据事件的是非曲直来决定立场,坚持道义。正确义利观符合中国特色的社会主义的内在要求,顺应了时代发展潮流及中国与世界关系发展大势,对新时期中国外交具有重要的指导意义。[③]

三 习近平时期中国周边外交新实践

以习近平同志为核心的新一届中央领导集体顺应国内外形势发展的需要,将周边外交提升到了一个新的高度。短短数年间,习近平系统阐述了周边外交新理念、新战略,并在此基础上推行积极主动的周边外交,取得了丰硕成果。

---

① 《习近平:让命运共同体意识在周边国家落地生根》,新华网,2013年10月25日,http://news.xinhuanet.com/politics/2013-10/25/c_117878944.htm。
② 《习近平:共同谱写中拉全面合作伙伴关系新篇章》,新华网,2015年1月8日,http://news.xinhuanet.com/2015-01/08/c_1113929589.htm,最后访问日期:2015年3月16日。
③ 《王毅:坚持正确义利观 积极发挥负责任大国作用——深刻领会习近平同志关于外交工作的讲话精神》,人民网,2013年9月10日,http://theory.people.com.cn/n/2013/0910/c40531-22864489.html,最后访问日期:2015年3月16日。

(一) 频繁对周边国家进行国事访问，践行"亲"的理念

"亲、诚、惠、容"周边外交理念中，"亲"是指要和周边国家多走动。在过去几年的外交实践中，中国领导人多次对周边国家进行国事访问，践行了"亲"的理念。2013 年和 2014 年，习近平主席先后访问了俄罗斯、哈萨克斯坦、乌兹别克斯坦、塔吉克斯坦、吉尔吉斯斯坦、印度尼西亚、马来西亚、韩国、蒙古国、马尔代夫、斯里兰卡、印度等周边国家。李克强总理也在两年内先后对印度、巴基斯坦、文莱、泰国、越南、乌兹别克斯坦、缅甸 7 个周边国家进行了访问。中国国家元首和政府首脑如此频繁地访问周边国家，在中华人民共和国外交史上是空前的。同时，习近平主席和李克强总理还出席了上海合作组织元首理事会与总理理事会，与俄罗斯及中亚四国领导人进行会晤；李克强总理还两次出席了东盟与中日韩（10+3）领导人会议，与东盟十国及日、韩两国领导人会面。党的十八大以来，中国领导人以实际行动说明了中国对周边国家的重视，真正做到了邻居间常见面、多走动。

(二) 发挥"主场外交"优势，向周边国家贡献"中国方案"和"中国智慧"

2014 年，中国借助在上海举办亚信峰会和北京举办 APEC 峰会的契机，发挥"主场外交"的优势，积极参与引导国际和地区合作的议程设置，向周边国家提出"中国方案"，贡献"中国智慧"。在亚信峰会上，习近平向与会各国倡导共同、综合、合作、可持续的亚洲安全观，一来凝聚了亚洲国家共识，体现了亚洲智慧；二来丰富发展了安全合作理念，强调努力走出一条共建、共享、共赢的亚洲安全之路；三来增添了亚洲及世界安全合作的动力，向世界表明亚洲国家有智慧、有能力通过加强合作促进地区安全与繁荣。① 在 APEC 会议召开前的"加强互联互通伙伴关系"对话会上，习近平提倡与包括周边国家在内的亚洲国家政策沟通、设施联通、贸易畅

---

① 《杨洁篪：习主席倡导亚洲安全观意义重大影响深远》，新华网，2014 年 6 月 21 日，http://news.xinhuanet.com/world/2014-06/21/c_1111251782.htm，最后访问日期：2015 年 3 月 16 日。

通、资金融通、民心相通五大领域齐头并进的互联互通建设,①为周边国家的发展与建设带来了新的机遇,开启了新一轮的区域化、全球化进程。在APEC会议上,中国积极促成了亚太自由贸易区建设进程的启动,通过了《亚太经合组织推动实现亚太自贸区北京路线图》。亚太自贸区的建设,将促进区内现有的TPP、RCEP等自贸协定、机制之间的良性互动,消除"意大利面碗"效应,②为亚太一体化奠定坚实基础。

(三)为周边国家的基础设施建设提供援助

在现代化建设过程中,中国在基础设施建设方面积累了大量的经验技术;同时,中国的外汇储备到2014年底达到3.84万亿美元。③技术和资金上的雄厚基础,为中国对周边国家基础设施建设提供援助、带动周边国家实现共同富裕创造了有利条件。2013年10月,习近平主席和李克强总理在出访东南亚期间分别向东南亚国家领导人倡议筹设亚洲基础设施投资银行,为包括东盟在内的亚洲发展中国家在基础建设投资领域提供资金上的支持。中国的倡议得到了亚洲国家特别是亚洲发展中国家的响应。2014年10月,中国、印度、新加坡等21国在北京签署备忘录,决定成立亚投行,法定资本为1000亿美元,初期认缴500亿美元。亚投行的成立,对紧缺基建资金的发展中国家可谓"雪中送炭",不仅有利于实现国际信贷渠道的多元化,而且将为促进援助国经济发展、创造就业做出贡献。另外,2014年11月,中国政府为推动"一带一路"建设,出资400亿美元成立丝路基金,为"一带一路"沿线国家在基础设施建设、资源开发等领域提供资金支持。这是中国服务"一带一路"、落实周边外交"惠"字理念的具体实践。

---

① 《习近平:联通引领发展 伙伴聚焦合作》,人民网,2014年11月9日,http://politics.people.com.cn/n/2014/11/09/c1024-25997464.html,最后访问日期:2015年3月16日。
② "意大利面碗"(Spaghetti Bowl Phenomenon)是指在双边自由贸易协定(FTA)和区域贸易协定(RTA)下,各个协议不同的优惠待遇和原产地规则就像碗里的意大利面,一根根地搅在一起,剪不断理还乱。这种现象贸易专家称为"意大利面碗"现象或"意大利面碗"效应。参见"意大利面条碗"效应,中华人民共和国商务部网站,http://zys.mofcom.gov.cn/aarticle/cp/200708/20070805032065.html,最后访问日期:2015年10月5日。
③ 李海霞:《2014年我国外汇储备余额3.84万亿美元》,人民网,2015年1月15日,http://finance.people.com.cn/money/n/2015/01/15/c218900-26390889.html,最后访问日期:2015年3月16日。

（四）在应对海上争议问题上"软硬兼施"，有理有节地维护核心利益

2010年以来，中国与日本、菲律宾、越南在海上岛屿争议问题上的矛盾呈严重化趋势，周边安全环境趋于紧张。在此情况下，中国采取"软硬兼施"的措施，一方面对单方面的挑衅行为进行坚决反制，另一方面与当事国展开协商谈判，寻求达成共识。2012年9月，日本宣布钓鱼岛"国有化"，中国立刻采取坚决的反制措施，对钓鱼岛附近海域实行常态化巡航。同时，中国政府向联合国提交钓鱼岛及其附属岛屿的领海基点基线坐标和海图，发表《钓鱼岛是中国的固有领土》白皮书，为捍卫钓鱼岛主权提供了法律和历史依据。在积极反制之外，中国与日本也就解决钓鱼岛争端进行磋商，在2014年APEC会议前夕达成四点原则共识，这为中日两国首脑在APEC会议上会面创造了条件。在处理与菲律宾、越南在南海的争议时，中国在尽可能孤立菲律宾的同时，对其他虽然同样侵占中国利益、表现却不过分嚣张的国家采取了安抚和合作的策略。① 2013年秋，李克强总理访越期间，与越方共同成立海上共同开发磋商工作组，发出了双方愿意通过合作解决南海问题的积极信号。2015年4月，习近平会见了来华访问的越共总书记阮富仲，两国领导人也一致同意共同努力，管控好海上分歧，共同维护南海和平稳定。②

小　结

1949年新中国成立以来，中国的周边环境发生了巨大变化，从1949年新中国成立时只与苏联、蒙古国、朝鲜3个周边国家建交，到现在几乎和所有的周边国家都建立了正式的外交关系，中国的周边环境得到了极大的改善，与周边国家的关系也有了长足的发展。从毛泽东到习近平，中国共

---

① 叶海林:《南海问题有关各方的意图变化及策略转换》，李向阳主编《亚太地区发展报告（2014）——中国的周边环境》，社会科学文献出版社，2014，第168页。
② 《刘华：习近平同越共中央总书记阮富仲举行会谈》，新华网，2015年4月7日，http://news.xinhuanet.com/politics/2015-04/07/c_1114893481.htm，最后访问日期：2015年10月20日。

产党五代领导人在解放思想、实事求是的基础上，顺应国际和地区局势发展的变化，以马克思列宁主义为指导，汲取中国传统思想文化的精髓，结合外交实践的经验教训，不断丰富和发展中国周边外交理论。而中国周边外交理论的发展和创新，为中国周边外交实践提供了正确的思想指导和坚实的理论基础。回顾新中国成立以来中国周边外交的发展历程，可以将其特点归纳为以下四个方面。

第一，中国周边外交思想一脉相承。从毛泽东到习近平，中国周边外交思想一直是在继承中有所发展。尽管在不同时期、不同国际环境下中国领导人的周边外交思想有其各自的特点，但前一代领导人的外交思想为后一代领导人的发展与创新提供了必要的理论土壤。同时，中国周边外交思想发展是以马列主义外交理论为指导，汲取前代领导人思想精华、借鉴外交实践经验、挖掘古代政治智慧、结合当下国际形势而不断总结出来的。

第二，和平是中国周边外交的主基调。新中国成立以来，中国周边外交发展之路是一条和平发展之路。中国坚定不移地奉行和平发展的原则，不仅反对任何形式的霸权主义和强权政治，而且承诺中国即使强大起来也绝不称霸、扩张。毛泽东主张中国与周边国家和平共处，邓小平科学地判定和平与发展是时代的主题，江泽民倡导各国不受干涉、平等发展的国际关系民主化思想，胡锦涛指出和平发展道路是中国人民的历史选择，习近平推动构建"你中有我、我中有你"的"命运共同体"。这些宣誓和主张一再向周边国家表明中国的崛起是和平崛起，中国无意成为霸权国家或领导国家，重建朝贡体制。周边国家国内"中国威胁论""中国霸权论"之类的言论，不仅偏离中国周边外交追求和平的主基调，而且缺乏历史和现实依据。

第三，中国周边外交的首要任务和立足点在于为国内经济建设创造稳定的周边环境。外交服务于内政，中国周边外交的最终目的也是服务于国内建设。新中国成立以来，历代领导人都以经济建设为国家的主要任务，外交实践都是为中国的发展争取和平稳定的空间与时间。尽管历经60多年建设，中国取得了辉煌的成就，但中国仍是发展中国家，许多指标距离发达国家尚有一定距离。因此，在未来可预见的时间里，中国仍会将确保国内经济建设作为周边外交首务。

第四，中国周边外交的基本理念在于互惠共赢。新中国成立以来，中国周边外交不仅谋求自身发展，也强调造福周边国家。毛泽东讲求"求同存异"，邓小平倡导"搁置争议、共同开发"，江泽民致力于构建与周边国家的"伙伴关系"，胡锦涛奉行"富邻、安邻、睦邻"的政策，习近平提出要让周边国家得益于中国的发展。这些都说明历届中国领导人在处理与周边国家关系时不但要实现中国的自身发展，也希望与周边国家开创"双赢"或"共赢"的局面。中国积极参加周边的国际组织，推动周边合作，提供区域公共产品，建设"利益共同体"和"命运共同体"，这都是为实现与周边国家互惠共赢做出的努力。

思想坚持传承、基调奉行和平、首务寻求发展、理念强调共赢，这既是对新中国成立60多年来周边外交思想和实践经验的总结，也反映了中国对其周边外交特征的自我认知。这一认知，不仅长期指导着中国周边外交的发展，而且会对周边国家对中国周边外交的认知产生重要的影响。对于韩国等周边国家来讲，尽管它们可能会对中国周边外交有一些不同的解读，但中国对自身外交发展历程的总结是基于历史事实的，韩国等周边国家对中国周边外交的认知只有借鉴和部分地采纳中国的自我认知，才能避免陷入主观想象和刻意解读的误区。

第二章
韩国对中国周边外交的基本认知

21世纪以来，中国周边外交在理论上不断创新的同时，在实践上亦是硕果累累。中国经济的快速发展和综合国力的提升，为中国发展与周边国家友好稳定的关系奠定了坚实的基础。从中共十六大至今，中国坚持"与邻为善、以邻为伴"的周边外交方针，推行灵活的周边外交，积极主动参与周边区域的多边合作，以"搁置争议、共同开发"的原则处理周边争议问题，努力构建和平稳定的周边环境。中国的这一变化，在周边国家看来，其积极意义显而易见。然而，由于国家利益、地缘政治、历史文化等多方面因素的影响，周边国家对中国周边外交心存怀疑、恐惧。韩国也同多数周边国家一样，以赞赏和疑惧的二重心态审视中国的周边外交。从政府、学界到韩国的媒体、民众，韩国对中国的周边外交有着各种各样的解读，整理这四大渠道发出的"声音"，能够使国人看到韩国对中国周边外交的基本认知的轮廓。

第一节 韩国政府对中国周边外交的基本认知

韩国政府对中国周边外交的认知，代表了韩国的官方立场，是韩国国内对中国周边外交的主流认知。这种代表国家立场的认知倾向，不仅会对韩国外交政策的走向产生重大影响，还会在舆论媒体、经济运作、外交关系等各个方面显现出来，塑造民众的心理认知。① 一般来讲，政府的立场不是第一时间形成的，而是在考虑到国家利益、国际环境、社会反应等多种因素的前提下，通过国家机构相关部门内部或部门间的协商形成的一种共识。通常，政府的认知相对谨慎、持重，较少极端化。这是因为，如果政府的认知过于激进，就易于导致政策的盲目性，从而损害或损毁国家的利益、形象和外交关系；但政府的认知若过于保守，则容易引起国内的不满，动摇政府的民意基础。

韩国政府向外界传递其官方立场的主要机构是外交部。外交部通过对外发布一系列公开的文献，包括外交白皮书、领导人讲话、外交年表等，申明政府对国际局势和对外关系的正式立场。同时，外交部还定期召开例行的新闻发布会，发布重要外交日程，阐述政府对重大国际事件的立场与评论，并接受记者提问。因此，本节拟以韩国外交部发布的公开官方文献和例行新闻发布会内容为基础，考察韩国政府对中国周边外交的基本认识。

从外交白皮书呈现的形态来看，韩国外交布局以美韩同盟为基础，呈"半岛周边（东北亚）→亚洲→世界"逐级扩散的形态。因此，中国周边外交对于韩国来讲，既属于韩国周边外交的范畴，也涉及亚洲外交的部分。当然，中国周边外交是"中国中心"这个语境下的概念，转换到以韩国为中心的视野来看，其关注的重点与中国有着一定程度的不同，对中国周边四大板块外交的分析也不可能面面俱到。但综合韩国外交部公开的外交文献来看，韩国政府对中国周边外交的认知主要包括四个议题：中国整体周边外交的基本特征、朝鲜核问题上中国的外交作用、以中日韩合作为中心的东亚合作和中韩关系。韩国政府对这四个议题的认知，构成对中国周边外交基本认知的轮廓。

---

① Jong-Ho Jeong, "Ethnoscapes, Mediascapes, and Ideoscapes: Socio-Culture Relations between South Korea and China," *Journal of International and Area Studies*, Vol.19, No.2, 2012, p.77.

一 中国周边外交的基本特征

韩国外交部一年一度发布的外交白皮书,基本都会详述韩国对上一年度国际和地区形势的判断、各领域外交实践和成果以及外交部所属领事、侨务等工作概况。一般来讲,韩国外交白皮书的开篇,往往是对上一年国际和地区事务概况的总结。中国作为韩国重要的周边大国,韩国外交白皮书往往在开章就会谈到中国过去一年外交政策的主要特征,而中国外交政策的主要特征与中国周边外交的特点往往是一脉相承的。本书根据2003~2015年的韩国外交白皮书,整理了韩国政府对中国周边外交的一些基本评价(见表2-1)。

表2-1 2003~2015年韩国外交白皮书中韩国政府对中国周边外交的基本评价

年份	评价	关键词
2003	中国在追求全方位外交的战略下,将构建有利于经济发展的安定环境的政策置于外交的优先顺位	全方位外交;构建安定环境
2004	同上	同上
2005	中国在朝核问题六方会谈的过程中发挥了仲裁的力量,通过与欧盟、俄罗斯等国家的首脑峰会,致力于改善与周边国家的关系和提高国际地位	仲裁;改善与周边国家关系
2006	中国维持了构建有利于经济发展所需安定环境的既定外交政策,并促进了实用主义的全方位外交	构建安定环境;实用主义;全方位外交
2007	中国维持了构建有利于经济发展所需安定环境的既定外交政策,并促进了实用主义的全方位外交	同上
2008	中国在经济发展和政治、社会稳定的基础上,提出了建设"和谐世界"的目标,在此目标下,中国致力于确保经济增长的动力和国际地位的提高	发展稳定;和谐社会;国际地位提高
2009	中国再次强调了构建适合国内经济发展的安定国际环境的外交政策基础	构建安定环境
2010	中国在维持稳定的同时,在克服金融危机的过程中,凭借上升的国际地位和外交成果,试图从被动应对的外交姿态转为主动先发的外交姿态	维持稳定;主动外交
2011	中国以主动的姿态促进与各国的合作,坚持积极参与国际事务	主动;积极参与国际事务
2012	中国在尽力维持领导层换届时期国内外环境安定的同时,参与以朝鲜半岛为首的地区事务,并致力发展同美、日、东盟国家的合作关系	维持安定环境;参与地区事务

续表

年份	评价	关键词
2013	中国在经济持续增长的自信的基础上，实施了积极的对外政策	自信；积极对外政策
2014	中国在经济持续增长的自信的基础上，实施了积极的对外政策；中国致力于发展与周边国家的友好关系，但在涉及国家重要利益的问题上态度十分坚决	自信，积极对外政策；国家利益
2015	中国积极发展与大国的新型大国关系和周边外交战略，提出了"一带一路"倡议	积极；新型大国关系；周边外交战略；"一带一路"

注：韩国外交白皮书是回顾上一年度国际形势和外交政策的文献，因此2003年的外交白皮书是对2002年国际形势和外交政策的总结，以此类推。

资料来源：作者自行制作。

从表2-1来看，韩国政府视野下中国周边外交呈现出三大特点。第一，中国周边外交以2008年全球金融危机为界，2008年之前，中国周边外交主要采取守势，致力于构建一个有利于国内经济发展的安定周边环境；2008年之后，中国的周边外交开始变得积极，主动意识增强，在国际和地区事务中影响日益扩大，周边外交的性质发生了变化。这在外交白皮书体现出来，在2009年以前的外交白皮书中，"构建安定环境"之类的短语频繁大量出现，但在此之后"积极""主动"成为中国周边外交的主要标志。除了外交白皮书的记载，韩国外交部第二次官赵兑烈也在2014年的一次公开国际学术会议上发表演讲，指出："韩国要紧紧抓住快速发展中中国外交政策的变化这个核心。在经济力世界第二的基础上，已经可以看出中国外交政策由邓小平到胡锦涛时期慎重的'韬光养晦'转向主导形势、带有攻势性质的'有所作为'。"①

第二，2008年之前，中国外交处于守势，始终不渝地坚持周边外交政策的首要任务是构建有利于经济发展的安定环境。对此，韩国基本上持积极态度。需要注意的是，韩国政府同时也认为，中国的这种守势外交带有实用主义特点，有"搭便车"之嫌。韩国前总统卢武铉在2006年讲道："虽

---

① 조태열，「제2차관, 국가안보전략연구소·한국국제정치학회 공동주최 국제학술회의 기조연설」，한국외교부，2014-8-28, http://www.mofa.go.kr/news/majoractivity/speech/vice/index.jsp?menu=20_20_10&tabmenu=t_5, 最后访问日期：2015年3月21日。

然中国在进入发达国家行列前，在未来 20~30 年将为了专注经济发展而构建和平的周边环境，避免介入地区的武力纷争，但日益强盛的中国要追求地区霸权，必然会与地区海洋势力发生摩擦，而那时东亚安全状况的不确定性将更加严重"。① 可见，韩国在赞扬"韬光养晦"时期中国周边外交战略的同时仍然心存戒惧。

第三，2013 年以后，韩国政府认为中国的周边外交是"刚柔并济"，既有合作的一面，亦有为了维护核心利益强硬的一面。后金融危机时代，中国周边外交趋于主动，特别是在发展与周边国家的合作方面，比以前有了很大的提升。这种积极的姿态对于韩国来说，是一个良好的信号。但是，2010 年之后中国与日本、菲律宾、越南在东海、南海的争端日益激化，特别是中国在东海划定防空识别区后韩国开始正视中国维护海洋权益的决心。韩国政府认识到中国的周边外交虽要努力做到"亲、诚、惠、容"，但在维护核心利益时十分强硬、不容妥协。

二 朝鲜半岛核问题上的中国外交

朝鲜半岛的和平是韩国国家安全的头等大事，由于拥有核武器，朝鲜更是被韩国视为头号威胁。朝核问题自 20 世纪 90 年代初发端以来，积重难返，一直未能得到有效解决。中国与朝鲜半岛山水相连、唇齿相依，在朝核问题解决上一直承担着重要的责任。2003~2007 年，中国作为东道主，邀请朝、韩、美、日、俄在北京举行了六轮六方会谈，为缓和朝鲜半岛局势和摸索建立东北亚新安全机制起到了很大的积极作用。六方会谈中断后，中国一方面积极在当事国之间进行外交斡旋，试图重启会谈；另一方面在力所能及的范围内积极推动半岛无核化进程。中国在朝核问题上的外交行动，总体上得到了韩国政府的积极评价。特别是对六方会谈中中国的作用，

---

① 노무현,「[관훈토론회 연설] 탈냉전시대의 우리 외교의 과제」, 한국외교부, 2006-11-21, http://www.mofa.go.kr/news/majoractivity/speech/minister/index.jsp?menu=20_20_10&tabmenu=t_3&sp=/webmodule/htsboard/template/read/korboardread.jsp%3FtypeID=9%26boardid=749%26tableName=TYPE_SPEECH%26seqno=301339，最后访问日期：2015 年 3 月 22 日。

韩国政府基本上持赞扬的态度。

首先，从2002年底第二次朝核危机爆发到2003年8月第一轮六方会谈召开之前，韩国政府认为中国在朝核问题上的态度是比较谨慎的。韩国政府认为："中国的立场是希望朝核问题的当事者朝鲜、韩国秉持忍让原则并继续努力，这种慎重的立场是出于维持南北双方友好关系的考虑。"① 虽然韩国认为中国的这种态度与韩国秉持的南北合作的政策精神上是一致的，但仍希望中国能在朝核问题解决的过程中发挥进一步的积极作用。韩国外交部发言人在第一轮六方会谈召开之前指出："朝核问题是中韩两国关系中的一个问题，两国未来在朝核问题上如何合作则是重要的课题。"②

其次，在六方会谈过程中，韩国政府对中国建设性的作用表示高度赞赏。第一，在促成六方会谈召开问题上，时任韩国外长尹永宽认为："六方会谈的召开，是韩美日紧密互助，中、俄两国发挥影响特别是中国持续对朝鲜劝说的主要成果"。③ 第二，在六方会谈中，韩国政府认为，中国外交的作用主要体现在两个方面：其一，在朝核问题的解决过程中，中国的角色非常重要。韩国外交部发言人明确指出："就具体角色来讲，中国是六方会谈的东道国，是与朝鲜有着特殊关系的国家，它在核问题上的态度有着重要意义，在东北亚有着重要影响。迄今为止，中国发挥着建设性作用，同时我们也希望中国能加强它的这种作用"。④ 虽然韩国在解决朝核问题上最根本的基础还是美韩同盟，但韩国政府认为中国还是唯一能对朝鲜施加有效影响的国家，是促使朝鲜坐到六方会谈谈判桌上的关键。其二，韩国政府也认为中国在六方会谈上的外交是积极的、主动的，并且与韩国进行了良好的合作。韩国政府指出，2006年朝鲜第一次核试爆后，中韩两国在

---

① 한국외교통상부，『2003년 외교백서』，서울：외교통상부，2004，p.152.
② 윤영관，「[장관] 기자 브리핑」，한국외교부，2003-7-4，http://www.mofa.go.kr/news/briefing/index.jsp?menu=m_20_10，最后访问日期：2015年3月22日。
③ 윤영관，「한.일 밀레니엄포럼 축사」，한국외교부，2003-11-7，http://www.mofa.go.kr/news/majoractivity/speech/minister/index.jsp?menu=m_20_20_10，最后访问日期：2015年3月22日。
④ 송민순，「한미일 3자협의 결과 공식브리핑」，한국외교부，2005-2-26，http://www.mofa.go.kr/news/briefing/index.jsp?menu=m_20_10，最后访问日期：2015年3月22日。

危机下，为防止局势恶化、营造对话的氛围和促成六方会谈再启进行了紧密的合作。①时任韩国外长潘基文也称赞中国为了启动六方会谈，在对朝鲜劝说等方面发挥了积极的作用。②

最后，六方会谈中断之后，韩国政府对中国在朝核问题及其相关议题上的外交表现则是有褒有贬，以褒为主。一方面，韩国政府希望中国继续在朝核问题上发挥积极、建设性的作用。特别是当中国与韩国在对朝鲜在外交上有一致行动之时，韩国政府对中国给予高度评价。如2013年中国在联合国安理会同意对朝制裁决议时，韩国外交部发言人在记者会上称赞中国："通过对朝制裁决议等表现出的中国政府的态度和行动，得到了国际社会的肯定评价。"③另一方面，当中国一些外交政策不符合韩国的心理预期时，韩国政府则会持很谨慎的批评态度。例如，2011年金正日访华时，韩国外交部发言人就对中国没有向金正日公开表达半岛无核化、朝韩对话的必要性等一贯的立场表示不满。④又如，2012年韩国外交部对中国副外长傅莹在一次书面访谈中"半岛局势的安定需要地区共同安全的确立，其中也包括朝鲜的安全"的言论表示不满，并称这种言论是"不合适的"。⑤

三 以中日韩为核心的东亚合作

冷战结束后，中国在周边区域的多边外交成为周边外交的新亮点。中国参加甚至倡导了许多周边的国际组织，并在其中发挥了重要作用。中国与东亚国家的多边合作可以说是冷战后中国在周边区域多边外交的主要成果之一。从中日韩到东盟和中国（10+1）、东盟和中日韩（10+3）、RCEP，

---

① 한국외교통상부,『2007년 외교백서』, 서울: 외교통상부, 2007, p.54.
② 반기문,「한국방송기자클럽 토론회」, 한국외교부, 2005-5-30, http://www.mofa.go.kr/news/majoractivity/speech/minister/index.jsp?menu=m_20_20_10, 最后访问日期：2015年3月22日。
③ 조태영,「대변인 정례 브리핑」, 한국외교부, 2013-3-14, http://www.mofa.go.kr/news/briefing/index.jsp?menu=m_20_10, 最后访问日期：2015年3月22日。
④ 조병재,「대변인 정례 브리핑」, 한국외교부, 2011-6-2, http://www.mofa.go.kr/news/briefing/index.jsp?menu=m_20_10, 最后访问日期：2015年3月22日。
⑤ 조태영,「대변인 정례 브리핑」, 한국외교부, 2012-8-23, http://www.mofa.go.kr/news/briefing/index.jsp?menu=m_20_10, 最后访问日期：2015年3月22日。

中国与东亚国家的合作都取得了很大的进展。在韩国看来，东亚合作的核心还是中日韩三国合作，三国合作的效应可以通过"10+3"、"10+6"、RECP等机制层层外溢，最终实现东亚一体化。因此，韩国对中国在中日韩合作中外交政策的看法，集中体现了韩国对中国的东亚多边合作战略的认知。

中日韩合作机制酝酿于20世纪末，1999年中国国务院总理朱镕基、日本首相小渊惠三、韩国总统金大中在菲律宾会晤，启动了中日韩三国在"10+3"框架下的合作。但在2003年三国首脑共同签署《中日韩推进三国合作联合宣言》前，三国合作机制尚处于初创阶段，对"10+3"机制有着明显的依赖性，合作领域不多，涉及的具体问题也较少。

2003年三国首脑签署联合宣言后，中日韩合作机制可以说步入了发展的正轨。2004年韩国外交白皮书在评论三国联合宣言发表的里程碑意义时认为，联合宣言是三国在经济、安全、社会等领域的全面合作协议，在此基础上的"10+3"机制将会在未来区域共同体的构建中起到中心轴的作用。① 此后数年，韩国政府对包括中国在内的三国在合作机制框架下的一系列外交政策表示满意，并且坚信三国合作机制的外溢效应将大大推动东亚共同体的建设进程。但是在2005年，由于日本首相小泉纯一郎坚持参拜靖国神社，中国外交部表示考虑到当前的气氛和条件，推迟了当年的领导人峰会，但承诺在此期间仍旧履行协调国的职责。② 韩国政府表示理解中国的决定，同时也表达了韩国对日本首相参拜靖国神社的不满，认为参拜靖国神社等有关历史问题是中日韩合作的绊脚石，以智慧的方式解决历史问题是未来三国加强合作过程中必须攻克的课题。③

2008年底，中国国务院总理温家宝、日本首相麻生太郎、韩国总统李明博首次在"10+3"峰会外在单独的时间和单独的地点举行了三国领导人

---

① 한국외교통상부，『2003년 외교백서』，서울：외교통상부，2004，pp.38-39.
② 参孙：《第七次中日韩峰会因小泉参拜被推迟》，新浪网，2005年12月5日，http://news.sina.com.cn/w/2005-12-05/10167623548s.shtml，最后访问日期：2015年3月23日。
③ 한국외교통상부，『2006년 외교백서』，서울：외교통상부，2006，pp.55-56.

会议，这标志着中日韩合作机制基本摆脱了依赖"10+3"机制的模式，成为独立的合作机制。韩国政府认为，这一合作的新进展，无论是对三国的繁荣和发展还是对朝鲜半岛及东北亚的安定和发展都将做出贡献。① 独立的三国合作机制建立后，三国的合作领域不断拓宽，合作水平也日益提高，中日韩自贸协定（中日韩FTA）的相关研究和谈判也在此基础上得以展开。虽然韩国政府承认在FTA谈判上三国间存在差异，但承诺将在已有成果基础上努力提高三国合作在质、量两个层面的水平。② 但2012年5月后，由于日本在历史问题上与中、韩两国的矛盾，三国领导人会议停摆，直到时隔三年多之后的2015年秋季才举行。韩国政府对中日韩领导人会议暂停期间三国在事务层级的合作表示基本满意，但仍强调日本对历史问题的认知是三国合作的主要障碍。即使如此，韩国也不愿同中国在应对日本历史问题上达成政策性的一致，如在中韩慰安妇问题共同研究上，韩国外交部发言人就强调这项研究只是学术性质的，而不是政策上的中韩一致对日。③

四　中韩关系

韩国政府对中韩关系的认知，构成韩国对中国周边外交认知的最重要组成部分。这一认知的倾向性，不仅直接影响中韩关系的发展变化，也会对朝鲜半岛和东北亚局势产生影响。韩国政府对中韩关系的认知主要包括三个方面：中韩关系在韩国外交布局中的地位、中韩关系的发展评价与中韩关系中存在的问题。

（一）中韩关系在韩国外交布局中的地位

韩国的外交布局，诚如上文所说，呈"半岛周边（东北亚）→亚洲→世界"逐级扩散的形态。半岛周边外交是韩国外交的重中之重，美、中、

---

① 한국외교통상부,『2009년 외교백서』, 서울: 외교통상부, 2009, p.44.
② 김성환,「한·중·일 3국 협력 국제포럼 기조연설」, 한국외교부, 2012-10-15, http://www.mofa.go.kr/news/majoractivity/speech/minister/index.jsp?menu=m_20_20_10, 最后访问日期: 2015年3月23日.
③ 노광일,「대변인 정례 브리핑」, 한국외교부, 2014-7-8, http://www.mofa.go.kr/news/briefing/index.jsp?menu=m_20_10, 最后访问日期: 2015年3月23日.

日、俄是韩国"周边四强",长期以来占据着韩国对外关系的前四位。美国是韩国的盟国,美韩同盟是韩国安全的保障,长期以来美韩关系牢固占据着韩国对外关系中的首要位置。俄罗斯由于在地缘、经济、文化等方面与韩国较远,在四强中基本上处于末位。中韩关系和日韩关系在韩国外交布局中的地位在过去十余年间发生转变,这一转变,不仅体现了韩国外交优先考虑对象的转变,也暗示十余年来中日两国在东亚权力格局中地位的变化。

许多人认为,中日两国在韩国外交布局中地位的转变发生于2013年朴槿惠就任韩国总统时。朴槿惠在发表就职演说时一改李明博时期的传统,将原来外交上"美、日、中、俄"的顺序改为"美、中、日、俄"。但实际上,中日两国地位的变化,在此之前已开始显露端倪。韩国外交白皮书每年在第一章会对过去一年国际和地区形势进行回顾,其在回顾时对国家先后顺序的排列,实际上反映了韩国外交布局中各国地位的轻重。根据韩国外交白皮书的记载,早在2008年中国GDP就超越日本跃居第二。此后韩国外交布局中"中二日三"的顺序除了在2010年外交白皮书中有所反复外,基本上保持不变。特别是朴槿惠就任总统之后,中韩关系的重要性日益突出。中韩战略合作伙伴关系甚至上升到几乎和美韩同盟同等重要。2013年,韩国外交部第二次官赵兑烈就在一次公开演讲中说:"未来5~10年,我们外交的成败取决于能否实质性地调和韩美同盟和韩中战略合作伙伴关系,使二者不相冲突,这将是我们外交最大的课题。"①2015年的韩国外交白皮书,更是明确将"韩美同盟和韩中战略合作伙伴关系的调和与发展"作为外交政策的基础之一。②尽管韩中关系的重要性在短时间内仍无法超越韩美同盟,但十余年来中韩关系的发展使中国在韩国的外交布局中牢牢地占据着举足轻重的地位。

---

① 조태열,「제2차관, 국방부 장성 워크샵, 무궁화 회의 (6.18) 강연」,한국외교부,2013-8-27, http://www.mofa.go.kr/news/majoractivity/speech/vice/index.jsp?menu=20_20_10&tabmenu=t_5, 最后访问日期:2015年3月23日。

② 한국외교부,『2015년 외교백서』,서울:외교부,2015, p.26.

(二)中韩关系的发展评价

2002~2014年,中韩关系的发展虽然有过曲折,但总体上还是积极健康的。韩国政府对中韩关系发展的评价,集中体现在外交白皮书对中韩关系的基本评价上(见表2-2),从中可以看出韩国政府对中韩关系认知的发展变化。

表2-2 2003~2015年度韩国外交白皮书对中韩关系的基本评价

年份	基本评价	关键词
2003	中韩两国在建交短短10年间,在政治、经济、社会、文化、安全等领域的合作深化。中韩两国现在不仅在通商领域是实质上的重要伙伴,而且成为在半岛及东亚安定和繁荣问题上一起讨论的对话对象	合作深化;重要伙伴;对话对象
2004	中国积极支持韩国的对朝政策,两国首脑将两国关系的层级提升至"全面合作伙伴关系",两国在经济、投资、环境、科技和能源等领域的合作持续发展,在APEC、WTO等地区和多边领域共同利益增加,合作领域扩大	伙伴关系;合作发展;共同利益
2005	在深化发展"全面合作伙伴关系"的目标下,两国贸易规模扩大,在金融、电力、先进技术等十大经济合作领域取得实质性进展,为了改定两国间投资保障协议进行协商等一系列增进两国实质性伙伴关系的努力正在展开	伙伴关系;实质性进展
2006	中韩两国1992年建交短短13年以来,在外交、安全、经济、文化等多领域实现了令人瞩目的发展。通过2005年以两国元首会谈为首的各种双边和多边会见,两国全面合作伙伴关系持续发展	发展;伙伴关系
2007	2006年度,韩国政府为了深化发展2003年卢武铉总统访华时两国首脑达成的"全面合作伙伴关系"协议,中韩两国在政治、外交、经济、文化等各个领域的交流不断增多	伙伴关系;交流增进
2008	2007年是中韩关系史上意义深远的一年。恰逢建交15周年,2007年被定为"中韩交流年",在"友好交流、共创未来"的口号下,两国开展了包括两国总理出席开、闭幕式的政治、经济、社会、文化等多方面的活动。通过多样的交流和活动,中韩实现了积极合作	交流活动;积极合作
2009	2008年中韩两国实现了自建交以来首次两国元首的年内互访,两国间的友好关系和实质性合作发展到了更高的维度。李明博总统访华时将两国关系由"全面合作伙伴关系"提升为"战略合作伙伴关系"	友好关系;实质合作;伙伴关系
2010	2009年,两国在"战略合作伙伴关系"的基础上,共同坚持半岛及东北亚和平繁荣的战略目标,为了充实两国关系而努力,在全部领域取得了瞩目的成果	伙伴关系

续表

年份	基本评价	关键词
2011	两国在"战略合作伙伴关系"的基础上,共同坚持半岛及东北亚和平繁荣的战略目标,为了充实两国关系而努力,在全部领域取得了瞩目的成果	伙伴关系
2012	两国在"战略合作伙伴关系"的基础上,共同坚持半岛及东北亚和平繁荣的战略目标,为了充实两国关系而努力,在全部领域取得了瞩目的成果	伙伴关系
2013	2012年,两国以建交20周年为契机,在维护朝鲜半岛和平安定和促成"六方会谈"重启的重要性等方面达成共识,为了实现共同的目标,两国加强了政治、安全领域的沟通与合作,为了充实"战略合作伙伴关系"不断努力。另外,在加速两国FTA协商和领事协定缔结等实质性合作方面取得了许多成果	共识;沟通合作;伙伴关系;实质性合作
2014	2013年是在建交20余年两国关系发展成果基础上,"走向未来20年新中韩关系"的转折年。6月朴槿惠总统访华时发表共同声明,两国决心充实发展"战略合作伙伴关系",强化在政治、安全层面的沟通,扩大在经济、社会领域的合作,增进两国民间的多样化交流	伙伴关系;沟通;合作;交流
2015	中韩两国以充实中韩战略合作伙伴关系为目标倾注了大量的努力,不仅在经济、文化领域的合作得以深化,而且在政治、安全战略沟通上取得了使成熟的两国关系前所未有发展的成果	伙伴关系;合作;沟通;成熟

资料来源:表格系作者自制。

从表2-2对2002年以来中韩外交的基本评价来看,韩国政府对中韩关系的认知有三大特点:一是总体上比较积极,对十余年来中韩关系的发展基本上给予高度评价,认为两国关系的走势是向上的、正面的。"伙伴""合作""交流""发展"等正面性表述始终是白皮书中的高频词语。二是强调中韩伙伴关系和两国的合作,认为不仅两国的合作领域不断拓宽,而且合作程度也不断加深。中韩两国已经实现了政治、经济、安全、文化、社会等多领域、全方位的合作,同时两国的关系也从"全面合作伙伴关系"升级为"战略合作伙伴关系",这就意味着两国的合作关系已经不仅仅局限于双边,而是涉及地区甚至更广的范围。[①] 三是韩国政府对中韩关系未来的发展始终充满信心。在中韩关系发展过程中,两国提出了"友好交

---

① 한국외교통상부,『2009년 외교백서』,서울:외교통상부,2009,p.42.

流、共创未来""走向未来20年新中韩关系"等积极的口号，对未来中韩关系的发展寄予厚望，朴槿惠总统在清华大学演讲时就说："中国梦与韩国梦是一致的，两个国家的江水在同一海域汇合，中国梦和韩国梦也紧密相连"。①

（三）中韩关系中存在的问题

2002年以来，中韩关系的发展是举世瞩目的，但这并不意味着两国之间不存在任何问题。在韩国政府看来，两国关系中目前存在的主要问题有三个，即海上问题、历史问题和民族感情问题。

海上问题主要涉及的是苏岩礁（韩称"离於岛"）问题和渔业纠纷问题。在苏岩礁问题上，中韩政府达成了协议，韩国承认其只是海上暗礁，公开表明两国之间不存在领土上的纠纷。在渔业纠纷问题上，韩国政府也基本持冷静态度，一方面加强海上监管；另一方面呼吁中国加强对渔民的管理，避免发生争斗。

在历史问题上，最敏感的莫过于高句丽问题。2004年，高句丽问题在韩国引起轩然大波，反华浪潮甚嚣尘上。两国政府在"搁置争议"的原则下共同平息了这次纷争，强调高句丽问题限于学界讨论，呼吁两国共同研究。

最后，在民族情感上，韩国政府认识到中国国内存在一定的"嫌韩"（혐한）情绪，②强调要加强与中国媒体共同开展有关的宣传活动，努力阻止"嫌韩"情绪蔓延。③

综上所述，韩国政府对2002年以来的中国周边外交基本上持比较积极和赞赏的态度。韩国政府认为，十余年里，中国周边外交从"守势"走向

---

① 박근혜,「새로운 20년을 여는 한중 신뢰의 여정（청화대학 연설문）」,대한민국 청와대，2013-6-29，http://www1.president.go.kr/president/speech.php?srh%5Byear%5D=&srh%5Bmonth%5D=&srh%5Bsearch_type%5D=1&srh%5Bsearch_value%5D=%C4%AA%C8%AD%B4%EB&srh%5Bview_mode%5D=detail&srh%5Bseq%5D=32&srh%5Bdetail_no%5D=1，最后访问日期：2015年3月23日。
② "嫌韩"是指讨厌韩国文化、讨厌韩国人等因素导致的讨厌韩民族的感情，包括与朝鲜半岛有着地缘政治摩擦的周边国家（如日本、中国）与韩国在传统感情上的冲突和近代以后韩国与西方国家开始交流后产生的文化误解、偏见等。
③ 문태영,「대변인 정례 브리핑」，한국외교부，2008-8-21，http://www.mofa.go.kr/news/briefing/index.jsp?menu=m_20_10，最后访问日期：2015年3月24日。

积极，为营造和平稳定的周边环境尽了最大的努力，中国与周边国家的关系也得到了改善。在朝核问题上，韩国十分重视中国发挥的作用，也高度评价中国在解决朝核问题特别是推动六方会谈过程中的积极作用，并对未来中国继续坚持这种做法寄予期望。在中日韩合作的部分，韩国政府积极评价了三国合作取得的一系列成果，肯定了中国在合作中的外交作为，同时在日本因历史问题阻碍三国合作时对中国的外交立场给予了一定程度的理解和支持。对于中韩关系，韩国政府在认识到对华外交在韩国外交布局中地位日益上升的同时，积极评价十余年来中韩关系的发展，并在两国出现矛盾分歧时与中国在"搁置争议"的原则下，妥善地处理这些问题，没有使之对两国关系造成重大的伤害。可以说，韩国政府总体对中国周边外交持正面评价，这对中韩关系的良好发展起到了重大的推助作用，为促进中韩合作创造了有利的环境。

第二节　韩国学界对中国周边外交的基本认知

韩国学界对中国周边外交的关注，始于冷战结束。1989年北京政治风波后，中国面临西方国家的制裁，国际环境一度十分险恶。在此情况下，中国为了打破西方的封锁，开始重视周边国家，积极开展周边外交，而韩国学界对真正意义上中国周边外交的认知也自此而始。韩国在地理上与中国隔海相望，无论是历史上还是现在，两国之间的经济、文化、人员交流都非常密切。同时，韩国在近代以前深受中国文化的影响，至今中国文化的底蕴依然深厚。因此，韩国学者对中国外交文献特别是第一手材料的理解和掌握在海外学术界中具有一定的优势。然而，韩国的外交学者中有许多有着浓厚的西方学术背景，理解中国外交的方式主要局限于西方思维。用西方理论指导对中国外交文献和研究的细致解读，是韩国学界对中国周边外交研究的主要特点。2002年党的十六大以来，韩国学界对中国周边外交的认知可以从五个部分即对中国整体周边战略的理解和对东北亚、东南亚、中亚、南亚四大周边区域外交政策的认知来梳理。

一　中国周边外交的演变、内容、目标和未来

冷战结束后，中国政府对国际格局做出了新的判断，认为后冷战时期的国际格局将是"一超多强"。为了增强自身综合国力，推动建立多极世界，中国开始调整改革开放以来过于倚重西方的外交政策，强化与周边国家的关系，构建有利于国内建设的稳定环境。从冷战结束到亚洲金融危机爆发前，中国始终坚持"韬光养晦"的战略，集中力量进行国内经济建设。1997年亚洲金融危机是中国首次以"负责任大国"的形象对周边国家给予支持和帮助，中国积极加入周边的国际组织，开始变得主动。2002年党的十六大召开，以胡锦涛同志为总书记的新一届党中央上台之后，中国周边外交"有所作为"的倾向日益明显。韩国启明大学教授金钰晙指出，新一届党中央一方面延续了江泽民时期外交政策的持续性，另一方面在"和平崛起"的论调下推行带有民族主义色彩的外交政策。胡锦涛强调"和字为先"，积极应对周边的"中国威胁论"，在国际社会营造中国积极负责任大国的形象。[1]党的十七大以后，中国在"和平发展"、"和谐世界"和"互利共赢"的口号下积极拓展周边地区，提出要与周边国家共建和平和安定、平等互信和实现双赢。[2]朝鲜大学教授尹永德在总结江泽民时期、胡锦涛时期中国的周边外交时说道："中国与周边国家在加强善邻友好的同时，维持相互信任，在考虑周边地区的地缘特征和问题多样性的基础上，以柔性的方式渐进地推进地区合作"。[3]党的十八大以来，中国的周边外交从"有所作为"变为"奋发有为"。在很多韩国学者看来，中国外交的"攻势"（공세）越发强烈，但首尔大学教授赵英男认为中国的"攻势外交"只是一种过渡，它产生的根源是中国对外政策的调整尚未跟上后金融危机时代国际形势的飞速变化，这一过渡期过去之后，中国周边外交将可能会有新的大转变。[4]

---

[1] 김옥준,『중국 외교노선과 정책: 마오저동부터 후진타오까지』, p.356.
[2] 김옥준,「중국 외교노선과 정책: 마오저동부터 후진타오까지」, p.370.
[3] 윤영덕,「중국의 주변외교전략과 대아세안 정책」, p.34.
[4] 조영남,『중국의 꿈: 시진핑 시대의 정치와 외교』, 서울: 민음, 2013, pp.254-256.

关于中国周边外交的基本内容，尹永德认为包括促进地区合作、发展善邻友好关系和深化多边协作。① 同德女子大学教授李东律则将其概括为经济外交、伙伴关系外交和多边外交，② 经济外交主要包括在边境及其附近地区发展经济合作，积极与周边国家推进FTA的签订和能源合作。伙伴关系外交就是与周边国家建立"战略合作伙伴关系"等各种层次的睦邻互信关系，构筑稳定的周边环境。多边外交则是在两个框架下展开，一是经济层面，包括APEC、"10+1"、"10+3"等；二是安全层面，代表性的就是东盟地区论坛和上海合作组织。2008年全球金融危机后，随着中国崛起、国际权力格局的变化以及地区安全形势的改变，中国的周边外交又引入了新的内容：首先是保卫领土主权及维护海洋权益等国家利益，向周边国家传递中国核心利益不可侵犯的信号；其次是在周边地区推行"软实力"外交和公共外交，通过文化交流和增进信任来提升国家形象、增进与周边国家之间的亲近感。③ 另外，延世大学教授韩硕熙还指出，2008年全球金融危机前后，中国在周边地区多边外交的特点也有所变化。此前，中国的多边外交虽然有经济和安全两个框架，但主要强调与周边国家的经济合作而弱化了安全合作，这导致安全问题成为制约经济合作的要素，招致域外大国的干涉。后金融危机时代，中国在周边地区的多边外交转而走向经济合作和安全合作协同并重。④ 中国周边外交变得更加全面协调，呈现为政治、经济、安全、社会、人文"五位一体"、均衡发展的格局。

对于中国周边外交目标的认知，韩国学者既有共识，也存在分歧。概括来讲，韩国学者对中国周边外交目标的认知主要从积极的和消极的两方面来考察。积极的观点认为，中国周边外交的最终目的是集中力量进行经济建设，早日实现中华民族的伟大复兴。如李东律认为中国周边外交的目

---

① 윤영덕,「중국의 주변외교전략과 대아세안 정책」, pp.15-25.
② 이동률,「중국의 주변지역 외교 전략 및 목표」, p.284.
③ 한석희,「중국 주변국 외교의 성공전략」, p.82.
④ 한석희,「중국 주변국 외교의 성공전략」, p.82.

标包括建设有利于自身发展的国际环境，加强地区经济合作和巩固中国复兴的区域基础。① 消极的观点仍未能跳脱过去"中华主义"，以现实主义"国强必霸"的思维来看待中国对外战略的最终目的。如尹永德认为中国发展伙伴关系是为了确保周边安定，坚持善邻友好是为了逐步取得地区主导权，参与多边外交则是为了奠定本国成为未来多极世界中一极的基础，归根到底还是想追求在亚洲建立以中国为中心的新地区秩序。②

二 中国的东北亚政策与朝鲜半岛政策

韩国地处东北亚核心地带朝鲜半岛，东北亚形势的任何风吹草动都会对韩国造成一定的影响。因此，中国的东北亚政策是韩国对中国外交最关心的领域，韩国学者对中国的东北亚政策、东北亚安全合作体制和朝鲜半岛政策做了大量的研究。

首先，韩国学者认为，进入 21 世纪后中国的东北亚政策的性质开始发生变化。圣公会大学教授李南周认为，直到 20 世纪 90 年代，中国在东北亚还是采取"搭便车"外交，但到了世纪之交，中国在东北亚的"搭便车"外交面临一系列制约因素："台独"倾向的增强、朝鲜半岛形势的紧张、日本军国主义的复活和美日同盟的强化。③ 同时，东北亚安全环境的结构性特征——可预见的美中之间的潜在对立，中日两国对对方成为大国的忧虑和警戒，中长期来看朝鲜半岛未来的不确定性，以及短期来看朝鲜核开发给半岛带来的政治和军事上的紧张——也使中国的"搭便车"外交难以为继。④ 因此，进入 21 世纪后中国开始谨慎地修正其东北亚政策，逐渐改变缄默态度，开始寻求在地区舞台上发出中国的声音。

---

① 이동률,「중국의 주변지역 외교 전략 및 목표」, pp.290-295.
② 윤영덕,「중국의 주변외교전략과 대아세안 정책」, pp.32-33.
③ 이남주,「중국 무인승차 외교의 딜레마와 동북아정책」,『민주사회와 정책연구』제 3 권 1 호, 2003, pp.66-67.
④ 길병옥·김학성,「동북아 국제질서의 구조적 특성과 한반도 문제 해결방향」,『한국과 국제정치』제 20 권 3 호, 2004, pp.8-10.

其次，中国对构建新型东北亚多边安全体制的认识和立场是什么？韩国学者也对此进行了深入的考察。李东律认为，中国主张的新型东北亚多边安全合作体制需要坚持三大原则：第一，作为一个开放和包容的体制，中国一以贯之的对中国核心利益的立场必须在体制下予以明确；第二，强调必须坚持在多边安全合作体制下协商合议；第三，主张多边安全合作应渐进和阶段性地发展。① 韩国加图立大学教授姜昌善则以历史发展的眼光看待中国对多边安全合作体制的立场，认为虽然中国当下对东北亚多边安全合作体制的构建持"渐进式改革"的立场，但是中国改变立场的可能性依然存在。乐观的可能性是中国成长为经济大国之后，对以美国为首的西方世界的被害者心理和不信任感会得到缓解，从而更加积极主动地推动安全体制改革。但悲观的可能性依然存在，姜昌善担心，在经济持续高速增长和自信心膨胀的情况下，中国是否能以平等的原则保证体制内国家的参与，并坚持以多边安全合作体制来抑制美国霸权主义的初衷将打上问号。②

再次，关于中国东北亚政策的主要内容，韩国学者进行了不同深度的解读。汉阳大学教授文兴镐认为，中国东北亚政策的核心主要包括两个方面：一是通过改变东北亚秩序和维持朝鲜半岛和平安定，使中国在地区内的政治、经济、军事影响力最大化；二是将确保东北亚作为中国走向世界的全方位外交的地域基础。③ 而就具体政策来说，忠南大学教授吉炳玉认为，中国的东北亚政策首先是在承认美国霸权的基础上与美国维持非对称的势力均衡，扩大自身的战略空间；其次是在同俄罗斯维持战略合作伙伴的过程中牵制美日军事合作和日本军事力量的增长；最后是以中美关系来影响中日关系，推行与日本维持战略平衡的政策，避免走向中日对决。④ 中国为

---

① 이동률,「동북아 다자안보협력에 대한 중국의 인식과 전략」,『중국학연구』제 45 집, 2008, pp.314-315.
② 강창선,「동북아 다자간 안보협력에 대한 중국의 입장——변화의 가능성을 중심으로」,『민주사회와 정책연구』제 3 권 2 호, 2003, pp.225-226.
③ 문흥호,『중국의 대외 전략과 한반도』, 서울: 울력, 2006, p.97.
④ 길병옥,「중국의 동북아 정책: 동북아 다자안보협력체제 구축에 대한 시사점」,『한국동북아논총』제 36 집, 2005, p.13.

了实现其东北亚政策,最重要的步骤就是建立中国倡导的新东北亚多边安全合作机制,而这一新机制的模型在中国看来应是六方会谈。韩硕熙认为,中国希望把六方会谈模式组织化、机制化,并在中国的主导下建设为新的多边安全合作体制,一方面提升中国"负责任大国"的国际形象,另一方面对美国的霸权地位提出挑战。①

最后,韩国学者虽然对中国的东北亚政策高度关注,但是其最终的落脚点还是中国的朝鲜半岛政策,特别是未来中国的朝鲜半岛政策会走向何处。这是韩国学者不断研究探讨的问题。中韩建交以来,韩国学者认为中国长期以来在半岛实行等距离的现实主义外交,一方面将过去与朝鲜的"血盟"关系调整为具有特殊地位的友好合作关系,另一方面将中韩关系从善邻友好关系提升为合作伙伴关系。② 文兴镐认为,中国的朝鲜半岛政策有三大基础:维持半岛的和平与稳定,在半岛保持对美、日、俄的优势地位,加强与韩国的经济交流合作并扩大政治外交层面的共识。③ 在此基础上,中国与韩国的关系得到极大的发展,同时中国对朝鲜维持国内稳定也给予了各种直接或间接的支持。2008 年全球金融危机后,随着东北亚权力格局中中美势力的此消彼长,中美两国在朝鲜半岛"竞争—纠葛—合作"的模式不断循环,半岛的局势比以往任何时候都带有不确定性,④ 未来中国朝鲜半岛政策的走向也开始变得扑朔迷离。一些韩国学者如仁荷大学教授南昌熙就建议未来中国的朝鲜半岛政策应是谨慎对待而不是对抗目前美国在该地区的军事同盟,理性的选择是通过参与地区安全合作,努力将现在的双边军事同盟改造为东盟地区论坛或是欧安组织(OSCE)那样的地区安全机制。⑤

---

① 한석희,「중국의 다극화전략, 다자주의외교, 그리고 동북아시아 안보」,『국제지역연구』제 11 권 1 호,2007,pp.350.
② 서진영,『21 세기 중국의 외교정책:"부강한 중국"과 한반도』,p.323.
③ 문흥호,『중국의 대외 전략과 한반도』,p.98.
④ 이동률,「2012 년 중국 외교 전략과 한반도」,『East Asia Brief』제 7 권 1 호,2012,p.22.
⑤ Changhee Nam & Seiichiro Takagi, "Rising China and Shifting Alliance in Northeast Asia: Opportunities and Challenges facing America and Its Allies," *The Korean Journal of Defense Analysis*, Vol.16, No.2, 2004, p.153.

三 中国的东南亚政策与区域合作

冷战结束后，国际环境发生了深刻变化，中国经济维持了高速增长，在亚太的影响力与日俱增，与东南亚国家的经济联系日益紧密。在这样的背景下，尽管中国与东南亚国家之间仍存在问题，但双方关系的全面发展仍然令人瞩目。1997年亚洲金融危机中中国"负责任大国"的表现，增进了中国与东南亚国家之间的友好关系，2002年中国－东盟自贸区正式宣布启动，中国与东南亚国家的经济合作上了一个更高的台阶。根据韩国学者现有的研究来看，2002年以来中国的东南亚区域合作政策主要在两个大的框架下进行，一是经济，二是安全。此外，中国还加强推进在东南亚的软实力外交，积极在东南亚地区开展文化和公共外交，提升中国的国际形象。

关于中国对东南亚的经济政策和经济合作，根据西江大学教授李先镇的研究，中国的政策主要在三个领域展开：一是将中国的"西部大开发"战略与大湄公河次区域经济合作机制（GMS）相联结；二是推进中国－东盟自由贸易区建设；三是扩大对东南亚国家的政府援助和民间投资。① 除此之外，成均馆大学成均中国研究所所长李熙玉认为，中国在与东南亚国家的基础设施建设和资源开发项目上的合作也取得极大的成果。② 在以上四大领域，韩国外国语大学教授薛圭相认为，对中国和东南亚国家影响最大的莫过于中国－东盟自由贸易区建设，其不仅有利于双方互利共赢，而且使中国一改以往的被动姿态，以主动的方式引导地区合作，在友好合作的框架下，增进了中国与东盟之间的互信。③ 李东律则更注重经济政策背后的政治目标：周边安全环境的改善、通过多极秩序来扩大中国的影响力和

---

① 이선진,「동남아에 대한 중국 전략: 현황과 대응」,『JPI 정책포럼』제7집, 2010, pp.3-5.
② 이희옥,「중국의 주변지역전략과 대동남아정책의 새로운 조정」, p.33.
③ 설규상,「중국의 대 아세안 정책과 동아시아 지역주의」,『글로벌정치연구』제4권 2호, 2011, pp.50-51.

牵制台湾当局的"南进"政策。①

中国灵活利用东盟在多极化世界中作为"一极"的作用，积极推动亚太国家合作，以和平方式解决区域争议问题。② 2003 年，中国与东盟建立了"面向和平与繁荣的战略合作伙伴关系"，中国对东盟的安全政策开始转型，通过积极发展与东盟国家的全面合作关系来争取构筑地区秩序的主导权。③ 世宗研究所研究员刘娴静认为，胡锦涛时期中国对东南亚安全的政策主要是在和平发展和"三邻"政策的基础上，通过发展与东南亚国家的友好关系和积极参与地区多边外交，抵制和消除东南亚地区的"中国威胁论"及其影响。④ 2010 年以后，随着中国与菲律宾、越南等东盟国家在南海争议的升级，"中国威胁论"又一次在东南亚地区甚嚣尘上。习近平时期，中国强调与东南亚国家在政治、安全、经济、文化等领域建立全面的合作关系。李先镇指出，习近平在 2014 年 5 月亚信峰会上提出的"亚洲安全观"，为东南亚地区新型安全合作体制的构建提供了具体的方案。⑤

再次，为了配合中国在东南亚经济、安全合作政策的推进，中国还积极在东南亚地区展开软实力外交，发动"魅力攻势"。大邱加图立大学教授卞昌九指出，中国采取有效的战略措施在东南亚推行多样的软实力外交，包括：向东南亚国家输出"北京共识"（Beijing Consensus），加强对外援助和推进 FTA 的缔结，通过孔子学院来宣传中国文化，通过宣扬中国的世界文化遗产来树立文化大国形象，通过"博物馆外交"来培育中国与东南亚第二代领导人之间的"中国情结"，与东南亚邻国及东盟发展双边和多边的善邻友好关系，灵活利用地区合作机制等。⑥ 李熙玉认为，公共外交也是中

---

① 이동률,「탈냉전기 중국의 동남아 외교: 전략과 목표」,『中蘇研究』제 87 집, 2000, p.41.
② 변창구,「중국의 다자안보외교와 ARF」,『한국동북아논총』제 32 집, 2004, p.18.
③ 유현정,『후진타오시기 중국의 대아세안（ASEAN）안보정책과 향후 전망』, 서울: 세종연구소, 2013, p.14.
④ 유현정,『후진타오시기 중국의 대아세안（ASEAN）안보정책과 향후 전망』, p.16.
⑤ 이선진,「중국 실크로드 전략과 동남아지역의 향후 정세」,『Chindia plus』제 96 집, 2014, p.29.
⑥ 병창구,「중국의 동남아외교와 "소프트파워（soft power）" 전략」,『한국동북아논총』제 61 집, 2011, p.5.

国在东南亚采取的软实力外交的重要一环。① 软实力外交和经济、安全合作互为补充,总体上在东南亚国家得到了积极的评价。卞昌九称赞说,软实力外交的推行,为中国赢得了和平稳定的周边环境,缓和了"中国威胁论",改善了中国的国际形象,使东南亚国家全盘接受"一个中国"政策,最终使中国在与美、日在东南亚地区影响力的竞争中渐据有利地位。②

最后,韩国学者在总结中国东南亚政策的成功经验之余,也认为中国东南亚政策潜在的问题也十分突出。韩硕熙指出,中国对东南亚发动的"魅力攻势"外交潜在的问题包括:中国支持越南、印度尼西亚、缅甸等国的威权政府,使这些国家的大多数国民对中国的印象变差;中国强化"魅力攻势",也使东南亚国家陷入在美中之间做出选择的困境;等等。③ 李熙玉罗列了未来中国与东南亚国家关系发展存在的四大隐患:东南亚国家对崛起的中国的恐惧,东盟与中国在合作主导权上的矛盾,中国经济影响力的迅速提升以及中国在合作过程中过于积极地向东南亚"靠近"(접근)的姿态。④ 当然,一些韩国学者对中国东南亚政策的批判,完全立足于西方思维,对中国的社会主义制度始终抱持偏见,这影响了他们对中国东南亚政策评价的公允性。但是他们的部分意见,对中国改进与东南亚国家合作的方式、实现合作红利的合理分配、提升中国在东南亚国家民众心目中的形象有一定的借鉴意义。

四 中国与俄罗斯、中亚国家的关系:以"西进"政策为中心⑤

苏联解体、冷战结束后,中国陆续和俄罗斯以及中亚独联体国家建

---

① 이희옥,「중국의 주변지역전략과 대동남아정책의 새로운 조정」, pp.37-38.
② 병창구,「중국의 동남아외교와 "소프트파워(soft power)" 전략」, p.5.
③ 한석희,「중국 魅力攻勢(Charm Offensiv)에 대한 비판적 검토——중 - 아세안(ASEAN) 관계 강화의 긍정적·부정적 측면을 중심으로」,『국제지역연구』제12권 2호, 2008, p.378.
④ 이희옥,「중국의 주변지역전략과 대동남아정책의 새로운 조정」, pp.39-41.
⑤ "西进"政策是韩国学者韩神大学教授周长焕提出的一个概念,是中国为应对美国对中国的遏制和确保与俄罗斯在中亚竞争中的优势,以"西部大开发"战略为突破口,谋求积极的中亚政策。参见주장환,「중국의 대 중앙아시아 정책——서진 전략의 배경·내용·전망」,『韓中社會科學研究』제12권 3호, 2014。

交，中国的俄罗斯、中亚外交自此展开。根据全南大学教授金宰宽和韩神大学教授周长焕的研究，冷战之后中国与俄罗斯、中亚国家外交关系的发展可以分为三个阶段：第一个阶段是建设善邻友好关系时期（1991年12月至1997年9月），第二个阶段是能源、经济贸易、安全领域合作强化时期（1997年9月至2001年6月），第三个阶段是上海合作组织框架下的多边合作强化时期（2001年6月至今）。① 而中国的"西进"政策与2001年"西部大开发"战略的实施紧密相连，基本上处于第三个阶段。在韩国学者视野下，中国"西进"政策的背景、内容、"西进"过程中的中俄关系以及他们对该政策的评价和展望，是本部分讨论的重点。需要说明的是，虽然上海合作组织是中国"西进"政策的重要组成部分，但韩国学者对上合组织的认知，笔者拟以专案分析的方式在下一章予以详细考察，因此这部分对涉及上合组织的内容暂不加详细讨论。

关于中国"西进"政策展开的背景，韩国学者认为与中国国内外形势密切相关。从国内角度来讲，朝鲜大学教授金锡民认为，中国"西进"政策推出的背景包括分离势力对中国领土统一构成威胁，改革开放20余年来持续的经济发展导致东西部经济发展失衡，中国经济发展对能源的需求使中亚国家的战略价值上升。② 从国际形势来讲，韩国外国语大学教授朴爽楠认为，"9·11"事件后美国在反恐的旗号下进入中亚并在该地区驻军，中国为了应对美国在中亚势力的扩张推行"西进"政策。③ 周长焕的最新研究探讨了中共十八大以来中国进一步推进"西进"政策的背景，包括：美国"亚太再平衡"战略的提出使中国东线压力骤增，俄罗斯谋求对中亚地区传统影响力的扩大；2010年后中国在东南海上争端的激化，导致中国的周边战略需要在中亚一线有所突破；十年来"西部大开发"仍未明显缩小东西

---

① 김재관·주장환,「중국의 중앙아시아 지배전략과 정책에 대한 연구」,『제2차 중앙아시아 국내학술대회 논문집』, 2010, p.355.
② 김석민,「중국의 대중앙아시아 통상정책 변화와 시사점」,『동북아연구』제24권 1호, 2009, pp.170-171.
③ 박상남,「중국의 서부전략과 중앙아시아」,『국제지역연구』제8권 4호, 2005, pp.9-15.

差距、西部基础设施落后、自然环境恶化、民族矛盾依然存在等国内难题亟待解决；等等。①

关于"西进"政策的具体内容，除了安全领域涉及上海合作组织的运作外，韩国学者主要从贸易、投资、金融和能源等经济领域进行研究。在贸易领域，金锡民认为，中国积极推动以新疆为中心的中亚贸易带，凭借新疆毗邻中亚的地理优势，用多样的、低廉的和品质相对较优的中国商品与中亚的资源和能源进行互补性质的交换。② 在投资领域，中国企业在"走出去"战略的引导下，积极走进中亚。在中国企业对中亚投资的典型事例中，外国语大学教授朴爽楠和姜明九列举了中国石油企业在哈萨克斯坦大量买入油田的例子，以说明中国在中亚投资额猛增。③ 在金融领域，周长焕认为，从2003年前后开始，中国一直努力在积极推进中亚地区人民币的国际化。④ 周长焕、尹成旭指出，中国目前实行的人民币国际化战略处于初级阶段，即人民币"周边化"，中亚诸国正是人民币"周边化"的重点对象。⑤ 2005年上海合作组织银行联合体成立以来，为区域内金融合作提供了有利的条件。在能源合作上，延世大学教授金基政和博士田子贤认为，不同于与非洲国家以双边模式为主的能源合作，中国对中亚国家的能源外交则是以共同开发为中心的多边主义模式，中国通过出资与中亚国家共建输油管道的方式，确保了中亚能源输往中国路径的安全。⑥

关于"西进"过程中的中俄关系，可以从成果与局限两个层面来看。"西进"过程中，中俄在政治、安全、能源、物流等领域的合作得到加强。仁荷大学的成东基博士梳理了冷战后中俄在中亚合作的历史进程，认为在

---

① 주장환,「중국의 대 중앙아시아 정책—서진 전략의 배경·내용·전망」, pp.53-55.
② 김석민,「중국의 대중앙아시아 통상정책 변화와 시사점」, p.172.
③ 박상남·강명구,『주요국의 대중앙아시아 통상전략 및 시사점』, 서울: 대외경제정책연구원, 2007, pp.76-77.
④ 주장환,「중국의 대 중아시아 경제 전략의 변화: '실크로드의 복원'에서 'Great China'로의 편입'」,『대한정치학회보』제18권 2호, 2010, p.232.
⑤ 주장화·윤성욱,「인민폐 국제화의 정치경제: 배경과 전략을 중심으로」,『국가전략』제15권 4호, 2009, p.57.
⑥ 김정기·천자현,「중국 자원외교의 다자주의와 양자주의: 중앙아시아와 아프리카에 대한 중국 자원외교 비교」,『국제지역연구』제13권 1호, 2009, pp.116-118.

江泽民－叶利钦时期，中俄两国为了国内经济发展、国境安全、应对国际社会的共同危机和美国等，开始发展互助合作。在胡锦涛－普京时期，中俄两国通过上海合作组织开展互助，合作重点在安全和能源领域。奥巴马上台后，中俄的互助合作更多地含有应对美国"巧实力"（Smart Power）外交的意图。① 然而，韩国学者认为中俄之间仍存诸多利益分歧，可能会制约中俄在中亚合作关系的发展。李东律具体点出了中俄关系发展的四个障碍性因素，即历史和民族情感上的伤痕、两国都优先考虑对美关系的维持、周边地区影响力的竞争和不平衡的经济合作关系。这导致中俄合作出现"政热经冷"、"上热下冷"、政府主导而非实务层面的合作关系等问题。② 为了解决这些问题，使中俄在中亚保持良性合作，韩国学者也提出了一些相关建议，如仁川大学教授成元龙建议中俄两国努力推进贸易和投资升级，并强化经济合作的制度化基础。③

关于韩国学者对中国"西进"政策的评价和展望，可以从成果和问题两个方面来看。韩国外国语大学教授池在运认为中国的"西进"政策抑制了以"9·11"事件为契机进入中亚的美国在政治和军事上影响力的扩大，在经济上确保了中国石油的供应，以便在中亚地区应对美国、俄罗斯乃至日本和印度。④ 然而，"西进"政策的最终目标还远未实现，朴爽楠认为"西进"政策并未完全消除"中国威胁论"在中亚的影响，中亚各国依然希望将美国拉入中亚以平衡中、俄两大强国的影响。⑤ 对于未来的"西进"政策，朴爽楠认为中国将会渐进地扩大其在中亚的利益和影响力，以期能够解决新疆的分离主义和驻中亚美军威胁问题，并在经济和能源领域与中亚国家

---

① 성동기,「러시아와 중국의 정치적 협력관계 분석과 전망 - 공조체제의 허와 실을 중심으로」,『러시아어문화연구논집』제 32 집, 2009, pp.213-214.
② 이동률,「중국 시진핑 정부의 대러시아 관계 발전의 동인과 한계」,『中國研究』제 64 집, 2015, pp.335-342.
③ 성원용,「푸틴시대 러시아의 대중국 경제관계」,『비교경제연구』제 16 권 1 호, 2009, pp.244.
④ 지재운,「중국의 중앙아시아 전략」,『중국학연구』제 31 집, 2005, p.290.
⑤ 박상남,「CIS 러시아：중국위협론과 중앙아시아」,『국제지역정보』제 146 호, 2005, p.34.

更加积极地合作。① 周长焕则强调未来"西进"政策能否按原来中国设定的方向进行，取决于中、美、俄等大国之间关系的变化和中亚各国的态度，未来随着国力的增强，中国"西进"的积极性会提高，但具体表现方式如何，在很大程度上取决于相关国家的态度。②

五 中国的南亚外交：以中印关系为中心

韩国国内关于中国南亚政策的研究，相关成果甚少，且主要围绕中印关系展开。值得一提的是浦项经营研究所自2006年起开始发行 Chindia Plus 杂志（月刊，2011年开始增发季刊 Chindia Plus Quarterly），该刊是向韩国国内提供中印两国经济、政治、社会信息的重要刊物，也是目前韩国学界研究中印关系和两国内外政策的重要成果之一。对于中印关系，韩国学界主要从两个层面来进行研究，一是合作，二是竞争。

中印合作主要是在经济领域展开，韩国外国语大学教授金灿元认为，中印两国自2003年起，为强化两国之间的友好合作关系进行了不懈的努力。印度把与中国关系的改善作为"向前看"政策（Look Ahead Policy）的重要一环，而中国为确保现代化所需的安定环境，也在"和平崛起"外交理论下摸索改善与印度的关系。③ 中印贸易发展迅速，中国取代美国成为印度最大的贸易伙伴，两国关于FTA的研究也一直在进行。2014年习近平主席访问印度，为中印未来在经济领域的合作创造了新的契机。中国强大的制造业和印度发达的IT产业互为补充，两国间的合作将成为未来主导亚洲经济增长的合作模式。同时，在"21世纪海上丝绸之路"的建设过程中，中国将与印度开展更为紧密的经贸合作。金灿元教授和外国语大学博士刘景元认为，印度想要借中国打造"21世纪海上丝绸之路"的契机，启动一揽子项目，并通过建设"21世纪海上丝路"热潮带来的贸易机会，成为世界

---

① 박상남，「CIS 러시아：중국과 중앙아시아」，『국제지역정보』제138호，2005，p.37.
② 주장환，「중국의 대 중앙아시아 정책—서진 전략의 배경·내용·전망」，p.67.
③ 김찬완，「태생적 한계를 극복하지 못한 인도와 중국 관계」，『동아시아브리프』제5권 1호，2010，p.63.

经济中心，重现旧日的荣光，因此未来中印在政治、军事上虽会继续竞争，但经济合作的深化是可以预见的。①

虽然未来中印在经济上进一步合作的前景可期，但也诚如上面所指出的，政治和军事领域的竞争依然存在。中国和印度同为发展中大国，地理上毗邻，长期以来两国一直存在所谓的"龙象之争"。韩国学者认为，中印的对立和竞争主要表现在两个方面，一是陆地上的边界之争，二是印度洋上的海权之争。在陆地边界问题上，韩国国家安保战略研究院研究员朴炳光认为，中印边界问题难以得到解决的主要障碍包括两国对划分边界的合法条约存在与否的争议、争议地区作为战略要冲的重要性、争议地区的节段状分布和复杂性，以及印度在谈判中的强硬态度。② 这使韩国学者对未来外交协商是否能有效解决领土争议问题存疑。在印度洋问题上，印度一直对中国的印度洋战略抱有很大戒心。世宗研究所研究员李泰宇指出，在印度看来，中国在海南岛兴建海军基地，在南海问题上展示强硬姿态，都是为进入印度洋建设桥头堡"造势"；另外，印度还认为中国"珍珠链"战略的目标就是包围印度，所以印度不得不对此做出积极的回应。③ 韩国学者还认为，目前中印在印度洋的海上竞争，已经开始让一些南亚小国陷入两难境地。例如，对斯里兰卡来说，中印在印度洋的交锋已经不再是不关本国的事情。④

从韩国学者对中国周边外交整体战略和四大区域外交政策的分析可以看出，在他们眼中，十余年间，中国周边外交开始从"韬光养晦"走向"有所作为"。韩国学者认识到，在中国崛起的过程中，中国通过主动改善与周边国家的关系，积极参与区域合作，为中国经济的高速发展创造了

---

① 김찬완·유경완, 「중 해양실크로드에 계절풍 항로 "모쌈"으로 맞불 인도·중, 정치·군사 갈등 불구 경제협력은 강화」, 『CHINDIA Plus』 제 99 집, 2014, p.11.
② 박병광, 「중국과 인도 간의 영토분쟁과 해결방식」, 이동률 등, 『중국의 영토분쟁』, 서울: 동북아역사재단, 2008, pp.96-101.
③ 이대우, 『인도양 해양질서 변화: 중국의 진출과 주변국 대응』, 서울: 세종연구소, 2012, p.28.
④ 임정성, 「스리랑카 남아시아의 싱가포르: 인도와 중국 사이 실익외교로 "남아시아 호랑이" 도약의 꿈」, 『CHINDIA Plus』 제 85 집, 2013, p.61.

良好的周边环境。韩国学者对中国在周边外交中的一些作为，如在六方会谈基础上构建东北亚新型多边安全合作体制、建立中国－东盟自贸区、通过"西进"政策加强与中亚国家的经济和能源合作等，基本上予以正面评价，认为这些都是中国周边外交取得的重大成果。但一些学者受到"中国威胁论"、对社会主义制度的偏见和西方抹黑中国的"新殖民主义"论调的影响，认为中国的周边外交是"别有用心"，是为了掠夺周边开发中国家的资源，试图重建"中华体系"。虽然对于某些有欠公允的评判，应通过学术上的交流给予反驳，但韩国学者提出了中国周边外交中存在的一些问题，如如何妥善处理"亲、诚、惠、容"新理念和保卫核心利益的关系；在既有经济合作的基础上如何与周边国家增强互信，促进军事安全领域的合作；如何妥善分配合作中的红利，使周边国家民众切实感受到中国周边外交之"惠"；等等。这些都是外交工作值得参考和反思的。

第三节　韩国媒体对中国周边外交的基本认知

在西方国家中，新闻媒体一直在国家政治生活中扮演着重要角色。尽管媒体的持有人会影响新闻报道的倾向，但媒体仍对公众的政治取向和政府决策产生重大影响。[1] 韩国在民主化之后基本上全盘接受了西方三权分立的政治制度和民主体制，媒体对韩国政治的影响力不容小觑。韩国公众了解外部世界大多是通过媒体，媒体对公众舆论具有很强的塑造力。[2] 同时，媒体对外交决策也有着重要的影响力，它通过为国家决策传递信息、设置外交议题、向公众传播信息等途径参与外交决策。[3] 韩国的许多外交政策不可避免地会受到媒体舆论导向的影响。媒体这种影响外交决策、引导公众

---

[1] Julianne Schultz, *Reviving the Fourth Estate: Democracy, Accountability and the Media*, Cambridge: Cambridge University Press, 1998, pp.1-22.
[2] 朱锐：《外交决策中的公众舆论与媒体因素》，《当代世界》2008年第81期，第46页。
[3] 徐小红：《西方国家新闻媒体同外交决策的关系》，《外交学院学报》2003年第4期，第53~55页。

舆论的双重作用，使研究人员在考察韩国对中国周边外交的认知时，必须重视媒体扮演的角色。韩国媒体对中国周边外交的认知，不仅会塑造韩国民众心目中中国的外交形象，而且也会对政府制定对华政策发挥相当的影响力。本节拟通过梳理和分析韩国13家主流报纸对中国周边外交的相关报道，考察这些媒体报道内容的特点和规律，以研判韩国媒体对中国周边外交的态度和倾向。

一　研究方法

本节在借鉴国内已有研究模型基础上[①]，运用内容分析法，兼采定性、定量两种方法，分析韩媒对中国周边外交的认知。

（一）样本收集

1. 研究样本的选定

本节考虑韩国报纸媒体的影响力、发行量以及政治倾向性，梳理了韩国三大报（《朝鲜日报》《中央日报》《东亚日报》）和韩国综合新闻数据库（kinds）收集的全国性报纸。根据2013年韩国ABC协会[②]统计的韩国各大报纸日均发行量，以日均发行量10万份以上为标准，选取韩国三大报、kinds中收录的全国综合性日报6份（《京乡新闻》《国民日报》《文化日报》《首尔新闻》《韩民族》《韩国日报》）、全国财经日报2份（《韩国经济》《每日经济》）、英文报纸1份（《韩国先驱报》）[③]、专门性报纸1份（《国防日报》）共13份报纸作为考察的样本。这样选择的优点是基本上能涵盖韩国所有最有影响力的报纸（体育类报纸除外），能够尽可能地贴近韩国媒体的主流倾向，而且引入了韩国进步派的代表性报纸《京乡新

---

① 已有的分析模型，参见马洪喜《美国主流媒体视野中的中日领土争端问题研究——以〈纽约时报〉（1980—2010年）为例》，《当代亚太》2012年第3期，第134~136页。
② ABC是Audit Bureau of Circulation的缩写，是对报纸、杂志、网站的影响力的调查制度，韩国ABC协会成立于1989年，对包括三大报在内的多种报纸、杂志的发行量进行调查并予以发布。
③ Korea Herald虽然日发行量不到10万份，但考虑到它是kinds中收录的唯一一份英文报纸，加之英文报纸的受众与一般民众不同，更偏向精英和外籍人士，所以英文报纸更带有对外传达韩国立场的色彩，考虑到这些特征，特将Korea Herald一并列为考察对象。

闻》和《韩民族》，在一定程度上克服了目前国内研究韩国媒体认知过于倚重保守阵营三大报的缺陷，使韩国进步势力的声音在某种程度上得到倾听。

2. 时间段的选择

本书研究 2002~2014 年韩国对中国周边外交的认知，所以在选取报纸的时段上从 2002 年 1 月 1 日开始，到 2014 年 12 月 31 日截止。

3. 样本单元的选取

本书研究的主题是韩国对中国周边外交的认知，但"中国周边外交"（중국 주변외교）在韩国媒体中使用的频率不高，能搜索到的信息量也较小。中国周边外交对于韩媒来说更多指的是中国与周边国家的关系，因此本书选择在数据库中输入중국 주변（中国 周边）、중국 이웃나라（中国 邻国）、China Neighbor（中国 邻国）等词语，共搜索到相关样本 87 个，然后通过阅读排查，删去与中国周边外交不相关和重复登载的篇目，共得到有效样本 52 个。

（二）分析项目建构

1. 议题报道总量和分布分析

议题报道总量是就上述 13 份报纸对中国周边外交这一议题在研究时段内总的报道数量，而分布则是在 2002~2014 年每年报道的数量。通过对该项目的考察，可以分析韩媒对中国周边战略关注度的发展趋势，找出影响韩国关注中国周边外交的重要时间节点。

2. 样本的篇幅字数和报道类型分析

通过考察相关报道的篇幅字数和报道类型，可以判断韩媒对该议题的理解深度和广度，从而更有效地了解媒体对该议题认知的程度。

3. 报道态度

报道态度是记者在写作时有意或无意流露出来的对该议题的认知倾向性，根据报道用词、语气、语义、行文逻辑等带有的不同感情色彩，可以将报道分为正面（肯定）报道、负面（否定）报道、纪实性（客观）报道、客观带赞赏口吻的报道和客观带讽刺口吻的报道五种。[1] 如果报道中常常使用诸如"合作""改善""积极"等可以使读者产生正面联想的词语，则可将其归为正面报道。而出现"霸权""威胁""虚伪"等词语时，容易使读者对报道对象持否定或批判的态度，则这类报道就属于负面报道。纪实性报道通常会比较客观叙述事件的发展脉络，持不偏不倚的态度。还有一类报道虽然貌似是客观报道，但其在遣词用句之间巧妙地表达了作者的主观情感，这类报道即为客观带赞赏口吻的报道和客观带讽刺口吻的报道两种。

二 韩国媒体对中国周边外交的认知分析

（一）韩国媒体对中国周边外交报道的总量及分布分析

如图 2-1 所示，13 家韩国主流媒体对中国周边外交议题的年均报道量为 4 篇，可见韩国的主要媒体对中国周边外交的关注度是比较低的。这一方面可能是由于一般民众对此类问题兴趣不大，另一方面也可能是因为韩国国内对中国周边外交这一概念比较陌生。从多项式趋势线[2]来看，韩国媒体对中国周边外交的关注基本上呈上升趋势，特别是 2014 年关于中国周边外交的报道占 13 年报道总量的 1/4 强。可见 2013 年 10 月底召开的中央周边外交工作座谈会提出的一系列新理念、新战略的影响力逐渐扩大，周边外交在中国外交布局中地位的上升，在韩国媒体报道数量大幅增加这一点上得到了一定的印证。同时，图 2-1 中所示的两个波峰点 2011 年和 2014 年，正值南海争议激化，各方火药味颇浓。这两年关于南海争议的报道在该年的总报道中占有相当比例，可见韩国媒体关注中国周边外交的一个重要因素就是南海争议问题。

---

[1] 关于报道态度分类标准，参见罗以澄、叶晓华、付玲《〈人民日报〉（1997-2006 年）镜像下的美国国家形象建构》，《新闻与传播评论》2007 年 Z1 期，第 93 页。
[2] 趋势线是数据趋势的图形表示形式，可用于分析预测问题，通过对趋势线的分析，可以将图表中的趋势线延伸至事实数据以外来预测未来值，而多项式趋势线则适用于增幅或降幅较大的数据。

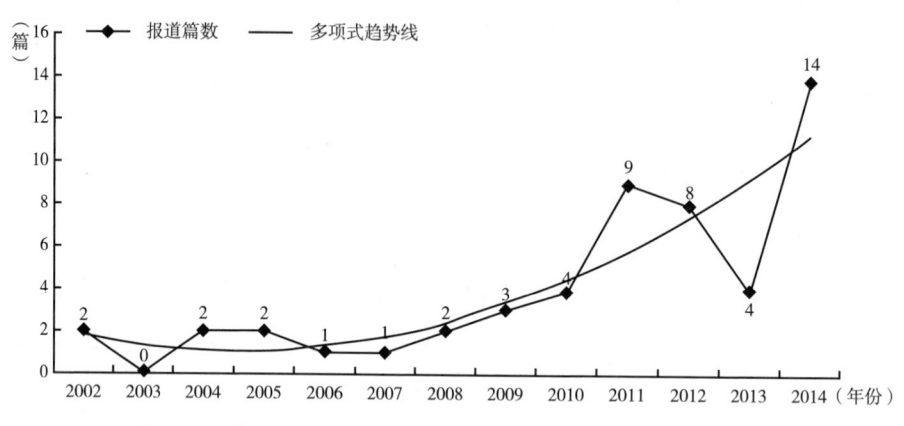

图 2-1　韩国主流媒体对中国周边外交报道的年度数量走势

资料来源：作者自行制作。

（二）韩国媒体对中国周边外交报道的篇幅和类型分析

如表 2-3 所示，13 家韩国主流报纸对中国周边外交报道的篇幅多为 1000~2000 字，可见韩国媒体对中国周边外交的关注度虽然不高，但大多数报道还是比较细致和有深度的，甚至有两篇篇幅达 4000 余字的长篇消息和评论；语言简练、内容浅显的消息稿较少。

表 2-3　韩国主流媒体对中国周边外交报道的篇幅统计

字数	500 字以内	500~1000 字	1000~2000 字	2000 字以上
篇数	3	13	32	4
百分比	5.77%	25%	61.54%	7.69%

资料来源：作者自行制作。

从报道类型来看，虽然消息稿占比较大的比重（见表 2-4），但评论也不容忽视。由此可以看出，韩国媒体非常注重对有关中国周边外交这一议题的深度挖掘和解读，即便是消息往往也不只是单纯报道当时发生的事件，常常也会缀以撰稿人或是相关领域专家的一些观点或简要评论。而评论则往往由资深的撰稿人或是学术领域的专家执笔，旁征博引，站在韩国的立场上对中国的周边外交进行一番评述解读。

表 2-4　韩国主流媒体对中国周边外交报道的类型统计

类型	消息	评论
篇数	41	11
百分比	78.85%	21.15%

资料来源：作者自行制作。

（三）韩国媒体对中国周边外交报道的态度倾向性分析

首先，韩国主流媒体对中国周边外交的报道中有近 1/5 属于负面报道，而客观带讽刺口吻的报道更是占到将近一半（见图 2-2）。将这两者相加，超过 60% 的报道对中国周边外交带有不同程度的负面色彩；相反，韩国媒体的报道中，正面报道 1 篇也没有，客观带赞扬口吻的报道也只有区区 4 篇。由此可见，韩国主流媒体对中国周边外交主要持比较负面的态度，对中国周边外交的积极性和正面意义在很大程度上持保留甚至反对的意见。

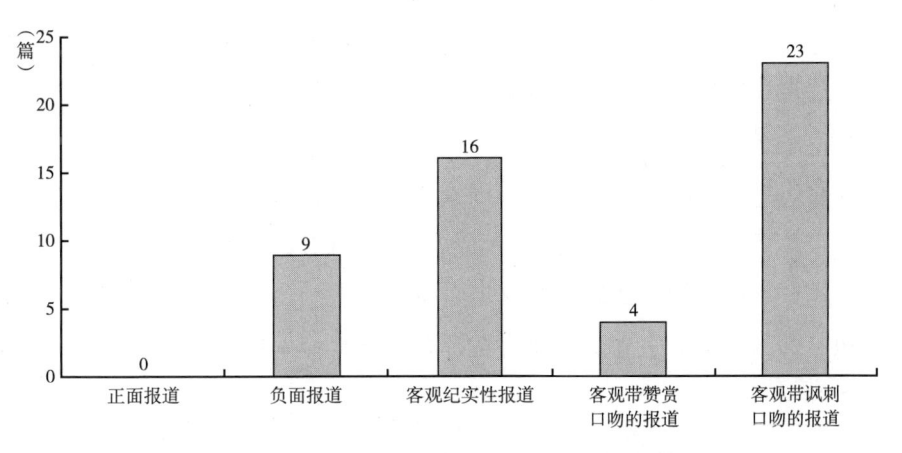

图 2-2　韩国主流媒体对中国周边外交报道的态度倾向

（篇）正面报道 0；负面报道 9；客观纪实性报道 16；客观带赞赏口吻的报道 4；客观带讽刺口吻的报道 23

资料来源：作者自行制作。

其次，韩国主流媒体对中国周边外交的负面报道基本呈现逐年上升趋势（见图 2-3），特别是相较于带正面色彩报道的趋势线，负面报道的趋势线上升态势十分明显。可见，近年来，中国周边外交在得到更多关注的同时，其在韩媒体中的印象却日益负面化，周边外交传递的正能量在韩国媒体中也很少得到响应。

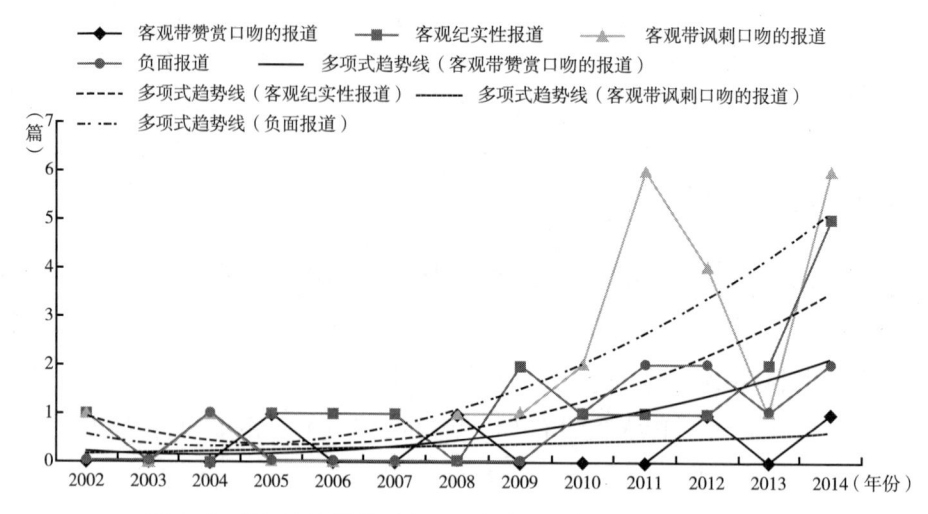

图 2-3　韩国主流媒体对中国周边外交报道的态度倾向趋势

资料来源：作者自行制作。

最后，从各种类型的消息在13种主要报纸中的分布来看，对中国周边外交持比较负面态度的报道基本上全部来自韩国保守阵营的报纸（见表2-5），特别是号称韩国最保守的《文化日报》，其收录的4篇报道中，无一篇对中国周边外交持正面或是中立的态度。相反，韩国的进步阵营对中国周边外交态度持中，特别是进步阵营的代表性报纸《京乡新闻》，其收录的3篇报道都比较正面或是客观地看待中国的周边外交。这一倾向，对中国在向韩国宣传周边外交正能量选择合适的合作伙伴时，提供了一定的借鉴和参考。

表 2-5　五种类型报道在各大报纸的登载分布统计

单位：篇

报纸名 \ 报道态度	正面	客观带赞扬	客观纪实	客观带讽刺	负面
朝鲜日报	0	2	5	2	5
中央日报	0	0	3	0	2
东亚日报	0	0	0	0	0
京乡新闻	0	2	1	0	0
国民日报	0	0	3	3	0

续表

报道态度 报纸名	正面	客观带赞扬	客观纪实	客观带讽刺	负面
文化日报	0	0	0	3	1
首尔新闻	0	0	0	2	0
韩民族	0	0	0	2	0
韩国日报	0	0	2	5	0
韩国经济	0	0	1	0	1
每日经济	0	0	1	6	0
国防日报	0	0	0	0	0
韩国先驱报	0	0	0	0	0

资料来源：作者自行制作。

（四）韩国媒体对中国周边外交报道的内容分析

1. 对中国周边外交的评价

韩国媒体对中国周边外交的评价，整体上说以负面倾向为主，认为中国在骨子里依然没有摆脱传统"中华至上主义"的思维，对周边国家抱持轻视甚至是蔑视的态度。《文化日报》2004年6月18日的报道《根深蒂固的中华主义 无视周边国》指出："韩国为了和美、日等盟国建立对等的关系而不断努力，但唯独对中国难以建立对等关系……中国的大国主义、中华主义的外交不只针对韩国，除了美国、俄罗斯和一些欧洲强国外，其他国家几乎都有类似的经验。"① 即使是在2013年中央周边外交工作座谈会上习近平明确提出"亲、诚、惠、容"的新理念，表达愿意与周边国家建立命运共同体的美好愿望的背景下，一部分韩国媒体仍坚持认为习近平提倡的"亲、诚、惠、容"的周边外交理念全是假象，并给予尖锐的批判。《朝鲜日报》2014年5月19日发表社论，认为中国周边外交距离"亲、诚、惠、容"依然遥远，列举了中国在南海建设海上石油钻井平台和填海造岛的例子，强调中国外交言行不一。② 韩国媒体经常在报道中影射中国是"以大欺小"，基本上只有在中国在某些外交问题上表现出愿意妥协的态度时韩媒才会表示一定的赞赏。

---

① 홍순도,「뿌리깊은 중화주의…주변국무시」,『문화일보』, 2004년 6월 18일.
② 안영환,「중국은 왜 '親·誠·惠·容'을 버렸나」,『조선일보』, 2014년 5월 18일.

2. 对中国与周边国家海上争议问题的立场

韩国媒体对中国与日本、菲律宾、越南等国在东海和南海的争议十分关注,相关报道在所有周边外交报道总量中占有相当的比例。总体上说,在这些争议问题上,韩国媒体倾向于同情争议对象国,特别是东南亚国家。即便是2010年日本首先抓扣中国船长导致中日纷争,主流韩媒仍倾向对日本抱以更多的同情。《韩国经济》就称中国"软硬兼施",迫使日本放船放人,并称这种行为是"兰博式"的武力威吓。① 同时,韩国媒体在报道钓鱼岛时,使用"尖阁列岛"(센카쿠열도)的频次也明显高于钓鱼岛(댜오위댜오),这从一个侧面反映了韩国媒体在中日争议问题上立场的倾向性。这种宣传不利于韩国一般民众了解钓鱼岛争端的真相,难以营造相对客观的舆论环境。在南海问题上,中国外交则更多地被韩媒描绘成一种霸权式的"单边主义"。例如,2014年1月实施的《海南省实施〈中华人民共和国渔业法〉修订办法》要求外国渔船进入海南省管辖水域应报中国政府批准一事在韩国掀起轩然大波,《每日经济》《首尔新闻》《韩国日报》纷纷报道此事件,并把此事件与2013年底中国划定东海防空识别区联系起来,称这些事件都是中国单方面改变现状的突发行为。同时,《每日经济》和《韩国日报》还随意扩大所涉及的海域,将进入海南省管辖水域需提前报备夸大为进入南海就需向中国报告,② 给韩国民众留下中国在南海"独霸一方"的形象。韩媒对中国与周边国家海上争议的报道,不仅常常反对中国的维权行为,而且有意放大甚至歪曲中国在保卫核心利益上的坚定姿态,将"蛮横、恃强凌弱"的中国形象展现在韩国公众面前,这类报道容易增强韩国公众对中国的反感,并对中韩关系的发展产生一定的负面影响。

3. 对中国军事和经济实力增长问题的立场

"中国威胁论"在周边国家的媒体舆论中已经不是一个新鲜的话题,韩

---

① 소주현·장성호,「[중국 신패권주의 어디까지] 中"람보"식 무력시위로 주변국 초긴장…남중국해도 삼키다」,『한국경제』,2010년 9월 27일.
② 参见한남선,「중, 남중국해 새 규정 발효…주변국과 충돌 우려」,『매일경제』,2012년 1월 10일. 又见박일근,「중국"남중국해 외국선박 규제"…주변국 격앙」,『한국일보』,2012년 1월 10일.

国亦不例外。在韩国的主流报纸上,关于"中国威胁论"的报道从不少见。韩国媒体主要是从军事和经济两个角度来看待中国崛起对周边国家的威胁。从军事上来说,韩国媒体认为中国军费的增长和军事装备的不断更新,是造成地区形势紧张和军备竞赛的重要原因。例如,《朝鲜日报》在2010年报道指出,中国生产的新型AIP(不依赖空气推进系统)潜艇很难被声呐探测到,导致周边国家高度紧张。为了应对中国海军力量的增长,日本、韩国、澳大利亚、越南等国也在增加潜艇数量和改良其性能,未来这些国家的潜艇将会与中国的潜艇在海上相遇。[1]这样的报道容易给韩国民众造成一种错觉,即东亚军备竞赛的加剧主要是由中国造成的。

在经济领域,韩国媒体也大幅报道周边国家对中国资本涌入的恐慌。例如,2012年《每日经济》上的《挡住中国资本:周边国家的非常对策》一文中列举了老挝、蒙古国等周边国家出台的限制中资的政策,认为中国试图通过投资开发工程项目、承包矿山等活动将周边国家纳入"中国经济圈",引起这些国家民众反华情绪高涨。[2]虽然中国在海外的一些投资项目的确存在规章制度不完善、环保配套措施不全等方面的缺陷,但韩国媒体倾向于报道中国在周边国家投资的负面效应,而很少报道中资在当地经济成长、就业增加等方面做出的积极贡献。

通过对韩国主要报纸有关中国周边外交报道的分析,可知韩国主要媒体对这一议题的关注度虽然不高,但是它们在解读的过程中融入了不少偏消极的情感,导致相关报道中正面报道很少,而带负面色彩的报道占了大多数,并明显呈逐年递增趋势。这种现象的出现,虽然与韩国媒界一贯浓厚的保守传统有关,但在一定程度上也反映出韩国媒体人在撰稿时的主观倾向。对中国周边外交政策的不信任,在海上争议问题上对中国的批判以及对中国军事和经济力量增长的戒惧等方面内容的大量报道,既不利于客观公正地审视事件发生的前因后果和过程,也对营造中韩友好氛围产生消极的影响。因此,未来中国一方面要以积极包容的心态聆听这些媒体的声音,反思周边

---

[1] 이항수,「"中" 스텔스 잠수함"에 주변국 긴장」,『조선일보』, 2010년 10월 4일.
[2] 박만원,「"중국 자본 막아라"주변국 비상대책」,『매일경제』, 2012년 6월 27일.

外交工作，有则改之，无则加勉；另一方面也要积极展开公共外交，加强与韩国媒体和公众的沟通，并选择合适的亲华的媒体传递"中国好声音"。

第四节 韩国民众对中国周边外交的基本认知

一般来讲，政府的政治立场和公众舆情之间有着密切联系。国家政策虽然会对公众舆情产生一定的引导作用，但民意的导向对政府的决策也会产生制约影响。在韩国这样舆论自由的国家，无论是进步的还是保守的政治势力，都会受到民意的约束，对民意的变化倍加关注。[①]因此，考察韩国民众对中国周边外交的认知，有利于了解韩国社会在这一议题上的舆情动向，也有利于了解韩国政府在外交决策时的内部考量因素。

一 研究内容

事实上，中国周边外交这一议题，很少受到韩国民众关注。一方面，它毕竟是一个涉及他国外交的议题，离韩国民众的日常生活太过遥远，一般民众接收到的有关这一议题的信息严重不足；另一方面，对这种相对比较专业的问题，韩国民众也缺少分析的必要专业知识储备。因此，有关韩国民众对中国周边外交看法的民意调查至今付诸阙如。在此情况下，本书只能暂时借助韩国峨山政策研究院（아산정책연구원）、美国皮尤研究中心对中国国家形象、对外关系和某些外交政策的相关民调，辅助说明韩国民众是如何看待中国周边外交的。具体的研究内容包括以下三方面：一是韩国民众对中国的认识（包括好感度、信赖度、受威胁程度和期望值等）；二是韩国民众是如何看待中国与周边国家领土争议的（包括严重性、发展趋势等）；三是韩国民众对中韩关系的评价（包括当下评价、未来发展、对中韩关系重大问题的认知等）。具体的研究内容、问题及选项或评价标准见表2-6。

[①] 王晓玲：《什么因素影响韩国民众在中美之间的立场？——基于韩国民意调查的统计分析》，《世界经济与政治》2012年第8期，第21页。

表 2-6　研究内容、问题以及选项或评价标准

韩国民众对中国的认识	您对中国的好感度怎么样	1. 完全没好感（0 分）；2. 一般（5 分）；3. 完全好感（10 分）
	您对中国的信赖程度怎么样	1.100%（完全信赖）；2.0%（完全不信赖）
	您认为下列哪个国家使你感到威胁	1. 朝鲜；2. 中国；3. 日本；4. 美国
	您认为哪个国家在当下和未来最具影响力（政治、经济）	1. 美国；2 中国；3. 不知道或其他
韩国民众对中国周边领土争议问题的态度	您如何看待与中国的领土争议	1. 是非常大的问题；2. 是大问题；3. 是小问题；4. 不是问题
	您担心中国与邻国的领土争议会导致军事冲突吗	1. 非常担心；2. 有点担心；3 不太担心；4. 完全不担心
韩国民众对中韩关系的评价	您如何看待中韩关系	1. 竞争；2. 合作；3 不知道或不予回答
	您对未来中韩关系做何预测	1. 变好；2. 变差；3. 不知道或不予回答
	您认为中韩关系中的头等大事是什么	1. 解决朝核问题；2. 合力促进半岛统一；3. 经济合作

注：相关问题取自峨山研究院和皮尤研究中心调查问卷问题。

二　研究结果及分析

（一）韩国民众对中国的认识

1. 韩国民众对中国好感度的变化

在研究韩国民众对中国好感度的状况时，本书主要依靠峨山政策研究院 2015 年发布的一份民调报告。如图 2-4 所示，该民调是以年满 19 岁以上的韩国人（1000 人）作为对象，通过手机随机数字拨号抽样（RDD）和计算机辅助电话访问（CATI）的方式进行调查，置信度为 95%，最大误差为 ±3.1%。[①] 民调显示，李明博政府晚期，受天安舰沉没、延坪岛炮击等事件的影响，韩国民众对华好感度较低，中韩关系处于低谷。但自 2013 年初朴槿惠就任韩国总统以来，韩国人对华好感度基本上呈上升态势，好感度曲线的两个波峰点出现在 2013 年 7 月和 2014 年 7 月，正值朴槿惠访华和习近平访韩，可见两国首脑的互访是比较成功的，对改善两国关系、提

[①] 峨山政策研究院发布的所有民调报告都是采用相同的调查方法得出的，其样本数量、调查方法、置信度和最大误差等皆相同。因此，下文在提及峨山民调时，调查背景数据不再重复说明。

升中国在韩国民众心中的形象有着积极的推动作用。而在两个波峰点之间，即2013年12月，韩国民众对华好感度降至谷底，主要原因在于中国在11月底划定东海防空识别区，其中有与韩国的防空识别区重合的部分，韩国政府对中国单方面划定防空识别区一事表示抗议，因此两国关系一度趋冷，韩国民众的对华好感度也相应下降。同时，2013年以来，韩国男性、五六十岁以上的老人、高中学历以下的人对中国好感度的上升更加明显，[1]而这些人也是朴槿惠的主要支持人群。

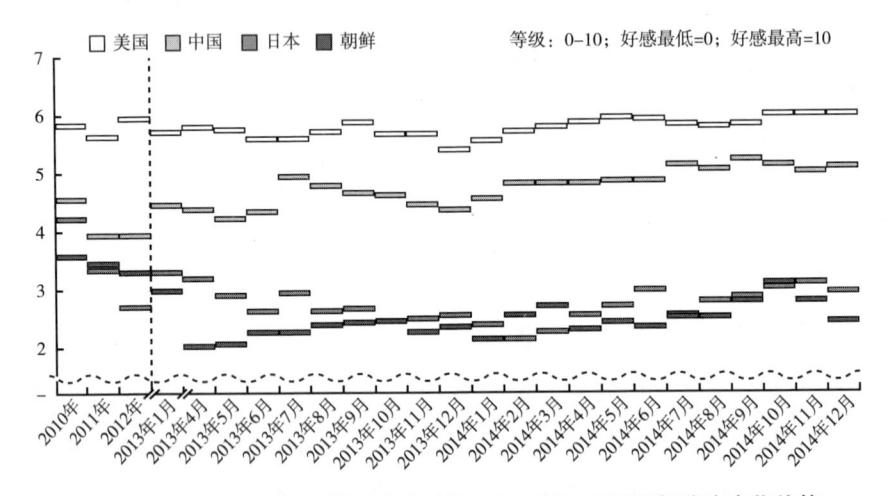

图2-4 2010~2014年韩国民众对美、中、朝、日四国好感度变化趋势

资料来源：峨山政策研究院：《韩国人对周边国家的认识》，峨山政策研究院网站，2013年11月27日。

2. 韩国民众对中国信赖度的评价与比较

图2-5是根据2013年7月7~9日峨山政策研究院所做的关于韩国民众对部分国家信赖度的民调报告绘制而成的统计图。如图2-5所示，在对韩国影响力最大的"周边四强"和朝鲜中，美国作为韩国的盟友，韩国民众对其信赖度仍稳居第一，过半数的受访者依然最信赖美国，而韩国民众

---

[1] 峨山政策研究院：《韩国与它的邻国（2015）》，峨山政策研究院网站，2015年5月18日，http://asaninst.org/contents/south-koreans-and-their-neighbors-2015/，最后访问日期：2015年11月9日。

对中国的信赖度由于朴槿惠上台后两国关系的升温和 6 月底访华明显增强，在周边四强中仅次于美国，居第二位，有近 1/3 的受访者表示信赖中国。相反，由于日本在独岛和历史认知问题上的表现，韩国公众对日本的信赖度降低，只有一成多的韩国民众信赖日本。

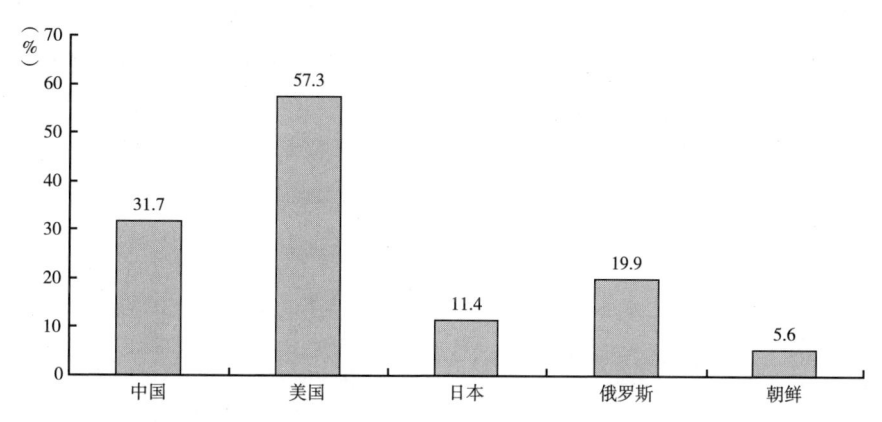

图 2-5　韩国民众对中、美、日、俄、朝五国的信赖度比较

资料来源：峨山政策研究院《国家·国民信赖度评价》，峨山政策研究院网站，2013 年 7 月 16 日。

3. 韩国民众对中国威胁的认知

图 2-6 是根据 2013 年 7 月发布的民调数据绘制而成。如图 2-6 所示，韩国民众对中国威胁的感知程度，整体上仅低于朝鲜，可见韩国民众对中国还是抱有很大戒心的。民调报告指出，不同于朝鲜对韩国安全的威胁，中国的威胁主要来自经济和军事方面，中国在崛起的基础上要与美国建立"新型大国关系"，获取名实相符的超级大国地位，在此情况下，韩国民众明显感受到来自中国的威胁，甚至在 2013 年 6 月的调查中，单日民调中对中国威胁的感知度一度高达 59.7%。① 但 2013 年 7 月的民调显示，韩国民众对华威胁的感知度骤降至 18%，主要原因除了韩国民众对外威胁的感知度整体下降的大趋势，6 月底朴槿惠访华营造的中韩友好的外交氛围，对降

---

① 峨山政策研究院：《威胁国家》，峨山政策研究院网站，2013 年 7 月 16 日，http://asaninst. org/contents/7%ec%9b%94-1%ec%a3%bc%ec%b0%a8-%ec%9c%84ed%98%91%ec%9d%b4-%eb%90%98%eb%8a%94-%ea%b5%ad%ea%b0%80/，最后访问日期：2015 年 4 月 3 日。

低韩国民众对华威胁感知有着明显的效应。可见,中国周边外交中具有正面意义的重大事件对改善韩国民众对华认知、遏制"中国威胁论"有着积极作用。同时,应当看到,不同于韩国民众对美国好感度、信赖度、威胁感知度呈一边倒的积极态势,韩国民众对中国的"喜忧参半""拉一手防一手"的心态在民调中得到充分显现。未来中国在周边外交工作开展过程中,如何将经济、军事等方面的硬实力转化成软实力,使中国崛起给周边国家带来的机遇超过威胁和挑战将是重要课题。

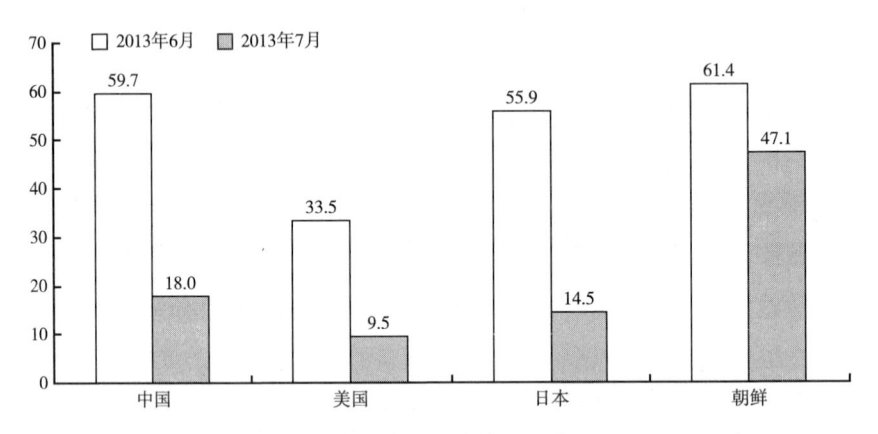

图 2-6 韩国民众对周边国家威胁度的认知(2013.6&2013.7)

资料来源:峨山政策研究院《威胁国家》,峨山政策研究院网站,2013 年 7 月 16 日。

4. 韩国民众对中国影响力的评价

后金融危机时代,东亚的权力格局发生了一定的变化,中国的崛起和美国力量的相对下降,使韩国不得不面对夹在中美两强之间的现实。朴槿惠政府上台以来,平衡中美、协调美韩同盟和中韩战略合作伙伴关系成为其最重大的外交课题。根据民调,韩国民众普遍认为,未来世界最具影响力的国家莫过于中国与美国。韩国民众认为,在经济领域,目前虽然仍是美国占据优势,但未来中国将取代美国成为最有经济影响力的国家(见图 2-7)。同时,民调指出,多数韩国人认为未来将会发生这种变化,目前认为美国经济影响力最大的受访者中,56.2% 的人认为未来中国会取代美国成为最有经济影响力的国家,而目前认为中国经济影响力最大的受访者中,高达90.9%的人坚持他们的看法。① 可见,韩国民众对未来中国经济的增长和在世界经济舞台上影响力的扩大都是抱有很大信心的。

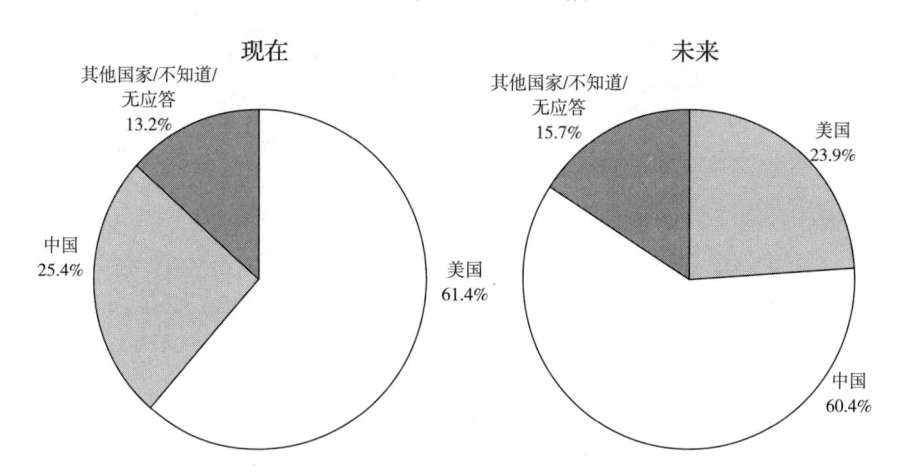

现在 未来

其他国家/不知道/无应答 13.2%
中国 25.4%
美国 61.4%

其他国家/不知道/无应答 15.7%
美国 23.9%
中国 60.4%

图2-7 韩国民众对最有经济影响力国家的认知(2013.7.22-7.24)

资料来源:峨山政策研究院《国家政治影响力行使评价》,峨山政策研究院网站,2013年7月31日。

如图2-8所示,韩国民众认为美国在国际政治舞台上的优势地位将长期保持下去,但是美国对中国的相对优势会大大降低。民调显示,现在支持美国是最有政治影响力国家的韩国受访者中,35.1%认为未来中国会取代美国在国际政治舞台上的地位。② 虽然韩国民众对目前中国在世界政治中影响力的感知度还比较低,但是鉴于目前中国的发展态势,他们认为未来中国在世界政治中还是会发挥重要作用的。

---

① 峨山政策研究院:《国家经济影响力行使评价》,峨山政策研究院网站,2013年7月31日,http://asaninst.org/contents/7%ec%9b%94-2%ec%a3%bc%ec%b0%a8-%ea%b5%ad%ea%b0%80-%ea%b2%bd%ec%a0%9c%ec%a0%81-%ec%98%81%ed%96%a5%eb%a0%a5-%ed%96%89%ec%82%ac-%ed%8f%89%ea%b0%80/,最后访问日期:2015年4月3日。
② 峨山政策研究院:《国家政治影响力行使评价》,峨山政策研究院网站,2013年7月31日,http://asaninst.org/contents/7%ec%9b%94-2%ec%a3%bc%ec%b0%a8-%ea%b5%ad%ea%b0%80-%ec%a0%95%ec%b9%98%ec%a0%81-%ec%98%81%ed%96%a5%eb%a0%a5-%ed%96%89%ec%82%ac-%ed%8f%89%ea%b0%80/,最后访问日期:2015年4月3日。

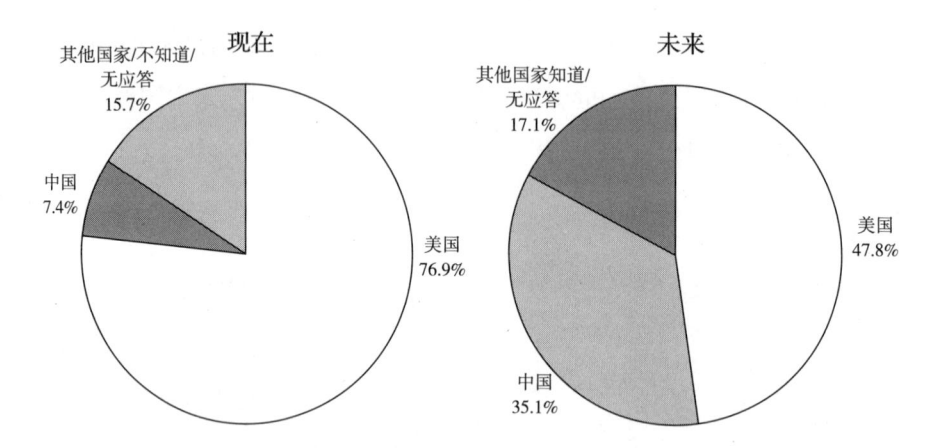

图 2-8　韩国民众对最有政治影响力国家的认知（2013.7.22-7.24）

资料来源：峨山政策研究院《国家政治影响力行使评价》，峨山政策研究院网站，2013 年 7 月 31 日。

（二）韩国民众对中国周边争议的态度

1. 韩国民众对"中韩领土争议问题"的态度

在研究韩国民众对中国周边争议态度时，本书主要采用的数据是皮尤研究中心 2013 年和 2014 年公布的两份民调，一份是有关如何看待"中韩领土争议问题"的民调，一份是对中国与周边国家领土争议是否会导致军事冲突意见的民调。在考察韩国民众对与中国领土争议问题的态度之前，需要说明的是，事实上中韩两国之间不存在领土争议，韩国受访者之所以认为中韩两国之间存在领土争议，主要是受两个因素的影响，一是苏岩礁问题，二是"间岛"问题。[①] 对于苏岩礁问题，中韩两国已达成协定，认为其是海上暗礁，不将其视为领土。至于"间岛问题"，韩国政府表示韩方认为当年涉及该问题的《间岛协约》是无效的，但这并不意味着韩国不承认中国对现在间岛所处的延边等地的主权。因此，本书研究韩国民众

---

① "间岛"指的是中国图们江以北、海兰河以南的中国延边朝鲜族聚集地区。韩国方面认为 1905 年日本攫取韩国外交权后，与清政府在 1909 年签订的《图们江中韩界务条款》无效，一些韩国人士和团体发起收复间岛运动，试图向中国提出领土要求。关于间岛问题的历史渊源及发展、解决过程，参见倪屹《"间岛问题"研究》，博士学位论文，延边大学，2013 年。

对"中韩领土争议"的态度，只是为了从一个侧面分析韩国民众对中国与周边国家在领土争议问题上的倾向性，而非认为中韩之间存在领土纠纷问题。

关于韩国民众对"中韩领土争议"态度的民调，是皮尤研究中心在2013年对1683名韩国人所做的调查，采取手机随机数字拨号抽样的方式（RDD），置信度为95%。民调显示，大部分受访的韩国民众认为"中韩领土争议"是大问题（见图2-9），可见韩国国内对苏岩礁问题的过度渲染、"收复间岛"运动的影响、国内历史研究的倾向性左右了韩国民众对中韩争议问题的认知。通过公共外交等多种手段，加强学界、民间沟通，贯彻两国在争议问题上的协商精神，消除一般民众在一些问题上的认知误区，是未来中国对韩外交工作需要注意的。

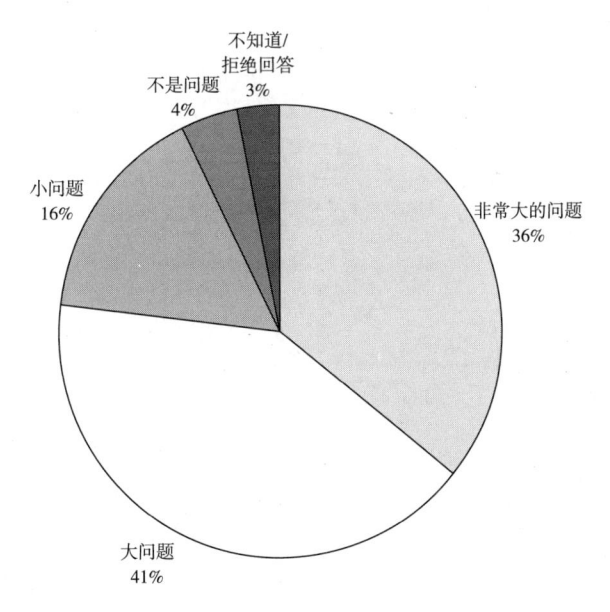

图 2-9　韩国民众对"中韩领土争议"问题的态度

资料来源：Pew Research Center, "In general, do you think territorial disputes between (survey country) and China are a very big problem, a big problem, a small problem, or not a problem for (survey country)？" Pew Research Center, Spring 2013, http://www.pewglobal.org/question-search/?qid=1683&cntIDs=@45-&stdIDs=，最后访问日期：2015年4月3日。

2. 韩国民众对中国与周边国家领土争议发展趋向的认知

图 2-10 是根据皮尤研究中心 2014 年对 1858 名韩国人做的 "是否担心中国与周边国家的领土争议会导致军事冲突" 问题的调查绘制而成（仍然采取手机随机数字拨号抽样的方式，置信度为 95%）。如图 2-10 所示，一半以上的韩国受访民众对中国与周边国家领土争议会演变成军事冲突的趋向表示某种程度的担心，加上 "非常担心" 的受访者，绝大多数韩国民众对中国与周边国家领土争议持比较悲观的看法，认为其可能会成为未来地区的不稳定因素。这种认知倾向，反映出韩国民众对中国在边海争议上的维权行为仍存在相当的误解，不利于在解决争议问题过程中营造有利于中国的国际舆情，同时对中国的国际形象也有一定程度的损害。因此，未来在周边外交工作中，如何有效保卫核心利益、加强对外宣传中国的主张、消除这些争议扩散对周边国家产生的负面影响，是需要认真思量的问题。

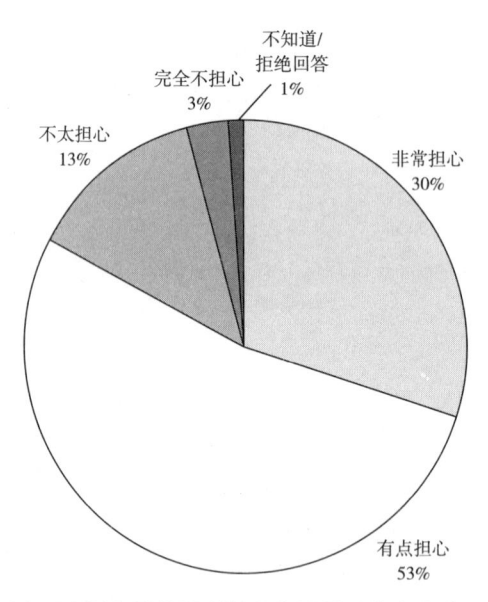

图 2-10　韩国民众对中国与周边国家领土争议是否会发展成军事冲突的态度

资料来源：Pew Research Center, "How concerned are you, if at all, that territorial disputes between China and neighboring countries could lead to a military conflict? Are you very concerned, somewhat concerned, not too concerned, or not at all concerned?", Pew Research Center, Spring 2014, http://www.pewglobal.org/question-search/?qid=1858&cntIDs=@45-&stdIDs=，最后访问日期：2015 年 4 月 3 日。

（三）韩国民众对中韩关系的认知

1. 韩国民众对中韩关系性质的认知

本书在研究韩国民众对中韩关系的认知时，依然选择采用峨山政策研究院发布的民调报告。首先，韩国民众对中韩关系性质的认知，韩国民众整体上认为中韩关系是合作大于竞争（见图2-11）。特别是在2013年6月底朴槿惠总统访华后，受中韩关系升温的影响，韩国民众认为中韩两国是合作关系的比例达到最高点（62.5%），认为是竞争关系的比例显著下降。由此可见，中韩元首会谈对增强韩国民众对中韩合作关系的信心、消除他们对中国的疑虑发挥了重要作用。同时，元首会谈整体上大幅改观了韩国民众对中韩关系性质的看法，使他们对中韩关系的未来更加乐观。从图2-11中也可以明显看出，元首会谈后合作超过竞争的数值比会谈前明显增加，可见这次会谈正面影响之久远。

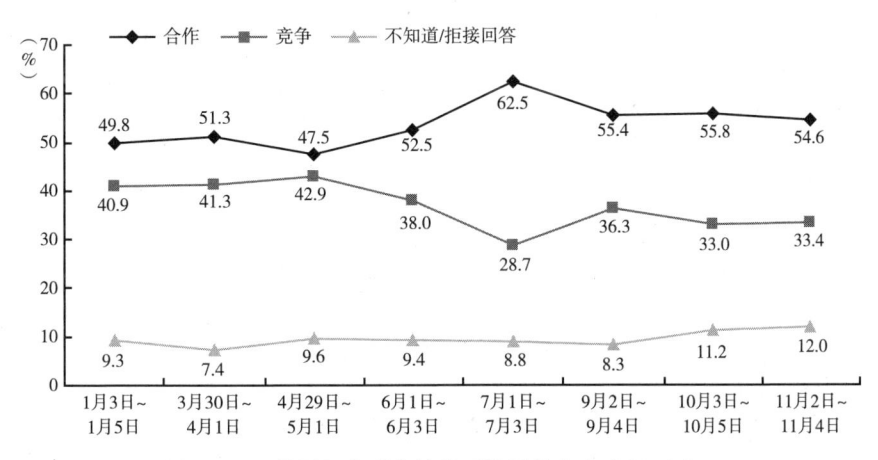

图2-11 韩国民众对中韩关系性质的态度（2013）

资料来源：峨山政策研究院《韩国人的周边国认识》。

2. 对未来中韩关系发展的看法

从整体上看，韩国民众是看好中韩关系的发展的，已经有略超过一半的受访韩国民众认为中韩关系现状很好，2/3的受访韩国民众认为两国关系未来发展会更好（见图2-12）。这一现象说明中韩两国关系发展的方向是积极向上的，民众对这种发展趋势也有信心，未来两国关系乐观前景可期。但值得注意的是，这次民调也调查了韩国民众对美、日、朝三国与韩国关系发展的展望，韩国民众对美韩关系现状和未来的满意度超过中韩关系，认为朝韩关系虽然短期内难以突破僵局，但长期来讲，乐观大于悲观。出人意料的是，韩国民众最不看好的是日韩关系的发展，有超过80%的民众认为目前日韩关系不好，超过60%的民众认为未来会更差，这一比例甚至远高于韩国民众对朝韩关系发展的预期。可见，在中韩关系稳步向前发展的反面，日韩关系因为历史问题、"独岛"问题等仍处于冰冻状态，未来有所改观的前景也不甚明朗。①

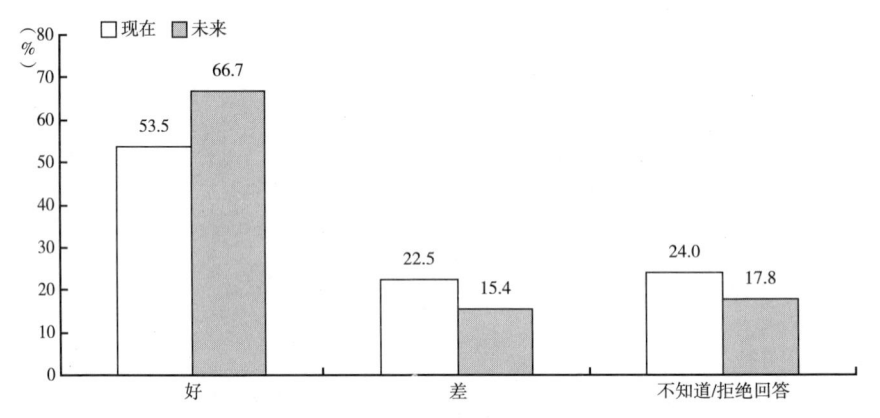

图2-12 韩国民众对当前和未来中韩关系的评价（2013年6月7~9日）
资料来源：峨山政策研究院《韩国人的周边国认识》。

3. 韩国民众对中韩关系中头等大事的认知

对于中韩关系中最重要之事，韩国民众最希望中国能与韩国合作解决朝核问题（见图2-13），以解除对韩国的核威胁。同时，民调也指出，

---

① 峨山政策研究院：《和周边国家关系的评价和展望》，峨山政策研究院网站，2013年6月30日，http://asaninst.org/contents/6/ec%9b%94-%ec%a3%bc%eb%b3%80%ea%b5%ad%ea%b3%bc%ec%9d%98-%ea%b4%80%ea%b3%84-%ed%8f%89%ea%b0%80-%eb%b0%8f-%ec%a0%84%eb%a7%9d/，最后访问日期：2015年4月3日。

超过一半的受访民众认为在解决朝核问题时中国的合作是十分必要的。但是不同的年龄层对中韩之间大事先后顺序的看法有差异，就年龄层来看，认为解决朝核问题是中韩关系中第一重要之事是所有年龄层的共同认知，但第二大重要议题，20~40岁的受访者倾向于FTA与经济合作，而50岁以上的受访者更看重南北统一。① 可见在韩国国内，青年人更关注经济领域的议题，希望从中韩经济合作中获得实利；中老年人的民族情感依然深厚，南北和解和统一仍是他们念念不忘的大事。因此，未来中国在周边外交开展过程中积极促成解决朝核问题谈判进程的重启，是东北亚外交重要的努力方向。

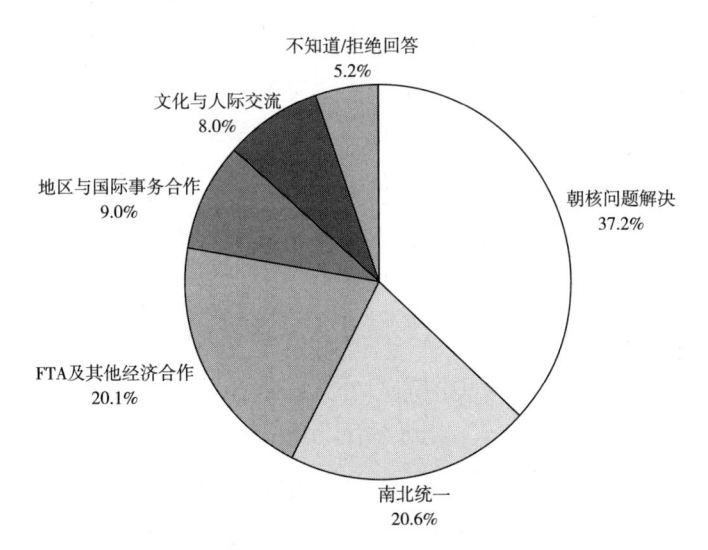

图2-13 韩国民众心中中韩关系中的头等大事（2013年7月1~3日）

资料来源：峨山政策研究院《韩国人的周边国认识》。

通过以上峨山研究院和皮尤研究中心的民调可以发现，韩国民众对中国基本上抱持"合作并防范"的矛盾心态。韩国民众对中国有好感，也认

---

① 峨山政策研究院：《韩中关系的主要课题》，峨山政策研究院网站，2013年7月16日，http://asaninst.org/contents/7/%ec%9b%94-1/%ec%a3%bc%ec%b0%a8-%ed%95%9c%ec%a4%91-%ea%b4%80%ea%b3%84-%ec%a3%bc%ec%9a%94%ec%9d%b4%ec%8a%88/，最后访问日期：2015年4月3日。

可中国在当下和未来在世界舞台上的巨大影响力，但对中国的信任度不高，同时对中国在经济和军事上的崛起倍感担忧。韩国民众自认为与中国有着"领土冲突"，并很严肃地看待这一问题，这一倾向同时也影响了他们看待中国与周边国家领土争议的态度，导致他们对这些争议的评价比较负面，影响了中国在周边外交开展过程中的国家形象。在中韩关系上，朴槿惠执政初期，两国关系不断改善，进入了蜜月期，韩国民众认为中韩关系是合作大于竞争，对未来两国关系向上发展充满信心。韩国民众希望未来中国能在解决朝核问题上给予韩国更多的协助，同时也期盼中国在促进朝鲜半岛统一和加强中韩经贸交流上做出更积极的贡献。以上民调结果在一定程度上显示韩国民众还是较为肯定地看待中国周边外交的发展，但他们的忧虑主要包括两个方面：一是中国的崛起可能会给周边国家带来压力和威胁；二是中国与周边国家的争议有可能失控而导致地区冲突。因此，在未来的周边外交工作中，中国一方面应加强公共外交，向韩国民间传递中国的崛起是和平崛起的信息；另一方面也需要认真思考和平有效解决周边争议问题的方法，兼顾保卫核心利益的原则和"亲、诚、惠、容"的周边外交理念。最后需要指出的是，上述民调并非直接有关中国周边外交的民调，其结果对研究"韩国民众对中国周边外交的认知"这一议题只能起到辅助作用；同时，这些民调基本上是在2013~2014年进行的，并不能很好地反映2002年以来韩国民众认知的演变过程。因此，关于这一议题的民调研究还有待更多数据的搜集和未来相关调查的长期进行，这也是本书以后希望改进的方向。

小　结

综览韩国政府、学界、媒体、民众对中国周边外交的认知，可以看出，韩国政府对中国周边外交主旋律的定调还是积极的、赞扬的，对中国周边外交的认知相对稳定，带有一定的历史延续性，不会因政府的轮替而大幅改变。在韩国学者看来，中国周边外交历经了从保守走向积极的过程，韩国学者主要肯定了中国在这一过程中的作为，同时也提出了一些批评和改进的意见。虽然由于受西方价值观和理论体系的影响，韩国学者对中国周边外交的战略意图和最终目的抱持疑虑，但他们的一些有益的意见对未来改善中国周边外交工作是有着积极的借鉴意义的。韩国主流媒体对中国周边外交的认知相对负面，不仅正面的报道很少，而且有时为了迎合国内的某些舆论导向，甚至会出现断章取义和报道不实的情况。这不仅与韩国媒体保守气息浓厚有关，也在一定程度上反映出"中国威胁论"在韩国还是有相当的市场。韩国民众以双重心态看待中国周边外交，既对中国有一定的好感，对未来中韩关系的发展抱持积极的心态，同时又感到中国的崛起对韩国甚至地区构成威胁，担心中国与周边国家的争议最终演变为军事冲突。

归纳起来，韩国对中国周边外交的整体看法是既有赞许又有批评，期待与焦虑同在，认同和疑惧并存。就对中国周边外交的好感度来看，韩国社会的认知基本呈"政府＞学界＞民众＞媒体"的格局。究其原因，是政府认知代表韩国官方的立场，不仅对国民的认知有着巨大的引导作用，而且会影响到国家对外关系的发展。政府在阐述立场前，需要考虑国内外诸多因素，最大限度地维护国家利益，尽量避免过度软弱或偏激的言辞。因而，韩国政府在看待中国周边外交时更多地照顾中韩关系发展的大局，重点突出中韩友好的主流发展趋势。韩国学界则更多地从学术角度出发，描绘和分析中国周边外交战略。韩国学者尽管常常会受到西方价值观和理论的影响，但对知识的掌握和学术精神使他们不至对中国周边外交进行过度的曲解或诡辩。韩国民众在看待中国周边外交时比较容易受身边的报纸、他人评论等二手信息的引导，同时专业知识匮乏也使他们难以对这些信息去伪存真，比较容易受一些负面消息的影响，对中国周边外交产生部分消极印象和误解。至于韩国媒体，由于长久以来浓重的保守气息，其对中国的态度更多地以警惕为主。另外，为了吸引读者，韩国媒体会采用放大事实和歪曲真相的手段，这使韩国媒体眼中的中国周边外交更多地带有消极的色彩。

认真分析和思考韩国社会对中国周边外交的基本认知，对未来制定中国对周边国家的政治经济文化政策、处理与邻国之间的重大关切事件、发展同其他国家关系都有着极为重要的意义和价值。[①]正因为韩国政府、学界、民众、媒体对中国周边外交的认识既存有共性又各具特点，所以中国应根据四大群体的认知特点，采取多样的方式，集中问题区域，加强沟通和引导，努力减少韩国社会对中国周边外交的负面认知，并积极向外传递周边外交的"好声音""正能量"。

---

① Gilbert Rozman, "History as an Arena of Sino-Korean Conflict and the Role of the United States," *Asian PerSpective*, Vol.36, 2012, pp.263-285.

第三章
韩国对中国周边外交中合作与争议问题的认知

党的十六大以来，中国的周边外交收获了可观的成果和经验。十余年来，中国与周边国家的合作水平日益提高，参与周边合作机制的程度在不断加深。通过合作，中国不仅进一步改善了同周边国家的关系，而且积累了不少创建和参与国际组织的宝贵经验。当然，也应看到在中国与周边国家合作加强的同时，一些矛盾和争议依然存在。特别是2008年全球金融危机之后，中国与日本、菲律宾、越南等国家的海上争端加剧，加之域外大国的干涉，东海、南海的局势变得更加复杂多变。韩国作为中国周边国家中的重要一员，既与中国在许多国际和地区机制平台上有着密切的合作，又与中国在苏岩礁、海上专属经济区划分等问题上也存在一定的争议。在考察韩国对中国周边外交的基本认知之后，本章拟以上海合作组织、亚洲基础设施投资银行、南海争端三个问题作为案例，具体研究韩国是如何看待中国在周边地区的合作和争议案例的。其中，上合组织和亚投行作为合作案例的典范，南海争端则作为争议案例的代表。

在讨论三个案例之前，笔者需要先做出两点说明。第一，由于上合组织、亚投行、南海争端问题对于韩国民众来讲是比中国周边外交更加陌生而专业的问题，需要相当程度的专业知识，他们很难去深度了解这些议题，因此本章主要拟从政府、学界和媒体三个角度入手，考察韩国对上合组织、亚投行和南海争端的看法。第二，在考察媒体对上合组织、亚投行、南海争端的认知时，笔者在研究方法和分析项目建构上基本采取与第二章中研究韩国媒体对中国周边外交的认知时相同的办法。因此，在分析媒体对这三个案例的认知时，研究方法和分析项目建构的内容不再赘述。

第一节　韩国对上海合作组织的认知

上海合作组织的前身是"上海五国"会晤机制。1996年4月，中国、俄罗斯、塔吉克斯坦、吉尔吉斯斯坦和哈萨克斯坦五国元首在上海会晤，"上海五国"会晤机制应运而生。2001年"上海五国"元首在第六次会晤时，乌兹别克斯坦正式加入会晤，六国元首共同签订《上海合作组织成立宣言》，上合组织正式建立。上合组织每年举行一次元首峰会，并定期举行政府首脑会晤，以"互信、互利、平等、协商、尊重多样文明、谋求共同发展"的"上海精神"作为处理相互关系的准则，共同维护地区安全，推动成员间合作，致力构建公正合理的国际政治经济新秩序。上合组织是最早由中国发起的重要的政府间国际组织，也是21世纪以来中国周边地区多边外交最主要的成果之一。

韩国虽然不是上合组织的成员和伙伴，但对上合组织仍保持一定的关注。这不仅是由于上合组织中有中国和俄罗斯这两大韩国的"周边四强"，也在于上合组织影响下的中亚地区是韩国开拓能源供给渠道、实现"新亚洲外交构想""欧亚倡议"等外交战略的关键地带。在韩国政府注意上合组织发展的同时，韩国学界对上合组织进行了相当的研究，韩国媒体也对上合组织的发展历程进行了一定的报道。

一　韩国政府对上海合作组织的认知

韩国政府对上海合作组织的官方论述相当稀少并且分散，主要是在对中国、俄罗斯、中亚等国的外交记述中才会偶尔提到一些关于上合组织的内容。借助韩国外交部资料对上合组织的记述（见表 3-1），可以在一定程度上了解韩国政府是如何看待和评价上合组织的。

表 3-1　韩国外交部资料对上海合作组织的记述

时间	出处	内容	关键词
2004	外交白皮书	中俄两国在 2001 年以后通过上海合作组织来共同应对恐怖主义……这样的合作除了在中亚应对美国势力的进入外，也将促进能源、经济、通商领域的合作强化、共同应对恐怖主义等以有利于以双方为中心的合作关系	中俄；恐怖主义；应对美国；合作
2006	外交白皮书	俄罗斯以 2005 年 7 月的上海合作组织元首会议、中俄元首莫斯科会晤、9 月的联合国大会等为契机，与中国讨论双边和国际层面的合作方案	中俄；合作
2008	外交白皮书	中国通过"10+3"、上海合作组织等积极参与多边外交……中国和俄罗斯在强化政治、经济、军事、安全全方位纽带关系的同时，通过 2007 年 8 月上海合作组织框架下的"和平使命 2007"联合军演体现了这一强化的事实	多边外交；中俄；全方位纽带关系
2011	外交白皮书	俄罗斯通过 2010 年梅德韦杰夫总统访华深化了"中俄战略合作伙伴关系"，同时通过上海合作组织、金砖国家等，加强了和新兴经济大国等的合作关系	中俄；合作

资料来源：作者根据韩国外交部网站（http://www.mofa.go.kr/）发布的韩国外交白皮书、重要领导人讲话、韩国外交部定期新闻发布会内容制作而成。

由表 3-1 中韩国官方资料中关于上合组织的记述可以发现，韩国政府对上合组织的认知有四大特点。首先，虽然上合组织是拥有六个平等成员国的地区多边国际机制，但韩国政府主要将其视为中国和俄罗斯外交的工具，过于强调上合组织作为中俄合作平台的功能，在一定程度上忽视了其他四国在组织中的作用和上合组织作为综合性多边机制在中亚地区政治、经济、安全等领域的影响力。同时，韩国政府特别重视上合组织作为中俄两国领导人和高级官员交流对话的渠道，认为上合组织的定期会晤机制是促成中俄合作水平提升的重要因素。其次，韩国政府认识到上合组织成员国之间的合作，并不仅仅只停留在共同应对恐怖主义层面，也包括经济、政治、军事等多方面的合作。特别是在富有石油、天然气等能源的中亚，能源合作在上合组织各种合作之中占有重要的位置。再次，韩国政府认为上合组织成立的主要动机之一是中俄两国为了应对美国在中亚地区势力的扩张。"9·11"事件后，美国打着反恐战争的旗号，将势力渗入中亚，而此时成立上合组织，在韩国看来不免有抵制美国势力在该地区扩张之嫌，韩国政府对中俄联合军演也更为关注。最后，韩国政府明确指出了上合组织作为中国提倡的多边机制在国际事务上的重要作用，认为上合组织为中国扩大参与国际事务、强化与新兴经济体的关系发挥了积极的作用。

总的来看，韩国政府对上合组织的认识是极为单薄和分散的。对韩国政府来说，上合组织更多是大国外交的附属工具，主要从属于中俄两国的战略；而对其他中亚成员国来说，上合组织之于它们的意义似乎微乎其微，这无形中削弱了上合组织坚持平等的一贯精神。

二 韩国学界对上海合作组织的认知

自上合组织成立后，韩国学界就开始对上合组织进行研究。韩国学界有关上合组织的研究是和中国、俄罗斯的中亚政策研究紧密结合在一起的，并非孤立地讨论上合组织，而是将上合组织放在中国或俄罗斯的外交战略框架下进行考察，这是韩国学界对上合组织认知的最大特点。具体来说，韩国学界对上合组织的认知包括以下五个方面：上合组织成立的背景和动机、上合组织的安全功能、上合组织的经济功能、上合组织存在的问题以及上合组织未来发展展望。

（一）上合组织成立的背景和动机

上合组织是冷战后中、俄以及中亚国家共同组建的多边综合性国际组织，它的起源与冷战后中亚地区国际局势的变化有着密切的联系。庆北大学教授李振泰从地缘政治的角度来解读上合组织成立的背景，认为苏联解体造成中亚地区出现权力真空，中、俄、美等大国在该地区的竞争和对立空前激烈，中亚作为连接东西洋、欧亚两大洲的战略要冲，其地缘政治和经济价值十分重要，因此上合组织应运而生，成为中俄之间、中俄与美国之间以及夹在大国中间的中亚诸国之间的一种战略博弈。① 上合组织成立之初，其最主要的共同动机在于打击中亚地区的恐怖主义、分裂主义和极端主义"三股势力"，维护地区安全稳定。但是，中、俄、中亚诸国在建立上合组织时，各自的动机却又多少有一些差异。庆南大学极东问题研究所研究员朴昺寅认为，中国发起成立上合组织主要是打击新疆地区的分裂势力，并通过与相关国家的合作维护周边安定；而俄罗斯在应对"三股势力"之外，特别重视强化"9·11"事件后与中亚诸国的合作，在最大程度上抑制美国对该地区的渗透；中亚各国则强调通过地区合作打击"三股势力"、贩毒、走私等跨国犯罪行为的必要性，建设符合国际潮流的地区合作组织来维持地区的稳定。② 可见，打击恐怖势力、维护地区稳定是上合组织成员的共识，也是上合组织不断发展健全的主要动力；最初设立动机上的一些差异，具体表现为成员国对上合组织未来发展方向的一些不同见解。

（二）上合组织的安全功能

上合组织虽然目前已是涵盖安全、政治、军事、经济、能源等多方面的综合性国际组织，但其最初的核心功能还是加强安全合作。朝鲜大学副教授朴正珉指出，上合组织的活动范围是从安全领域扩大到多元领域，并以此构筑其作为地区中枢核心机制的基础。③ 上合组织作为中国多边安全合作体制建设的最重要成果，其建设和发展实际上与中国安全观的演变密切相关。启明大学教授金钰晙、副教授金馆沃认为，上合组织对中国安全战略的意义主要有两层，即传统安全观下的意义和新安全观下的意义。从传统安全观的角度来讲，上合组织是对美国霸权主义的牵制和应对美日军事同盟的一种特殊的军事合作；从新安全观的角度来讲，上合组织的意义

---

① 이정태,「중국의 상하이협력기구 지정전략」,『한국동북아논총』제45집, 2007, pp.69-71.
② 박병인,「상하이협력기구（SCO）성립의 기원」,『중국학연구』제33집, 2005, pp.513-517.
③ 박정민,「상하이협력기구（SCO）발전과정에 대한 고찰: 러중 전략적 안보관계를 중심으로」,『한국과 국제정치』제29권 4호, 2013, p.123.

在于确保中国的经济、能源安全和打击分裂主义、恐怖主义和极端主义"三股势力"。① 特别是随着非传统威胁日益凸显,对中国来说,上合组织在应对非传统威胁方面的重要性愈加突出。虽然上合组织在安全方面确实有牵制美国在中亚渗透势力的意图,但一些韩国学者并不认为上合组织是一个反美的国际机制。朴爽楠指出,首先,中俄联合反美将会给两国利益带来更大的损失;其次,中俄也都清晰地认识到,两国现在尚无单独对抗美国的能力,也未到需要对抗美国的境地;最后,中亚各国希望中俄两国能够互相牵制,需要美国的存在和支持。② 因此,有韩国学者称,上合组织最可能发展为亚洲最大的以牵制美国而不是与美国对抗为目标的安全合作组织。③

(三)上合组织的经济功能

庆南大学教授朴昺寅是目前韩国学界关于上合组织的经济功能研究成果最丰硕的学者,他在三篇文章中系统考察了上合组织的经济功能。首先,他系统分析了上合组织成立对各成员国的经济意义,认为上合组织为各成员国提供了经济发展所必需的安定的周边环境,其本身也反映了各成员国对经济发展的要求和对区域一体化趋势的附和。④ 其次,指出了上合组织成员国之间能够达成经济合作的主要原因,包括共有的过渡式的经济体制、地理上的邻近、广袤的领土、丰富的自然及人力资源以及经济上的互补性。这些有利因素构成上合组织成员国在经济上合作的巨大潜力。⑤ 再次,总结了目前上合组织经济合作的主要形态,包括贸易和投资的便利化,技术、资源、情报的共享和合作事业的开发,以及以建立自由贸易区为指向的

---

① 김옥준·김관옥,「상하이협력기구(SCO)의 중국 국가안보전략에서의 함의」,『중국연구』제43집,2008,pp.450-460.
② 박상남,「상하이협력기구(SCO)는 반미적인가?」,『국제지역정보』제150호,2006,p.41.
③ 김옥준·김관옥,「상하이협력기구(SCO)의 중국 국가안보전략에서의 함의」,p.461.
④ 박병인,「중국의 대중앙아시아 경제협력과 상하이협력기구 연구」,『중국학연구』제29집,2004,p.765.
⑤ 박병인,「상하이협력기구(SCO)와 중국의 경제적 이해」,『중국학연구』제31집,2005,p.346.

合作制度化建设。① 最后，在分析上合组织在贸易、投资、能源等领域具体合作的基础上，指出了未来上合组织经济合作的两大中心议题：一是将自然资源和交通领域的合作作为地区经济合作的核心，二是从战略高度考虑和处理上合组织与其他现有经济合作组织的关系。②

（四）上合组织存在的问题

上合组织历经了十余年的发展，在取得丰硕成果的同时，仍不可避免地会存在和其他国际组织类似的一些制度内外的问题。韩国学者认为，上合组织制度内的问题主要有：第一，各成员国对上合组织的要求很多，但提供的财政支援和让渡的权力相对较少；第二，随着上合组织的功能向外延伸至多个领域，上合组织的性质反而开始变得模糊；第三，上合组织是各国首脑主导下的组织，这一特点使其处理实际事务的能力较差；第四，上合组织尚未制定关于发展方向和模式的明确的路线图。③ 除了制度内的问题外，制约上合组织发展的制度外因素也依然存在。首先，鉴于中亚重要的地缘位置，域外大国和国际组织对地区事务的干涉将对上合组织产生重大影响；其次，"中国威胁论"在一定程度上也干扰了上合组织的运作，使俄罗斯和中亚各国在上合组织的框架下依然对华保持警惕；再次，未来中俄关系的发展状况、美国因素、分离主义势力的威胁都将成为上合组织发展中的变数；④ 最后，上合组织成员国之间文化和人员交流的相对贫乏，导致各国之间相互理解和集体意识相对不足。⑤ 韩国学者认为，上合组织若要真正成为在亚洲发挥重大影响力的多边安全合作体制，必须完善内部的制度设计，同时控制制度外的不确定因素。

---

① 박병인,「지역경제협력기제로서의 상하이협력기구 연구」,『중국학연구』제38집, 2006, p.138.
② 박병인,「지역경제협력기제로서의 상하이협력기구 연구」, p.140-141.
③ 김재관,「탈냉전기 중국의 중앙아시아 외교전략에 대한 검토 - 상하이협력기구를 중심으로 -」,『현대사회과학연구』제14집, 2010, p.48.
④ 김인,「중국의 중앙아시아정책과 상하이협력기구（SCO）」,『中蘇研究』제33권 1호, 2009, pp.60-61.
⑤ 김재관,「탈냉전기 중국의 중앙아시아 외교전략에 대한 검토 - 상하이협력기구를 중심으로 -」, p.48.

(五)上合组织未来发展展望

对于上合组织未来的发展,韩国学者思考的角度各有不同,得出的结论也有一定的差异。第一,对于未来上合组织的规模,京畿大学讲师都允珠认为,从中长期来看,上合组织扩员是不可避免的。无论从完善健全的区域能源和交通网络的角度,还是考虑到解决阿富汗问题、金融危机、恐怖主义、毒品走私等非传统安全问题,上合组织与印度、巴基斯坦、伊朗乃至美国和欧洲的合作都是不可或缺的。① 但就短期来看,汉阳大学教授金仁认为,中国和俄罗斯鉴于对扩员会造成上合组织议题复杂化的担忧,仍对上合成员国的扩充持审慎的态度。② 第二,对于上合组织是否会发展为军事同盟,金钰晙、金馆沃认为上合组织只是为了制约美国,而并非要建立反美军事同盟;③ 朴正珉认为,上合组织通过军事联合演习,实质上的军事同盟态势日益明显,特别是2008年全球金融危机后,随着美国实力相对衰退,上合组织的独立性日益增强,对当下以美国为中心的地区安全秩序带来了不小的挑战。④ 第三,对于上合组织和中国未来对外政策的关系,朴昺寅认为上合组织和新丝绸之路经济带将成为中国中亚政策的两翼,未来中国将会在中亚推动安全和经济合作并举的"并进战略"。2014年习近平主席在上海亚信峰会上提出"亚洲安全观"后,上合组织可能将成为落实"亚洲安全观"、构建独立的新型安全合作机制的重要平台。⑤

综览韩国学者对上合组织的研究,可以发现,韩国学界对上合组织的认知是相当丰富和全面的。他们虽然认识到上合组织在成立十余年来为打

---

① 도윤주,「중국의 대상하이협력기구 전략적 이해 추구」,『현대중국연구』제11권 2호, 2010, p.78.
② 김인,「중국의 중앙아시아정책과 상하이협력기구(SCO)」, p.62.
③ 김옥준·김관옥,「상하이협력기구(SCO)의 중국 국가안보전략에서의 함의」, p.461.
④ 박정민,「상하이협력기구(SCO) 발전과정에 대한 고찰: 러중 전략적 안보관계를 중심으로」, p.142.
⑤ 박병인,「시진핑 정부의 대중앙아시아 안보·경제 병진전략 탐구: 상하이협력기구(SCO)와 "신 실크로드" 구상을 중심으로」,『한국과 국제정치』제30집 4호, 2014, p.175.

击地区恐怖主义、营造安定的地区环境做出了重大贡献,但依然普遍认为上合组织背后潜藏着遏制美国和挑战美国主导的安全秩序的目的。

三 韩国媒体对上合组织的认知

(一)韩国媒体对上合组织的报道总量及分布分析

笔者以 SCO 和상하이협력기구(上海合作组织)为检索词在《朝鲜日报》、《中央日报》以及韩国综合新闻数据库收录的 11 份报纸的数据库中进行检索,共搜到新闻 103 条。经笔者进一步阅读排查,删去其中重复和不相关的新闻,共得有效样本 86 个。结果显示,韩国主流媒体对上合组织的报道数量变化幅度较大,而从多项式趋势线来看,整体发展呈先升后降的趋势,2005~2009 年是韩国媒体对上合组织报道的高峰期(见图 3-1)。报道数量最多的年份是 2006 年,即上合组织成立五周年。韩国媒体对上合组织五周年的元首峰会进行了大量的报道,该年的 21 条报道中,有 16 条是关于元首峰会的。2006 年后,韩国媒体对上合组织的关注度逐渐下降,但在 2012 年出现了一个小的波峰。究其原因,在于韩国媒体对当年的"和平使命 2012"联合反恐军事演习高度关注,11 篇报道中约有一半是有关军演的报道。可见,上合组织的军事合作是韩媒的主要关注点。

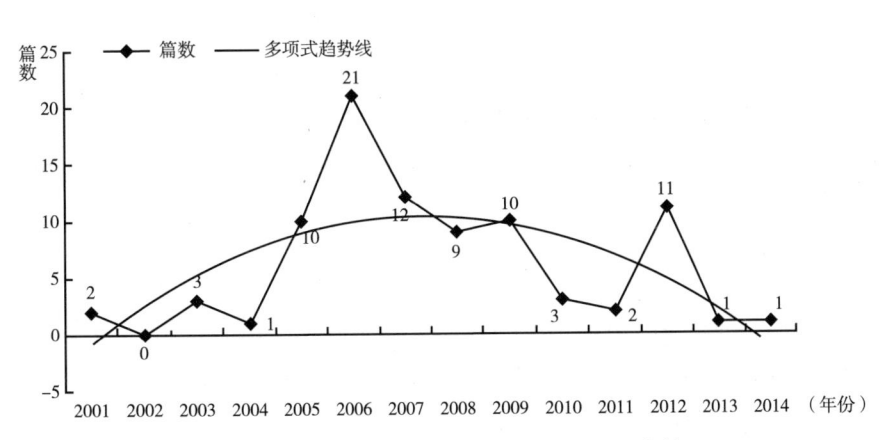

图 3-1 韩国主流媒体对上合组织报道的数量走势

资料来源:作者自行制作。

(二)韩国媒体对上合组织报道的篇幅和类型分析

韩国主流媒体对上合组织的报道篇幅多在500~2000字（见表3-2），显示出媒体的报道内容并不算单薄。但是1000字以下的报道比例过半，而2000字以上的报道只有1篇，这说明关于上合组织的深度报道比较少。

表3-2 韩国主流媒体对上合组织报道的篇幅统计

字数	500字以内	500~1000字	1000~2000字	2000字以上
篇数	19	30	36	1
比例	22.1%	34.9%	41.9%	1.2%

资料来源：作者自行制作。

从报道类型的统计来看，韩国媒体对上合组织的报道绝大部分只是消息（见表3-3），虽然有一定篇幅，但深度思考不够，特别是评论数量很少，这反映出韩国媒体很少认真对上合组织进行研究。

表3-3 韩国主流媒体对上合组织报道的类型统计

类型	消息	评论
篇数	81	5
比例	94.2%	5.8%

资料来源：作者自行制作。

(三)韩国媒体对上合组织报道的态度倾向性分析

首先，韩国主流媒体对上合组织的报道大部分是客观中立的报道，其次为带有一定负面感情的客观带讽刺口吻的报道。从比例上讲，带正面色彩的报道（正面报道和客观带赞赏口吻的报道）只占报道总量的7.0%，而带负面色彩的报道（负面报道和客观带讽刺口吻的报道）却占34.9%（见图3-2）。可见，除了客观报道之外，韩国媒体对上合组织的报道还是以偏负面为主。

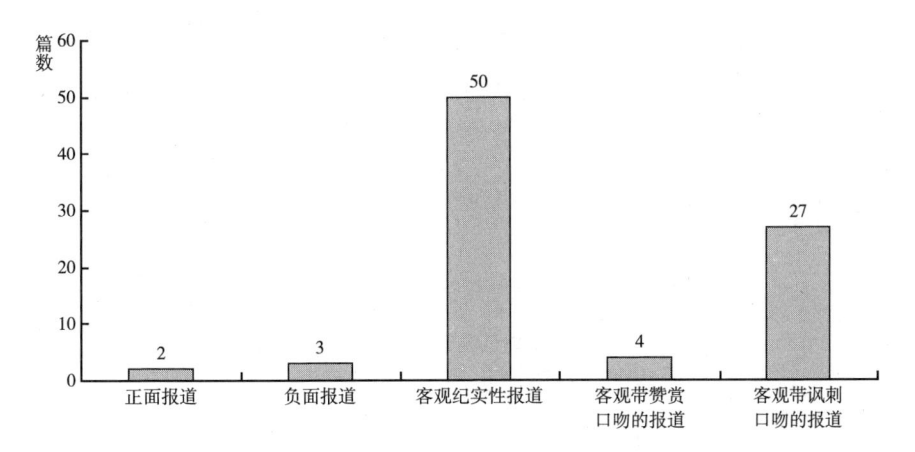

第三章 韩国对中国周边外交中合作与争议问题的认知 | 121

图 3-2 韩国主流媒体对上合组织报道的态度倾向统计

资料来源：作者自行制作。

其次，从报道态度趋势来看（见图3-3），不论正面报道、负面报道还是客观报道，其态势都是先增后减，但就变化趋势而言，客观报道的变化显著，其次是负面报道，而正面报道虽有变化却不显著（见图3-3）。

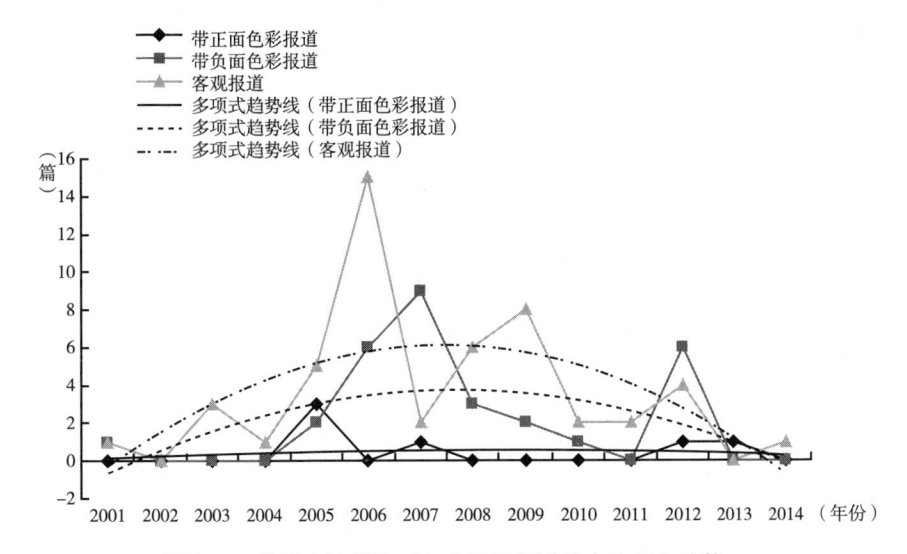

图 3-3 韩国主流媒体对上合组织报道的态度倾向趋势

资料来源：作者自行制作。

最后，从各主流报纸对上合组织报道态度的倾向性来看（见表3-4），保守派报纸对上合组织的态度反而更加温和，《朝鲜日报》《中央日报》《东亚日报》《文化日报》等报纸的报道主要以客观为主。相反，进步派报纸则更倾向于批判上合组织，《京乡新闻》和《韩民族》的报道中都有50%以上对上合组织持较负面态度。

表3-4 韩国主流媒体各自对上合组织报道的倾向性统计

报刊	正面	客观带赞赏	客观	客观带讽刺	负面
朝鲜日报	0	0	2	1	0
中央日报	0	0	10	3	0
东亚日报	0	0	4	1	0
京乡新闻	0	0	4	4	0
国民日报	0	0	1	1	0
文化日报	0	1	5	5	0
首尔新闻	1	0	0	4	0
韩民族	0	0	2	3	0
韩国日报	0	1	5	2	0
韩国经济	0	1	5	1	1
每日经济	1	0	12	2	3
国防日报	0	0	0	0	0
韩国先驱报	0	1	0	0	0

资料来源：作者自行制作。

（四）韩国媒体对上合组织报道的内容分析

1. 对上合组织元首峰会的报道

上合组织成员国的最高决策机构是元首理事会，元首理事会每年举行一次会议，就有关上合组织的重大问题做出决定。因此，每年一度的元首理事会是上合组织的一大盛事，韩国媒体经常对元首理事会的议程内容和会后成果进行及时报道。如2005年上合组织成员国元首在哈萨克斯坦首都阿斯塔纳聚会，签署了具有重要意义的《阿斯塔纳宣言》，呼吁美国制定从中亚军事基地撤军的时间表。《文化日报》的报道指出："六国元首明确表示不接受任一特定国家独占和主导国际事务,有分析说,这一主张就是指向在中亚拓展影响力的美国。"① 另外,2006 年在上海举行的上合组织成立五周年元首峰会也吸引了韩国媒体,在这次峰会上,上合组织各国就反恐、经济能源合作、核问题等一系列重大议题进行了探讨。韩国媒体在报道会议主要议程之外,也表现出对上合组织迅速发展和合作日益密切的担心。《首尔新闻》称:"与会国不仅只强调区域内的经济合作,从 2005 年呼吁美国撤军以来,对上合组织军事集团化的忧虑也已出现。"② 由此可见,韩媒对上合组织元首峰会的追踪报道体现出它们对上合组织发展情况的重视,特别是随着上合组织合作程度的加深,其对未来亚洲的地缘政治产生的影响是韩国媒体高度关注的。

2. 关于上合组织的反美特点和军事合作

不同于韩国学者主要认为上合组织是在试图制约美国,韩国媒体则显得较为激进,认为上合组织的成立带有对抗美国和北约的目的。上合组织设有反恐中心,并不定期举行联合反恐军事演习。除此之外,成员国之间也会举行联合反恐军事演习。韩国媒体十分关注这些联合军演,并且对上合组织通过联合军演来扩大军事合作的态势表示忧虑。《韩民族》对 2007 年上合组织的联合反恐军演发表评论说:"上合组织举行了大规模军事演习。该组织发展为与美国和欧洲的北约对抗的军事同盟的趋势日益明显。标榜反恐联合作战的上合组织以这次军演为契机,强化了其反北约的特征。"③对于上合组织军事合作日益强化的趋势,韩国媒体引用西方学者的观点,认为上合组织不应追求对抗北约,而要选择与北约合作。《中央日报》援引荷兰国际关系研究所首席研究员马塞尔·德·哈斯的观点:"考虑到中国在军事和经济领域的重要性,中亚和西方在能源合作和贸易关系上的增进,以及中亚安全对西方安全的重要性等因素,上合组织、欧盟

---

① 김도연,「中·러시아 포함 6 개국 "상하이협력기구" "미군은 중앙아서 떠나라"」,『문화일보』, 2005 년 7 월 6 일.
② 이지운,「SCO 첫날 "안보" 이슈로」,『서울신문』, 2006 년 6 월 16 일.
③ 유강문,「중 - 러 주도 "상하이협력기구" / "반나토 동맹" 으로 가나」,『한겨레』, 2007 년 8 월 13 일.

和北约的三方合作将是不可避免的。"① 韩国作为美国的盟国，其安全利益与美国保持较高的一致性。因此，韩国媒体对上合组织军事合作主要持消极态度，并称其为"东方的北约"。

3. 上合组织对伊朗问题和朝核问题的磋商

2005年，上合组织接受伊朗、印度和巴基斯坦为观察员国，上合组织的影响力从中亚扩展到南亚和西亚。伊朗成为观察员国颇受外界瞩目，上合组织是否能在解决伊朗核问题上发挥建设性作用受到广泛关注。韩国媒体更多地偏向于接受西方媒体的观点，对上合组织接纳伊朗为观察员国持比较否定的态度。《东亚日报》援引了美国保守派对上合组织这一行动的批评，指责上合组织成为"独裁者的俱乐部"。②《中央日报》也称："上合组织元首峰会触动了美国的敏感神经，决定性原因就在于把乔治·W.布什总统称为'邪恶轴心'的伊朗接纳为观察员国。"③ 同时，由于中国和俄罗斯都是六方会谈的与会国，上合组织长期致力于防止核扩散，对朝核问题也发挥着积极的影响。《韩国日报》报道了2009年上合组织首脑峰会发布的宣言中涉及朝核问题的内容，指出："元首们支持朝鲜半岛无核化和重启六方会谈，并呼吁在六方会谈基本协议的基础上寻求自我克制和相互理解的解决办法。"④ 上合组织对朝核问题的表态仍具有一定的国际影响力。特别是在伊朗核危机缓和后，上合组织可以利用成员国对朝鲜的特殊影响和在解决伊朗核问题上的经验，在朝核问题解决过程中发挥更大的作用。

4. 中国在上合组织中的作用

从国土面积、人口、经济和军事实力等方面来看，上合组织中分量最重的国家当属中国和俄罗斯，外界也普遍认为中俄在上合组织中发挥着主导作用。然而，韩国媒体在承认中俄在上合组织中共同发挥主要作用的基础上，更偏重于强调中国在上合组织中的主导作用。首先，韩国媒体十

---

① 마르셀 데 하스,「상하이협력기구와 나토, 손 잡아야」,『중앙일보』, 2009년 2월 12일.
② 이철희,「美보수파 "상하이협력기구는 독재자 클럽"」,『동아일보』, 2006년 6월 16일.
③ 이상일·진세근,「"이란, SCO 참가 자격 없다"」,『중앙일보』, 2006년 6월 17일.
④ 장학만,「상하이협력기구 "6자회담 재개 지지"」,『한국일보』, 2009년 6월 17일.

分关注中国在促进上合组织成员国经济合作上的努力。如《韩国经济》对2007年温家宝总理出席上合组织政府首脑会议时提出的经济合作的建议进行报道，称："中国在构建中亚经济、军事和能源的合作机制以及中亚－中国经济带上的步伐越来越快。"① 其次，韩国媒体同样也关注中国对上合组织成员国的经济援助及影响。特别是2008年全球金融危机后，中国提出愿向上合组织成员国提供低息贷款和100亿美元的经济援助，《中央日报》称："全球金融危机后，中国在上合组织中的'盟主'地位日益稳固，这是由于原来共同发挥领导作用的俄罗斯因金融危机不得不向中国请求支援。"② 最后，部分韩国媒体也表现出对中国在上合组织中积极发挥影响的担忧。《每日经济》称2012年北京的上合组织元首峰会，对韩国人来说这个连名称都十分生疏的组织之所以受到瞩目，原因在于"这一组织充斥着想要称霸世界的中国的野心"。③ 由此可见，韩国媒体在认识到中国在上合组织中发挥重要作用的同时，也担心上合组织会成为中国争夺世界霸权的工具。

从以上韩国媒体对上合组织认知的分析可以看出，韩国媒体对上合组织的总体态度是持中而略带消极。韩国媒体认识到，随着制度的完善上合组织在地区的作用日益增强，但是局限于美韩同盟的思维，韩国媒体对上合组织的军事合作存有较大的戒心，并对中国在上合组织的影响力表示一定程度的忧惧。

综览韩国政府、学界和媒体对上合组织的认识，韩国政府主要将上合组织视为中国和俄罗斯扩大在中亚影响力的工具，而对上合组织没有给予太多的关注。韩国学界则在详细研究上合组织起源、功能、局限和展望的基础上，主要认为上合组织与美国之间是一种制约关系。而韩国媒体则比学界更为激进，认为上合组织军事合作的加强实质上就是试图组建"东方

---

① 조주현,「"중앙아 차이나 벨트" 빠른 행보…원자바오 총리 2일부터 SCO 참석 경협 논의」,『한국경제』, 2007년 10월 30일.
② 최형규,「중국,"금융위기가 기회다"상하이협력기구서 주도권 페차」,『중앙일보』, 2008년 11월 1일.
③ 정혁훈,「패권주의 돌아선 중국…SCO(상하이협력기구) 내세워 중앙아시아 세력 확장」,『매일경제』, 2012년 6월 11일.

的北约"，对抗美国和北约。韩国作为美国在亚太地区的重要盟友，对上合组织的这种认识凸显出韩国的思考拘泥于美韩同盟关系，其安全利益与美国高度一致。

第二节　韩国对亚洲基础设施投资银行的认知①

亚洲基础设施投资银行是2013年10月习近平在访问印度尼西亚期间首次提出的，旨在为亚洲发展中国家提供基础设施建设方面的资金支持。2014年10月24日，中国、印度、新加坡等21个首批意向创始成员国在北京签署《筹建亚投行备忘录》，共同决定成立亚投行，此后意向创始成员国进行多次协商谈判，对亚投行的出资比例、治理结构、采购政策等议题进行了深入讨论。与此同时，包括英国、法国、德国等欧洲发达国家在内许多国家陆续向亚投行筹备处提交申请书。截至2015年4月15日，亚投行的意向创始成员国达57个，覆盖了亚洲、欧洲、非洲、南美洲、大洋洲五大洲，法定资本1000亿美元。亚投行在2015年底正式成立，成为世界货币基金组织、世界银行、亚洲开发银行之外的重要多边金融机构，为亚洲基础设施的开发建设提供了有力的资金支持。

韩国政府在习近平主席提出亚投行倡议之后，就与中国进行数次协商，并与包括美国在内的其他国家交换意见。2014年7月习近平主席访韩时正式向韩国总统朴槿惠表达欢迎韩国加入亚投行的意向。在2014年11月的APEC会议和2015年3月中日韩三国外长会议上，中国也向韩国传达了希望韩国加入亚投行的意愿。2015年3月26日，韩国政府在综合考虑国家利益和国际形势的变化之后，宣布申请成为亚投行意向创始成员国。本节拟考察韩国政府、学界和媒体在韩国加入亚投行过程中的态度，分析韩国对亚投行的认知和评价。

---

① 本节经修改已发表，参见张弛《韩国对加入亚投行问题的认知》，《韩国研究论丛（2015年第2辑·总第30辑）》，社会科学文献出版社，2015。

一 韩国政府对亚投行的认知

韩国政府在是否加入亚投行问题上,一直持十分谨慎的态度,很少对外界公开有关参与亚投行谈判和协商的细节。无论是青瓦台、外交部还是负责亚投行相关事宜的企划财政部,都未主动对外正式通报韩国政府在亚投行问题上的进展,大多只是在例行新闻发布会上对记者提出的有关亚投行的问题做一些回答。因此,韩国政府通过正式渠道透露的涉及亚投行的信息甚少。表3-5中列举了韩国正式对外宣布加入亚投行之前韩国外交部、企划财政部在例行新闻发布会上对有关亚投行问题的回答,以此为参照,梳理出韩国政府在加入亚投行过程中所持态度的一些基本特点。

表 3-5 韩国政府相关部门对亚投行问题的表态(2014.6.28~2015.3.25)

时间/部门	记者提问	官方表态	关键词
2014.6.28/企划财政部	有关"习近平访韩时将邀请韩国加入亚投行,而政府因美国担心亚投行是政治操作行为而表示正在讨论中"的报道是否属实	现在各方对亚投行的主要议题有一些意见,包括韩国在内的许多国家都在讨论是否加入亚投行。上述报道不属实	讨论中;报道不属实
2014.7.3/企划财政部	有关"政府与中国在加入亚投行和投资东北亚开发银行的问题上达成相互合作方案"的报道是否属实	上述报道不属实	报道不属实
2014.7.14/企划财政部	有关"中国政府请求韩国向亚投行缴纳5000亿~7000亿韩元的资本金并担任没有决定权的非常任理事"的报道是否属实	是否加入亚投行还在协商中,如果有决议会随时公布,现在没有确定的内容,亚投行是由参加国财政部门商议的,媒体需慎重引用其他政府相关人士的言论	协商进行中;没有确定内容;财政部负责加入亚投行事宜
2014.7.14/企划财政部	有关"中国在亚投行问题上提出了在参加国建议权、总部位置、ODA方式等方面与国际标准不一致的提议,韩国因此受骗"的报道是否属实	现在亚投行还在协商进行中,没有确定的内容,上述报道不属实,亚投行是由参加国财政部门商议的,媒体需慎重引用其他政府相关人士的言论	协商进行中;报道非实;财政部负责加入亚投行事宜
2014.7.15/企划财政部	有关"政府向中国提出给予韩国副总裁及亚投行总部设在韩国的提案,由此看来韩国将不顾美国等的反对而加入亚投行"的报道是否属实	2013年10月习近平主席倡议设立亚投行后,韩国虽然与中国数次协商,但以上提到的内容不是事实	中韩协商;报道不属实

续表

时间/部门	记者提问	官方表态	关键词
2014.10.1/企划财政部	有关"在美国压力下,韩国保留在年内加入亚投行计划"的报道是否属实	韩国与中国现就治理结构、运营方式等问题持续协商,所谓"保留的"报道不属实	中韩协商;报道不属实
2014.10.6/企划财政部	有关"中国在亚投行中预留一定资本额给韩国、澳大利亚等未加入国,在截止日期前加入就享有创始成员国"的报道是否属实	现在韩国与中国就亚投行问题一直在协商,所谓"预留资本额"的报道不属实	中韩协商;报道不属实
2015.3.12/企划财政部	有关"韩国已得到美国关于加入亚投行的同意,正与中国在进行最后协商"的报道是否属实	现在还未做出是否加入亚投行的决定	未决定是否加入
2015.3.17/外交部	在本月末最后期限之前,政府对是否加入亚投行的立场是什么	关于亚投行问题,韩国是与美国进行了协商,现在尚未做出决定。现在财政部门在慎重、综合地探讨这个问题,我们将基于经济、商业得失等因素进行多角度研讨	与美协商;尚未决定;财政部负责加入亚投行事宜;经济利益
2015.3.18/企划财政部	有关"韩国反对中国指定亚投行总裁和总部所在地"以及"韩国最后将在加入亚投行问题上与中国合流"的报道是否属实	上述报道不属实	报道不属实
2015.3.18/企划财政部	有关"韩国政府已经决定了加入亚投行的方针并向美国通报"的报道是否属实	上述报道不属实,关于是否加入亚投行正与相关国家紧密协商,政府相关部门正就经济利益等多方面因素在讨论。	报道不属实,协商;经济利益
2015.3.19/外交部	有关"韩国已经确定加入亚投行并已向美国通报"的消息是否属实	有关亚投行的消息应向财政部门确认,外交部只能说是在慎重地、综合地探讨中	财政部负责加入亚投行事宜;探讨中
2015.3.19/外交部	韩中外长会议会不会谈及亚投行问题	本次会议预定是商讨两国关系以及在包括半岛形势在内的地区、国际等相关问题上广泛交换意见	广泛交换意见
2015.3.20/企划财政部	有关"韩国已向中国政府转达了即将加入亚投行等立场"的消息是否属实	尚未决定是否加入亚投行,将与相关国家紧密协商,政府相关部门正就经济利益等多方面因素进行讨论	尚未决定;协商;经济利益

资料来源:作者根据韩国企划财政部网站(http://www.mosf.go.kr/main/main.jsp)、外交部网站(http://www.mofa.go.kr/main/index.jsp)上例行新闻发布会的相关内容整理而成。

由韩国外交部和企划财政部的表态可以看出，韩国在考虑是否加入亚投行的过程中，始终秉持谨慎的态度，不愿向外界透露更多的信息，即便临近截止日期，依然迟迟不愿向外界表达正式立场。仔细归纳和分析以上信息，可以发现韩国政府在加入亚投行过程中一些微妙的态度倾向。首先，韩国政府承认在亚投行的筹设过程中与中国进行过多次接触，就加入亚投行的一些具体问题进行过协商。虽然由于多种因素韩国政府迟迟没有对外公布协商的细节和最终的决定，但这说明韩国政府对亚投行的筹建是高度关心的，对加入亚投行有一定的积极意愿。其次，韩国政府承认，在是否加入亚投行问题上一直在与包括美国在内的其他相关国家进行密切协商，这暗示了韩国迟迟难以做出决定的主要掣肘因素。再次，韩国政府对亚投行的相关消息采取统一口径的做法，一律由企划财政部负责正式表态。虽然各大媒体纷纷援引政府官员和消息人士透露的有关亚投行的一些消息，但企划财政部基本一概予以否认。尽管媒体所引消息的真实性有待检验，但企划财政部对这些"加入"或是"保留"的消息一概否认的态度，反映韩国政府始终秉持态度上的模糊性，不愿向外界释放带有明显倾向性的信号。最后，3月12日英国加入亚投行之后，韩国政府多次表示要基于经济利益等考量对是否加入亚投行进行讨论，在一定程度上是在向外界暗示韩国政府将要加入亚投行。

由此可以看出，韩国政府在亚投行问题上长期态度模糊，既不愿尽早承认想要加入的意愿而开罪美国，又不愿坦承迫于美国的压力踌躇不决以得罪中国。直到英国等欧洲国家表示要加入亚投行，美国态度有所转变后韩国政府才向外释放积极的信号。

二 韩国学界对亚投行的认知

亚投行的倡议提出后，韩国学界从2014年起就开始针对是否加入亚投行、加入后的利弊得失和如何在亚投行问题上平衡美中两国等一系列问题展开讨论。就成果来看，虽然尚未有关于亚投行的专著问世，但韩国学者已经撰写了一部分关于亚投行的论文、评论、政策报告等，同时也召开了主题为亚投行问题的政策研讨会。综览韩国学者研究的结论，虽然他们认为亚投行的治理结构、资本分配等问题有待解决，但基本上对亚投行持正面评价，并呼吁韩国政府积极加入亚投行，成为创始成员国，从而能够在亚投行规则的制定中拥有一席之地，为韩国谋取最大的利益。韩国学界围绕亚投行的讨论主要集中在四个方面：一是亚投行设立动机的分析，二是加入亚投行对韩国的积极意义，三是韩国加入亚投行过程中存在的困难，四是未来韩国对亚投行的态度。

（一）对亚投行设立动机的分析

韩国学者在亚投行设立动机问题上，在一定程度上同意中国的官方说法，即亚投行的设立动机是填补亚洲基础设施建设资金缺口，并作为"一带一路"的重要组成部分，推进欧亚大陆的互联互通和开发建设。韩国国际金融研究院的发表报告指出，亚投行的设立可以在亚洲开发银行和世界银行之外，填补亚洲基础建设资金缺口；同时，不同于亚开行和世界银行（两行资助的领域过于宽泛，包括环境保护和两性平等等诸多议题），亚投行将集中于对亚洲基础设施建设提供支援。① 另外，金融研究院研究员池满秀认为，中国倡议成立亚投行，是为了推进"丝绸之路经济带"建设，重新反思海外投资战略，对外输出基础设施建设的过剩产能和促进西部内陆地区的开发。② 但是，也有韩国学者认为中国倡议成立亚投行有"另起炉灶"、对抗美国主导的国际金融秩序的意图。李熙玉认为，亚投行的构想是习近平主席在"亚洲新安全观"框架内对地区金融体系提出的应对方案，是一种规范的博弈，以便中国与美国在解决主要争端时可以专享这种规范，目的是建立新的国际金融秩序。③ 这种认为亚投行的筹建是新旧两大金融秩序博弈的观点，在韩国学术界得到比较广泛的认同。

---

① 금융동향센터,「AIIB 출범 선언과 향후 논의의 방향」,『주간 금융 브리프』제44권 23호, 2014, p.14.
② 지만수,「아시아인프라투자은행을 추진하는 중국의 속내와 경제적 기회」,『주간 금융 브리프』제24권 7호, 2015, p.8.
③〔韩〕李熙玉:《亚洲基础设施投资银行与韩中关系》,《成均中国观察季刊》2014年第4期，第6~7页。

（二）亚投行对韩国的积极意义

韩国学界之所以对韩国加入亚投行抱持积极的态度，最重要的原因在于韩国学者通过分析认为，加入亚投行将为韩国带来多方面的利益，对韩国经济、外交、统一等重大事业的推进都提供了良机。首先，加入亚投行将给韩国带来巨大的经济利益。韩国资本市场研究院研究员安玉花认为，加入亚投行将有利于韩国未来在亚洲基础建设市场上争取主导权，并经过中国建立通往欧洲的物流和经济合作通道；同时，这也是打造韩国国家金融品牌的绝好机会，通过与中国的合作扩大韩国在全球投资市场中的份额。① 其次，加入亚投行将有利于朝鲜的开发和半岛的统一。不同于美国与日本主导下的亚开行，亚投行可能更容易进入朝鲜市场。韩国统一研究院曾发表政策报告书，指出由于朝鲜也在考虑加入亚投行，韩国加入亚投行将使投资朝鲜基础建设的机会大大增加，从而促进朝鲜的国际化和改革开放。② 再次，加入亚投行有利于韩国在东北亚地区的开发事业。韩国对外经济政策研究院研究员崔弼秀认为，亚投行的重点建设方向是"一带一路"沿线，对东北亚的开发难以投入更多的精力。如果韩国加入亚投行，则可以促进亚投行与韩国推动的东北亚开发银行并存协作，加快东北亚地区经济的开发。③ 最后，加入亚投行也可以提高韩国的国际地位。安玉花指出，加入亚投行是树立韩国独立外交和价值观的良机，同时也能使韩国在中美两大强国之间扮演仲裁者的角色，构建韩国作为成熟的资本主义民主国家的形象。④ 尽管也有韩国学者认为，加入亚投行可能会伤害美韩关系，并且使韩国"欧亚倡议"的影响被亚投行对冲，⑤ 但多数学者认为亚投行的积极意义远多于消极意义，机遇远多于威胁，这也成为他们积极支持韩国加入亚投行的主要依据。

---

① 안유화,「AIIB 한국의 참여여부의 대한 논의」, 서울: 바른사회시민회의, 2014, p.9.
② 배정호 등,『동북아 4 국의 대외전략 및 대북전략과 한국의 통일외교 전략』, 서울: 통일연구원, 2014, p.62.
③ 최필수,「AIIB 설립과 동북아 개발금융」,『韓中社會科學研究』제 13 권 1 호, 2015, pp.61-64.
④ 안유화,「AIIB 한국의 참여여부의 대한 논의」, p.10.
⑤ 진일옥,「아시아인프라투자은행（Asia Infrastructure Investment Bank:AIIB) 창설: 중국의 상황과 한국의 입장에 관한 SWOT 분석」,『한국동북아논총』제 76 집, 2015, pp.85-86.

(三)韩国加入亚投行过程中存在的困难

韩国学者在积极展望亚投行的未来和敦促政府加入亚投行之余,也指出了韩国加入亚投行过程中的主要顾虑。第一,美、日对亚投行的抵制和对美韩关系的考量。李熙玉指出,韩国在是否加入亚投行上主要存在参与论和现实论两种声音。而基于韩美关系的慎重的现实论者认为,在美国的"亚太再平衡"战略下,应该审慎应对作为中国"亚洲新安全观"经济基础的亚投行。① 第二,一部分新兴市场国家对"中国中心主义"的忧虑也影响了韩国的决定。虽然中国筹建的亚投行成员众多,但最初的意向国大多是亚洲地区经济发展水平相对落后的中小国家。韩国经济研究院客座研究员吴定根认为,中国的亚投行构想是一个除美日之外的以中国为中心的新兴市场国家的通货体制和金融秩序,中国在这一体系下的巨大优势使一部分国家对"中国中心主义"表示担忧。② 这也使韩国担心即使加入亚投行自己也可能面临被中国边缘化的危险。第三,对亚投行治理结构的疑虑。《筹建亚投行备忘录》签署时,亚投行1000亿美元的法定资本中,中国占500亿美元,并可能由此对未来银行的治理结构、运营方式等议题享有更多的话语权。《韩国经济》评论员许元循认为,韩国目前对亚投行的运营方式存在担忧,认为其难以保证未来韩国在亚投行的投资决定权和参与经营权。③ 统一研究院的报告也认为,中国建议下的亚投行治理架构与国际通行标准有一定出入,这一结构有利于中国事实上独占亚投行的经营决定权。④

(四)韩国政府在亚投行问题上应秉持的态度

韩国学者在分析了亚投行的利弊得失之后,总体上对加入亚投行持积极的态度,并呼吁朴槿惠政府在该问题上有所作为。韩国政府在加入亚投行的问题上之所以迟迟不敢有所作为,最根本的制约因素还是美国。韩国

---

① 〔韩〕李熙玉:《亚洲基础设施投资银行与韩中关系》,《成均中国观察季刊》2014年第4期,第8页。
② 오정근,「중국의 AIIB 구상과 한국의 대응전략」, 서울: 바른사회시민회의, 2014, p.14.
③ 허원순,「중국이 주도하는 AIIB, 한국은 어떻게 볼 것인가」, 서울: 바른사회시민회의, 2014, p.5.
④ 배정호 등,『동북아 4국의 대외전략 및 대북전략과 한국의 통일외교 전략』, 서울: 통일연구원, 2014, p. 63.

的不少学者对政府瞻前顾后的态度进行了批评,指出只有加入亚投行才能提出韩国的方案,改善亚投行的构成和管理,增强亚投行的透明度和民主性,同时韩国也能提高外交的自主性,实现政府长期以来的外交战略。刘娴静认为,韩国应为了经济上的实际利益而加入亚投行,指出美国反对韩国加入的理由是短视的,因为只有韩国加入亚投行才能避免亚投行在资本分配、理事会构成和总裁任命等问题上屈从于中国。① 李熙玉则认为,韩国应以"小型捆绑协议"为出发点来探讨末端高空区域防御系统(THAAD,简称"萨德")、亚投行和朝鲜开发等问题,亚投行不仅是经济问题,与地区安全也不无关系。韩国若以牵制中国的"韩美同盟论"来考虑亚投行问题,韩国的外交僵化将会导致更多的不必要的成本。② 延世大学教授文正仁也指出,朴槿惠政府要实现其所标榜的"东北亚和平合作构想"、"欧亚倡议"和"新丝绸之路项目",就一定需要亚投行,韩国政府应在冷静地考虑国家利益之后对是否加入亚投行做出英明的回答。③

通过分析韩国学者对亚投行的评价和亚投行之于韩国的意义,学者们对亚投行抱持较为积极的态度,认为加入亚投行符合韩国的国家利益,并提出了韩国在未来的应对方案。学者们对加入亚投行总体上的支持,事实上为促成韩国做出加入亚投行的决定做了充分的理论论证,增强了韩国政府做出最后决定的信心。

三 韩国媒体对亚投行的认知

韩国媒体开始关注亚投行始于2014年7月习近平主席对韩国的访问,习近平主席向朴槿惠总统表达希望韩国加入亚投行的意愿后,韩国的媒体随即对亚投行进展进行了追踪报道,并广泛邀请学者、职业评论人等专业人士撰写社论,对是否应该加入亚投行进行评估。以下笔者通过考察2015

---

① 유현정,「AIIB 와 THAAD: 이슈 연계 가능성 제기의 대한 제언」,『세종논평』제294호,2015,p.2.
② 〔韩〕李熙玉:《亚洲基础设施投资银行与韩中关系》,第9页。
③ 〔韩〕文正仁:《韩国也应积极参与AIIB构想》,《中央日报》2014年11月10日。

年3月26日韩国加入亚投行以前主流媒体对亚投行的报道，来研究韩国媒体是如何看待亚投行这一议题的。

（一）韩国媒体对亚投行的关注度变化分析

笔者以 AIIB 和아시아인프라투자은행（亚洲基础设施投资银行）为检索词，对数据库中13份主流报纸的报道进行检索，检索出相关新闻260条。然后通过进一步阅读，排除不相关新闻和重复报道的新闻，共得有效样本199条。从时间上看，韩国主流媒体关注亚投行始于习近平主席访韩前的2014年6月27日，于韩国宣布申请加入亚投行后结束，韩国主流媒体对亚投行的报道数量在时间上的分布见图3-4。

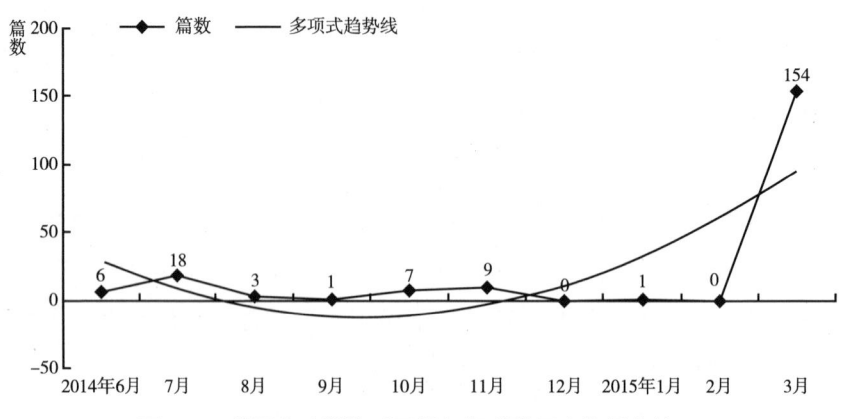

图3-4　韩国主流媒体对亚投行报道的月度数量走势

资料来源：作者自行制作。

从趋势线来看，韩国媒体对亚投行的报道呈先降后升的增长态势（见图3-4）。其中，有关亚投行的报道绝大多数产生于2015年3月，即亚投行最后的截止月，约占报道总量的77.4%。3月的154篇报道中，只有3篇发表在英国向亚投行递交意向申请书（3月12日）之前，可见英国的这一行动对韩国媒体产生的影响之大，使得关于亚投行的报道爆炸式增长。除了3月这个高峰期之外，2014年韩国媒体对亚投行的报道也在7月和11月出现了两个小的波峰。这两个时间点分别对应习近平主席访韩和北京举行

APEC 会议，由此可以看出中国在这两个时机下邀请韩国加入亚投行，在韩国国内引起了一定的轰动，也引发了韩国媒体对亚投行的讨论。

（二）韩国媒体对亚投行报道的篇幅和类型分析

韩国媒体关于亚投行的报道篇幅绝大多数都在 500 字以上，其中又以 1000~2000 字的报道最多，占相关报道总量的近一半，同时 2000 字以上的长篇报道和社论也占有一定的比例（见表 3-6），可见韩国主流媒体对亚投行的关注度之高和报道之深。

表 3-6　韩国主流媒体对亚投行报道的篇幅统计

篇幅	500 字以下	500~1000 字	1000~2000 字	2000 字以上
篇数	19	54	93	33
比例	9.5%	27.1%	46.7%	16.6%

资料来源：作者自行制作。

报道的类型主要有三类：消息、评论和访谈。虽然三者之中消息占大多数（见表 3-7），但往往不仅是简单地报道事件，通常也会连带叙述与报道消息相关的一些背景或是撰稿人的简单评论。评论则多由专家教授、资深记者等人执笔，旁征博引，发表对亚投行的看法。访谈的对象包括国内外现任或卸任高官以及知名学者，其言论有一定的深度和权威性。

表 3-7　韩国主流媒体对亚投行报道的类型统计

类型	消息	评论	访谈
篇数	151	44	4
比例	75.9%	22.1%	2.0%

资料来源：作者自行制作。

（三）韩国媒体对亚投行的态度倾向性分析

首先，韩国媒体对亚投行问题的报道以客观和偏积极的报道为主，带正面色彩的报道占报道总量的 57.8%，带有负面色彩的报道却只占 6.5%（见图 3-5），由此可见韩国主流媒体对亚投行的良好印象和对加入亚投行的高支持度。

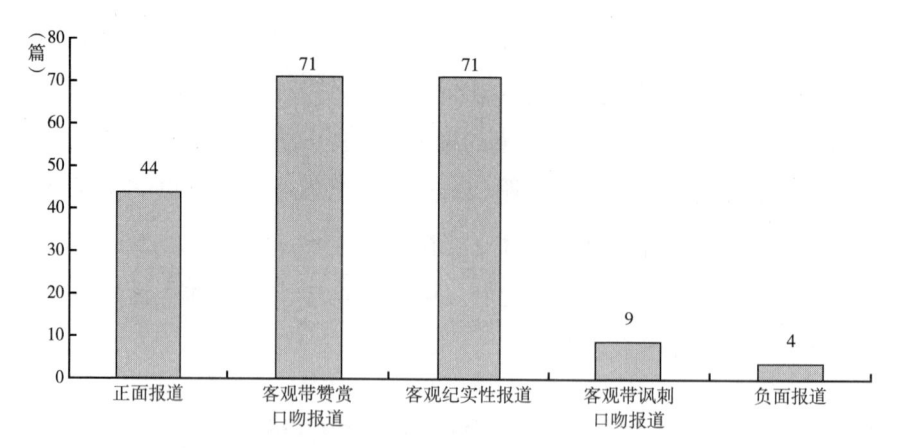

图 3-5　韩国主流媒体对亚投行的报道态度统计

资料来源：作者自行制作。

其次，如图 3-6 所示，笔者通过对各类报道亚投行发展趋势的分析发现，带正面色彩报道的趋势线在后期的斜率最大，说明随着时间的推移该类报道的数量增长最快；带负面色彩报道的趋势线斜率最小，说明该类报道的数量增长有限，可见韩国媒体关于亚投行的报道，随着时间的推移，趋于积极的倾向愈加明显。这种舆论导向，对敦促韩国政府做出申请加入亚投行的决定起到了重要的推动作用。

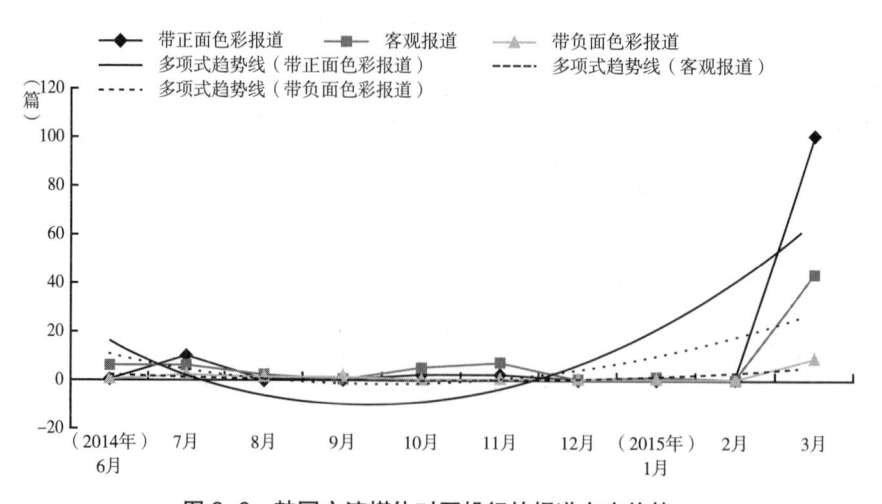

图 3-6　韩国主流媒体对亚投行的报道态度趋势

资料来源：作者自行制作。

最后，如表3-8所示，在13份样本报纸中，带正面色彩报道的比例超过50%，只有《文化日报》和《每日经济》的这一比例不及50%。而《文化日报》作为韩国最保守的报纸，其一贯保守的特征在亚投行议题上充分显现，不仅正面报道的比例最低，而且负面报道的比例也是最高的。相反，除了英文的《韩国先驱报》外，韩国的两份进步报纸《京乡新闻》和《韩民族》对亚投行的报道最正面，带正面色彩报道的比例都在85%以上。可见，相对于保守阵营，韩国进步阵营对亚投行给予了更多的支持。

表3-8 韩国主流媒体各自对亚投行报道的态度倾向性统计

报刊	正面	客观带赞赏	客观	客观带讽刺	负面	带正面色彩报道比例
朝鲜日报	3	3	2	0	0	75.0%
中央日报	7	9	12	0	0	57.1%
东亚日报	0	4	4	0	0	50.0%
京乡新闻	1	8	1	0	0	90.0%
国民日报	1	0	0	1	0	50.0%
文化日报	2	6	10	2	2	36.4%
首尔新闻	2	10	8	1	0	57.1%
韩民族	7	5	1	1	0	85.7%
韩国日报	3	5	5	0	0	61.5%
韩国经济	5	7	7	0	0	63.2%
每日经济	12	14	21	4	2	49.1%
国防日报	0	0	0	0	0	—
韩国先驱报	1	0	0	0	0	100%

资料来源：作者自行制作。

（四）韩国媒体关于亚投行报道的主要内容分析

1. 其他国家对亚投行的表态

韩国政府虽然早在亚投行倡议提出之初就与中国有过数次接触，但碍于国内外因素，迟迟没有表态。因此，韩国媒体长期关注其他国家的动向。2015年3月，亚投行申请进入倒计时，韩国主流媒体更加聚焦于各国的态度。特别是英国申请加入亚投行后，韩国主流媒体随即对相关国家对亚投行的态度进行了大幅报道。如《国民日报》文章《英国：经济高于友邦……加入中国主导的亚投行的宣言》称："作为与美国共享核心利益的同盟国，英国加入亚投行使美国阻止其他盟国的加入决定变得更为困难。英国宣布加入以后，澳大利亚也从现在的反对立场转向探讨加入的问题。"① 英国的加入引起的多米诺骨牌效应，使美国抵制亚投行的防线开始崩溃，甚至美国内部也开始发声，反思奥巴马政府在亚投行问题上的决策，韩国媒体随即对美国态度的软化进行了报道。《首尔新闻》文章《筋疲力尽的美国，内部也出现加入的声音》援引美国政府高官和专家人士对美国政策的批评，指出："事实上，美国国内也出现了加入的主张。"② 另外，韩国媒体还一再报道美国后来对亚投行立场的转变，《每日经济》文章《美国："加入亚投行是主权国自己判断的问题"……英法德加入》指出："（美国的立场）实际上意味着韩国可以自行决定是否加入亚投行。"③ 韩国媒体对其他国家是否加入亚投行态度的报道，在国内烘托出亚投行进展乐观的国际情势，也传递出韩国政府外部压力日益减少的信号，为韩国加入亚投行营造了积极的舆论氛围。

2. 对朴槿惠政府外交上优柔寡断的批判

中国倡议成立亚投行以来，一直希望韩国能够加入亚投行，国家主席习近平，外交部部长王毅、部长助理刘建超等都曾当面向韩方发出邀请。但朴槿惠政府鉴于美国的反对和对美韩关系的考量，虽然表示会积极考虑，但迟迟未能做出决断。韩国主流媒体对朴槿惠政府在亚投行问题上的优柔寡断表示不满，并强烈呼吁政府在这一问题上能有积极的作为。《中央日报》在社论中指责政府在外交上首鼠两端，称："我国外交围绕强国转而不是以国家利益为中心的习惯性思考方式……像我国这样的中等强国不应该依附于强大国家，应该在国际社会上构建最大限度有利于'自身'的伙伴关系作为核心外交战略。"④ 甚至韩国的英文报纸《韩国先驱报》也发文指

---

① 김현우,「英, 우방보다 경제…中 주도 AIIB 가입 선언」,『한국일보』, 2015년 3월 13일.
② 김미경,「힘빠진 美—내부서도 가입 목소리」,『서울신문』, 2015년 3월 18일.
③ 매경닷컴 디지털뉴스국,「"미국" AIIB 가입, 주권국 판단 문제…영·프·독 참여」,『매일경제』, 2015년 3월 18일.
④ 特别采访组:《专家们:"最大程度确保自己人是核心，要走中等强国外交路线"》,《中央日报》2014年8月14日。

出:"韩国政府应将发展它同更广大亚洲国家的关系作为国家向前发展的一部分,而不是屈从于美国的压力。加入亚投行无疑是表明我国在地区政治事务上立场的明证。"① 韩国主流媒体对朴槿惠政府外交政策的批判,使一向标榜奉行"中等强国"外交的政府在信誉上备受质疑,政府的形象也因而受损,加之朴槿惠的支持率在 2015 年初跌至上任以来的最低点(29%),② 这在一定程度上迫使韩国政府不得不在亚投行申请的最后阶段做出能够迎合主流舆论的决定。

3. 在加入亚投行和部署萨德系统问题上的两难境地

韩国在考虑是否加入亚投行期间,恰逢韩国国内对是否在半岛部署萨德系统问题的讨论如火如荼。美国期望在韩国部署萨德系统,遭到中国的强烈反对;而中国一再对韩国发出加入亚投行的邀请,也受到美国的掣肘和抵制。各主流媒体对韩国在中美"两大之间难为小"的处境深感不安,并流露出对来自两方压力的不满情绪。2015 年 3 月中旬,中国外交部部长助理刘建超访韩,再次表明中国欢迎韩国加入亚投行的态度。与此同时,美国国务院助理国务卿丹尼尔·罗素也对韩国进行访问,就加强美韩同盟、部署萨德系统等问题与韩国进行沟通。《每日经济》文章《美中外长助理同时访韩:来自亚投行和萨德的压迫试图》抱怨说:"现在撇开萨德和亚投行不说,我们实际上是夹在美中两国之间的三明治。"③《朝鲜日报》文章《中美部长助理同时访问首尔 打响萨德与 AIIB 外交战》则引用韩国前外交官的话,指责中美两国给韩国带来外交压力,称:"未能解决朝核问题的中国没有反对在韩部署萨德的理由,美国对韩国加入促进经济合作的 AIIB 也没有什么可说的。只有从将国家利益最大化的层面看待萨德和 AIIB,才能避免卷入美中较量之中。"④ 实际上,韩国主流媒体关于亚投行的报道中,带有

---

① Ram Garikipati, "Should South Korea Join China-led AIIB?" *Korea Herald*, November 5, 2014.
② 简恒宇:《朴槿惠支持度仍处最低 29%》,《中时电子报》2015 年 2 月 9 日, http://www.chinatimes.com/realtimenews/20150209000889-260408, 最后访问日期: 2015 年 4 月 17 日。
③ 김기정·김명환,「미·중차관보 동시방한…AIIB·사드 압박 시도?」,『매일경제』, 2015 년 3 월 15 일.
④ 〔韩〕李龙洙:《中美部长助理同时访问首尔 拉开萨德·AIIB 外交战》,《朝鲜日报》2015 年 3 月 16 日。

负面色彩的报道有相当比例来自对亚投行与萨德的争论，韩国社会在敏感的时间点上同时承受着来自中美两个大国的压力，即使是中国诚挚的邀请，也会被一些媒体解读为来自中国的强迫。

通过分析以上韩国媒体对亚投行的认知，可以发现，媒体对亚投行的力挺在韩国国内形成了有利于加入亚投行的舆论氛围。舆论的支持也反映媒体对亚投行主要抱持好感，认为其对韩国有利。同时，媒体的压力也成为朴槿惠政府最后做出加入亚投行决定的关键动因之一。

纵览韩国政府、学界、媒体三方对亚投行的认知和是否加入亚投行的态度，可以看出，韩国政府对亚投行的态度随着外部压力的减轻而逐渐从犹豫走向积极，韩国学界和媒体则表达了对亚投行的积极认可和支持，认为加入亚投行符合韩国的国家利益。虽然美国的反对、亚投行的结构、萨德系统的部署三大制约因素在一定程度上延缓了韩国加入亚投行的脚步，但韩国政府最终在国家利益的驱动、国际形势的转变和国内舆论三大有利因素的促进下做出了加入亚投行的明智决定。

第三节 韩国对南海争端的认知[①]

南海争端主要是指中国和南海周边国家在南海岛礁和领海划分上的争议。涉及岛礁主权之争的国家包括五国，即中国、越南、菲律宾、马来西亚和文莱；而涉及领海划分争议的国家包括六国，即上述提到的五国加上印度尼西亚。南海争端起源于近代，帝国主义列强在东南亚的殖民活动掀起了对南海诸岛礁的争夺。二战结束后，帝国主义势力虽然撤出南海地区，但东南亚的新独立国家陆续提出对南海岛礁的主权要求。同时，随着南海蕴藏的丰富资源被发现，南海周边国家在岛礁归属和海域划界问题上更加难以让步，相关问题也迟迟未能得到解决。

2002年，中国和东盟国家签订《南海各方行为宣言》，提倡通过友好

[①] 本节经修改已发表，参见张弛《韩国对南海争端的认知、立场与影响》，《太平洋学报》2015年第9期。

协商和谈判和平解决南海争端。宣言的精神在当时虽得到签署国的一致赞成，但难以从根本上解决南海争端国家之间的分歧。2010年以来，南海争端不断升温，特别是菲律宾、越南与中国的争端日趋尖锐。中菲船舰在黄岩岛的对峙、中越舰船在西沙海域的对峙和冲撞等事件都使各方矛盾愈加突出，加之美、日、印等域外大国对南海问题的干涉，南海争端更加错综复杂。韩国虽然在南海问题上与中国没有矛盾，基本上也对南海争端保持中立的姿态，但由于南海关系韩国海上运输的生命线，韩国对南海安全不能等闲视之。另外，由于韩国在苏岩礁和黄海、东海划界问题上与中国也存在一定的争议，中国与南海周边国家在争端问题上的互动，对韩国解决中韩两国海上争议问题也是重要的借鉴。

一 韩国政府对南海争端的认知

韩国并非南海争端的当事国，基本采取中立的态度审视南海争端，并不倾向于任何一方，这样既可以避免刺激中国，也可以维护和东南亚诸国的友好关系。从韩国官方在南海争端上的表态（见表3-9），可以看出韩国政府在南海问题上的认识倾向。

表3-9 韩国政府对南海争端的态度

时间	出处	表态	关键词
2004	外交白皮书	东南亚地区的安全秩序尽管有以东盟为中心的域内合作，但也存在美中关系影响、南海领有权纷争、印度尼西亚分离主义运动等不安定因素	不安定因素
2011.7.14	外交部例行新闻发布会／韩国对南海问题的立场	韩国对南海问题的立场如下：南海是主要的海上通道，是对韩国经济有着重要意义的区域，韩国对该区域的相关动向保持高度关注。韩国尊重国际海洋法"和平自由航行"的原则，坚持以对话来解决南海问题的立场	海上通路；国际海洋法；自由航行；对话
2011.7.19	外交部例行新闻发布会／"韩国政府接到美国要求美日韩共同商议南海问题的报道"是否属实	该报道与事实不符	与事实不符

续表

时间	出处	表态	关键词
2012	外交白皮书	虽然越南、菲律宾与中国在南海领有权问题上的紧张态势升级……2011年7月，ARF外长会议上，南海问题当事国通过选择落实《南海各方行为宣言》指导方针为和平解决南海问题准备了条件	紧张态势；《南海各方行为宣言》；和平解决
2012	外交白皮书	中国因东海、南海争端和美国对台军售等问题，与相关国家关系紧张	紧张
2013	外交白皮书	在南海领有权问题上，中国与越南、菲律宾等当事国的矛盾达到极点。2012年7月在柬埔寨召开的第45届东盟外长会议因为成员国没有在南海问题上形成合议，首次未能达成共同声明，这也显示出东盟内部的分裂态势	矛盾；东盟分裂
2013.7.4	第一次韩澳外交、国防部长会议共同声明	（韩国、澳大利亚）两国同意根据海洋安全、自由航行、无障碍合法贸易和联合国海洋法等国际法来和平解决南海问题，并支持尽快通过"南海行动纲领"	国际法；和平解决；南海行动纲领
2013.10.8	外交部例行新闻发布会/韩国对南海问题的立场	韩国认识到南海争端当事国之间存在意见不一致的情况，韩国政府的立场是期待通过对话来圆满解决这些问题，并认为航行自由是国际法保证的原则	对话；航行自由；国际法
2014	外交白皮书	1月菲律宾独自向国际海洋法仲裁法庭申请对南海问题进行仲裁等关于南海领有权问题的矛盾在持续。但是，9月在中国首次举行了中国-东盟有关"南海行为准则"的协商，这被评价为中国和东盟为解决南海问题进行合作迈出的一步	矛盾；"南海行为准则"
2014.5.29	外交部例行新闻发布会/韩国对南海问题的立场	南海是韩国主要的海上通路，该地区的和平与安定对韩国十分重要。但现在该地区争议不断，韩国认为南海关联国家都是该地区的重要国家，也是对韩国极为重要的国家，希望能够以和平方式通过外交手段解决争议。南海的航行自由及其他问题应遵守当事国间的行动准则。除此之外，也希望能以国际法为基础来解决问题	海上通路；和平解决；航行自由；国际法
2014.5.29	外交部例行新闻发布会/韩国政府是否想在南海问题上发挥积极作用	韩国将关注南海问题，一旦出现解决问题的可能性，政府会予以探讨	关注；探讨

续表

时间	出处	表态	关键词
2014.8.5	外交部例行新闻发布会/韩国政府是否会接受中国呼吁终止向菲律宾捐赠退役军舰的要求	中国驻韩使馆相关人员已与政府相关官员进行了面谈，面谈时中方表达了上述立场，韩国也说明了自己的立场，但面谈内容未能予以公开	面谈；表达立场
2015	外交白皮书	在东南亚围绕南海问题，中国与部分东南亚国家的紧张关系在持续……5月，菲律宾政府扣留中国渔船、中国钻探船进入西沙等围绕南海领有权的冲突在继续。东盟在出台涉及南海领土纷争的共同声明上表现出团结的一面	紧张；共同声明；东盟团结

资料来源：作者根据韩国外交部网站（http://www.mofa.go.kr/）发布的韩国外交白皮书、重要领导人讲话、韩国外交部定期新闻发布会内容整理而成。

从表 3-9 中的内容可以分析得出，首先，韩国政府承认南海的地缘位置对韩国的重要性，一再强调南海作为重要的海上通路，对其经济有着重要的意义，从而暗示南海争端并非与韩国毫无关系，而是会直接影响到韩国的利益，因而韩国政府也在长期关注南海局势。其次，韩国政府在南海问题上尤其强调保障南海的航行自由。这一立场不仅是要确保韩国海上交通生命线畅通无阻，实际上也是对美国提出"南海航行自由"问题的呼应。再次，韩国政府强调应根据《联合国海洋法公约》等国际法来解决南海争端。这一立场貌似公允，实质上有利于南海周边国家对靠近其领土海岸线的岛礁和水域提出主权要求，而对中国一贯强调的历史上的法理依据欠考虑。同时，韩国政府强调以《联合国海洋法公约》来解决南海问题，实际也是在为韩国在黄海、东海与中国划界问题上的立场进行铺陈，以期通过南海争端的解决为韩国在中韩海洋划界问题上争取主动权。最后，韩国政府在南海争端中持模糊的中立立场，呼吁和平解决南海问题。韩国政府一面强调南海争端当事国都是与韩国有着重要关系的国家，希望各国能够以和平的方式解决南海问题；另一面又积极撇清韩国在南海问题上与美、日等国的关系，避免给中国留下美、日、韩联合在南海问题上向中国施压的印象。

通过梳理韩国政府关于南海争端的公开表态可以发现，韩国政府对南海争端持模糊中立的态度。韩国并不公开表示对任何争议一方的支持，试图与中国及南海周边各国保持友好的关系，但韩国对航行自由、按国际海洋法公约等来解决南海争端的呼吁，实际上对中国在南海问题上的依据和立场有欠考虑，而有利于菲律宾、越南等国对南海岛礁和水域提出的所谓的"法理要求"和美、日域外大国对南海的干涉。

二 韩国学界对南海争端的认知

南海争端事关韩国海上交通命脉的安全，对以贸易立国的韩国来说，南海争端的激化将会给韩国经济带来极大的不利影响。因此，韩国学界对南海问题的研究也是花了相当的精力。韩国学界主要从国际政治和国际法两个角度来研究南海争端，并以前者为主，研究问题主要包括五大方面：一是争议各国对南海诸岛归属主张的依据，二是中国的海洋战略与南海问题，三是菲律宾、越南等争端当事国对中国的策略，四是南海争端的解决途径，五是南海问题与中美关系。

（一）争议各国南海诸岛归属主张的依据

南海诸岛分布在辽阔的南海海域，由于历史的原因，到目前为止南海诸岛实际上为五国分别领有，而各方对领有所属岛礁的主张依据却是不同的。韩国海洋水产开发院前研究员金子英罗列了争议各方对南海诸岛归属主张的依据：中国坚持的是历史性和有效支配原则；越南认为其对岛礁的主权源于历史和地理上的邻近；菲律宾占有的依据包括地理上的邻近、无主岛先占和有效占有原则；马来西亚则认为其所占岛屿不仅地理上邻近，而且位于本国大陆架延伸地带；文莱主张的依据与马来西亚相同。① 虽然韩国学者并没有直接对各国主张的依据是否合理进行具体的评判，但是比较倾向于东南亚争议诸国的立场。特别是他们认为，对于从殖民地境遇下独立的新民族国家来说，它们对争议领土主张的依据多是国际法。而对历史

---

① 김자영，「남중국해 해양영토분쟁의 최근 동향과 국제법적 쟁점」，『안암법학』제34집，2011，p.1081.

上的强国来说，对争议领土的主权则更愿意追溯历史上的法理有效性。但政治和历史因素交织，这样就很难裁定所有权的归属。① 韩国学者对东南亚争端国家的同情，在某种程度上来说也是对本国争议领土归属权主张的辩护。韩国与东南亚国家都有沦为殖民地的经历，其对菲律宾、越南等国在领土争议问题上的见解，倾向于否认前宗主国的承诺，在国际法的基础上重新审视领有权归属。

（二）中国的海洋战略与南海争端

从地缘政治的角度来讲，南海的地理位置决定了其在战略和经济上的重要价值。中国认为南海问题涉及国家核心利益，并为此积极筹划中国的海洋战略。卞昌九认为，从长期来看，中国的海洋战略有三大目标：一是阻断美国海军的部署，遏制"台独"；二是保护经印度洋和马六甲海峡的海上运输；三是具备西太平洋的海上核报复能力。② 以此来看，掌握南海的制海权是实现中国海洋战略第二步的关键一环。韩国外交部东北亚二课研究员李荣学认为，新中国成立至今，中国的南海政策历经了三个阶段的变迁，即 20 世纪 90 年代中期以前的硬实力外交，90 年代中期到 2005 年的软实力外交，2005 年以后复归硬实力外交。③ 就具体实践而言，韩国海军士官学校教授林京汉认为，中国对南海争端的应对战略主要有两大支柱：一是军事战略，以海军军力建设为中心；二是外交战略，包括提升国际影响力获得南海问题的主导权，以及致力于与争议国家解决纷争并加强经济合作。④ 但是，随着近年来南海问题持续发酵，韩国学者对中国南海战略的两大支柱谁主谁从，持有不同的见解。林京汉主张外交战略是中国南海战略的基

---

① 김동욱，「남사군도를 둘러싼 관련국의 대응과 그 해결 방안」，『영토해양연구』제 3 집，2012，p.104.
② 변창구，「중국의 동아시아 해양전략과 남중국해 분쟁」，『한국동북아논총』제 71 집，2014，pp.32-33.
③ 李榮學，「중국 소프트파워 대외정책의 공세적 변화와 원인：중국의 남중국해 정책을 중심으로」，『中蘇研究』제 36 권 1 호，2012，pp.53-65.
④ 임경한，「중국의 남사군도（Spratly Island）분쟁 대응 전략」，『국방정책연구』제 26 권 2 호，2010，pp.185-195.

础，军力建设只是为了在协商中居于优势地位；① 李荣学则认为，由于中国崛起后国内民族主义情绪的高涨和国际上美国介入南海及东南亚当事国的强硬态度，中国将不得不在南海问题上保持高压态势。②

（三）菲律宾、越南在南海问题上应对中国的策略

在南海争端当事国中，与中国矛盾最突出的莫过于菲律宾和越南。中菲黄岩岛对峙事件发生以来，阿基诺政府为了在南海问题上应对中国，采取了一系列措施。湖西大学教授朴光燮总结了菲律宾的具体战略对策，包括五点：一是争取通过东盟框架下的多边协商来解决南海争端；二是邀请美国介入南海问题，以制衡中国；三是加强自身军备建设，提高应对中国的能力；四是在美国和东盟之外寻求其他周边国家对自己的军事支援与协助；五是将南海划分为纷争海域与无纷争海域来分别协商解决的"菲律宾方案"。③ 另外，海洋水产开发院研究员金媛熙和仁荷大学教授李硕佑分别对菲律宾将黄岩岛提交国际仲裁一案进行了法理分析，揭示了菲律宾试图争取国际法支持以应对中国的策略。④

越南作为目前实际占有南海岛礁最多的国家，同样也在积极地实施自己的战略，在南海应对中国的主权要求。海洋水产开发院研究员张学奉认为，越南在南海的基本战略是：一方面宣称拥有对西沙和南沙的全部主权，另一方面也在主权问题不可妥协的原则下寻求和平解决争端。⑤ 青云大学教授李允范指出，与菲律宾不同，越南所处的战略环境使它在对抗中国时可以采取的手段十分有限，如果越南要与中国完全对抗的

---

① 임경한,「중국의 남사군도（Spratly Islands）분쟁 대응 전략」, p.196.
② 李榮學,「중국 소프트파워 대외정책의 공세적 변화와 원인: 중국의 남중국해 정책을 중심으로」, pp.68-70.
③ 박광섭,「남중국해 남사군도와 중국의 움직임에 대한 필리핀 아키노 행정부의 국방정책과 대응전략: 기능주의적 방식 모색」,『아시아연구』제 15 권 1 호, 2012, pp.125-131.
④ 参见김원희,「필리핀과 중국간의 남중국해 중재사건에 관한 국제법적 검토: 관할권과 소송요건을 중심으로」,『서울국제법연구』제 21 권 2 호, 2014. 又见 Lee seokwoo, Hong Nong, "Chinese Perspectives on the Philippines-China Arbitration Case in the South China Sea,"『서울국제법연구』제 20 권 2 호, 2013.
⑤ 장학봉,「남중국해 해양영토 분쟁과 대응전략 연구」, 부산: 한국해양연수개발원, 2010, p.84.

话，它也很难与其他强国结成战略同盟，越南唯一可以求助的国家只有美国。①

（四）南海争端的解决途径

由于复杂的历史和现实的原因，南海争端一直是东亚地区悬而未决的难题。南海争端当事国对解决南海争端的方式也存在较大的差异。大体上说，中国希望通过与当事国采取双边对话的方式解决南海争端，而东南亚国家则担心与中国力量悬殊导致在双边谈判中处于弱势，倾向于借助多边对话平台解决南海问题。朴光燮以中菲两国争议的解决方式为例，认为菲律宾希望采取"理想政治"（idealpolitik）的方式来解决南海问题，主要是通过武力行为自制、多边国际互助的方法，最终诉诸国际海洋法庭裁决；而中国则试图以"现实政治"（realpolitik）的方式来解决南海争端，主要是采取对强者有利的双边对话、对东盟国家各个击破的方法，最终通过实力掌控南海制海权。② 对于南海争端解决的可行性途径，韩国学者金东玉提出两条：一是司法解决，二是通过合作互助解决，但是他本人并不看好司法解决的途径，认为国家通常对有关领土纷争的司法解决途径有抗拒感。③ 朴光燮更倾向于通过合作互助解决的途径，他主张采用机能主义的方式，首先在南海地区营造海洋环保、技术合作等低级政治领域合作的气氛，然后逐渐过渡到高级政治领域主权归属问题的解决。④

（五）南海争端与中美关系

随着南海争端的升级，菲律宾、越南等国家自忖力量不足与中国对抗，

---

① 이윤범，「호치민 민족주의와 베트남의 외교전략 - 남중국해 군도의 영유권 분쟁을 중심으로 -」，『동남아연구』제 22 권 2 호，2012，pp.297-298.
② 박광섭，「남중국해 스카버러 숄 영유권을 둘러싼 필리핀과 중국 간 분쟁양상의 분질：영유권 주장의 근거와 분쟁해결 접근방식의 차이」，『아시아연구』제 18 권 1 호，2015，pp.173-180.
③ 김동옥·김정현，「독도에 대한 한·일의 전략적 대응에 대한 연구」，『해양연구논총』제 42 집，2011，p.233.
④ 박광섭，「남중국해 남사군도와 중국의 움직임에 대한 필리핀 아키노 행정부의 국방정책과 대응전략：기능주의적 방식 모색」，pp.131-134.

拉拢美国介入南海问题,以制衡中国。同时,金融危机后,中国的迅速崛起和美国实力的相对下降,也使美国开始"重返亚洲",推行"亚太再平衡"战略,拉拢菲律宾、越南,共同在南海遏阻中国。首尔教育大学讲师金硕洙分析了目前南海地区中美两国对峙的现状。随着海军军力的增长,中国视南海为自己的内海,无法再忍耐美国在南海的支配力。而美国与韩国、日本、菲律宾等盟国形成网络,并灵活与越南、马来西亚、印度尼西亚等国战略性结盟,以遏制中国。① 虽然,目前中美在南海的竞争日趋激烈,但卞昌九认为,从短期来看,中美两国都在避免激烈对立乃至武装冲突,因而倾向于以"维持现状"来维护相对安定的两国关系。但从长期来看,随着海空军实力的增强,中国追求的突破现状战略和美国追求的"维持现状"战略之间的冲突将不可避免。② 除此之外,美中两国在南海的竞争也对地区产生了深刻的影响,包括美中"代理人战争"扩大的可能性增大;相关国家在南海邻近海域联合军演和单独军演的规模和频次日益扩大和增加;东盟国家内部出现分裂,"亲中"国家和"亲美"国家发生摩擦的可能性在增加;美中在太平洋地区的军备竞赛可能加剧。③

韩国学界对南海争端的认识,虽然大多自称基于韩国利益和维护地区和平的研究,但实际上更多地倾向于菲律宾、越南等东南亚国家的立场。首先,在论述南海岛礁的主权归属时,韩国学界更重视以国际法为依据的研究,相对忽视南海问题的历史脉络。其次,在争端的解决途径上,韩国学者一方面相对弱化了中国的外交努力而过于强调军事建设,另一方面着重阐述菲律宾、越南等国的多边主义谈判的主张淡化了两国的整军备武给地区带来的不安定因素,这种将南海军备竞赛加剧的主要责任归于中国的观点事实上有失公允。最后,在对南海争端未来的展望上,韩国学者视中

---

① 김석수,「남중국해 분쟁과 미중의 전략적 경쟁」,『동남아연구』제24권 2호, 2014, p.410.
② 변창구,「중국의 공세적 남중국해 정책과 미·중 관계」,『한국동북아논총』제18권 4호, 2013, pp.18-19.
③ 박광섭,「남중국해 스카버러 숄을 둘러싼 중국과의 해양 분쟁 가열 조짐으로 인한 필리핀-미국 안보협력 강화:그 근원적 이해관계(Real Interests)및 지역안보(Regional Security)에의 함의」,『아시아연구』제16권 2호, 2013, p.26.

国军力的发展为南海局势稳定与否的主要变数,在某种程度上为菲、越等国对南海动荡的责任做了辩解,容易使中国处于相对不利的地位,使中国的国际形象受损。

三 韩国媒体对南海争端的认知

韩国媒体早在20世纪就开始关注南海争端,对当时南海争议国家之间的冲突和合作的事件进行过相关的报道。但在当时,韩国媒体在提到南海争端时,主要指的是南沙群岛岛礁归属权争端,其涉及的对象多限于中国和东南亚的争议国家。进入21世纪后,特别是2010年以来,南海争端日趋严重,涉及的对象除了争议当事国之外,美、日、俄、印等域外大国也通过直接或间接的方式介入南海问题,使争端更加复杂。争端的主要议题也从岛礁的归属扩展到专属经济区划分、渔业资源捕捞、海底资源开发等多个领域,"南中国海"取代"南沙群岛",更多地出现在韩媒报道的标题之中。

(一)韩国媒体对南海争端关注度变化分析

笔者以남중국해(南中国海)、남사군도(南沙群岛)、South China Sea、Spratly Islands 为检索词在相关数据库中进行检索,在13份主流报纸中共检出相关报道629篇。经阅读和排查,删去重复和与南海争端无关的报道,实得有效样本557篇。

如图3-7所示,2010年之前,韩国媒体对南海争端的关注度并不高,甚至在21世纪最初的两三年,对南海的报道中占相当比例的是有关旅游观光的介绍。2010年以后,韩国媒体对南海争端的关注度急剧上升,并在2012年达到173篇的最高峰值。2013年,韩国媒体对南海问题的报道数量虽有下降,但2014年再次攀升至近百篇。从多项式趋势线来看,韩国媒体对南海争端的报道数量整体上呈上升趋势,这表明媒体对这一议题的关注度在上升。而2012年之所以达到峰值,很可能与黄岩岛中菲海上对峙,美国正式提出"亚太再平衡"战略,钓鱼岛"国有化"后导致中日对立造成的中国东海、南海紧张局势有着密切联系。

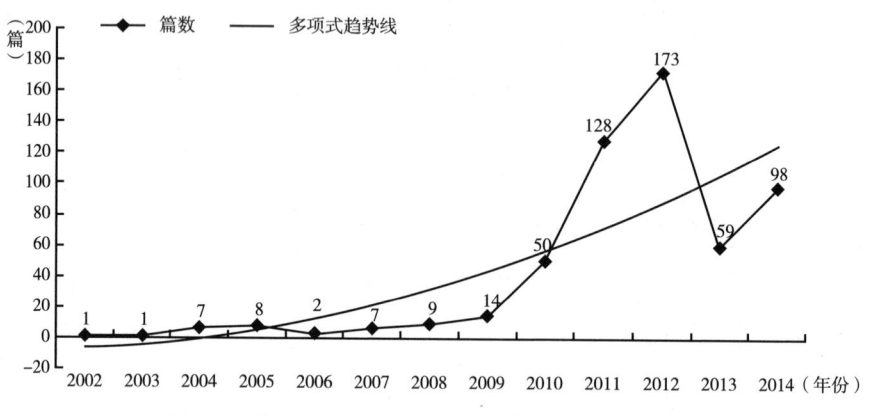

图 3-7　韩国主流媒体对南海问题报道的数量走势

资料来源：作者自行制作。

（二）韩国媒体对南海争端报道的篇数和类型分析

从表 3-10 中可以看出，韩国主流媒体对南海争端的报道以 500~2000 字的中长篇报道为主，可见相关报道内容相对翔实。

表 3-10　韩国主流媒体对南海争端报道的篇幅统计

篇幅	500 字以下	500~1000 字	1000~2000 字	2000 字以上
篇数	65	222	241	29
比例	11.7%	39.9%	43.3%	5.2%

资料来源：作者自行制作。

同时，表 3-11 显示，这些报道中消息占绝大多数，这反映出韩国媒体关注的重点是具体、详实地报道南海争端及其周边事件的发生、发展及结果，但较少对这一事件进行深层次的评论。这也从一个侧面暗示韩国媒体对深度讨论南海争端这一敏感问题持相对消极回避的态度。

表 3-11　韩国主流报纸对南海争端报道的类型统计

类型	消息	评论
篇数	541	16
比例	97.1%	2.9%

资料来源：作者自行制作。

(三) 韩国媒体对南海争端的态度倾向性分析

首先，从图 3-8 中可以看出，客观纪实性报道的数量占大多数，这说明韩国媒体对南海争端主要还是抱持相对中立的态度。然而，应注意到的是，带有正面色彩的报道占报道总量的比例非常低，这从另一个角度反映出虽然韩媒多保持中立态度，但支持中国立场和积极评价中国在解决南海问题中努力的正面报道微乎其微。因此，韩国媒体对南海争端的立场可以概括为基本中立但不支持中国。

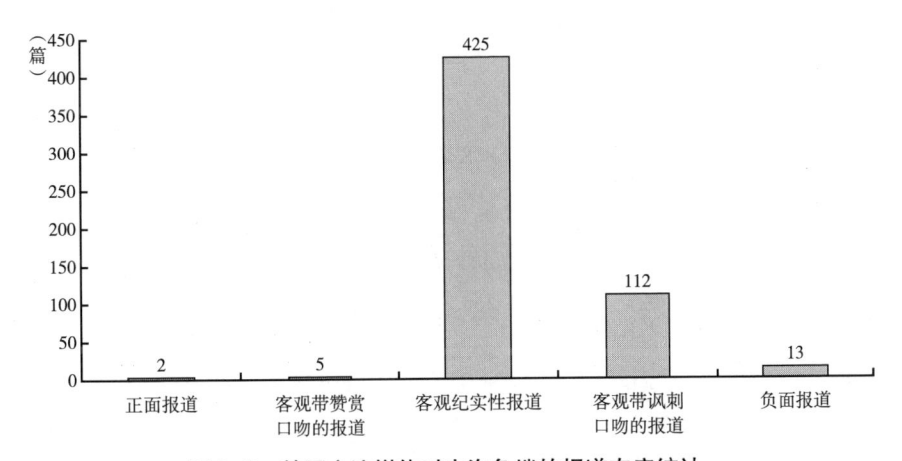

图 3-8 韩国主流媒体对南海争端的报道态度统计

资料来源：作者自行制作。

其次，从图 3-9 中的多项式趋势线来看，带有正面色彩的报道基本上没有发生变化，而客观纪实性报道和带负面色彩的报道数量渐呈上升之势。但是，客观报道数量的增加要快于带负面色彩报道，这说明近些年韩国媒体对南海争端的报道更趋于中立。

最后，从各主流媒体态度的倾向性来看，除了英文的《韩国先驱报》之外，其他的主流媒体皆以中立态度为主，即使负面色彩报道比例最高的韩文报纸《首尔新闻》，负面报道也只仅占总量的 37.7%（见表 3-12）。《韩国先驱报》的报道之所以以负面报道为主，在一定程度上与其大量引用日本以及东盟国家的专家或记者撰写的社论有关。《韩国先驱报》在南海争端上多持同情东南亚国家的态度，对中国在南海问题上的立场和行为颇有微词。

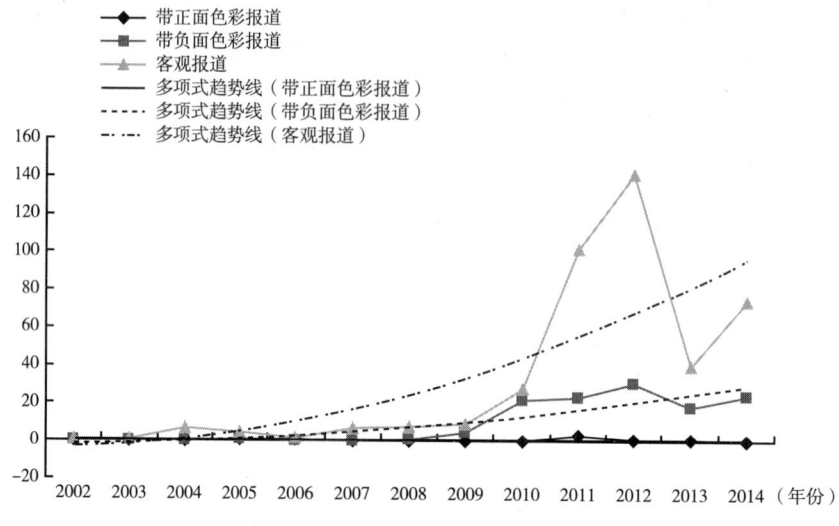

图 3-9　韩国主流媒体对南海争端的报道态度趋势

资料来源：作者自行制作。

表 3-12　韩国主流媒体各自对南海争端报道的态度倾向性统计

报刊	正面	客观带赞赏	客观	客观带讽刺	负面	带负面色彩报道比例
朝鲜日报	0	1	34	6	1	16.7%
中央日报	0	0	39	2	2	9.3%
东亚日报	0	0	33	8	1	21.4%
京乡新闻	0	0	24	6	0	20.0%
国民日报	0	0	39	14	3	30.3%
文化日报	1	0	30	6	0	16.2%
首尔新闻	0	1	42	23	3	37.7%
韩民族	0	0	38	10	1	22.4%
韩国日报	0	1	41	12	1	23.6%
韩国经济	1	1	15	4	1	22.7%
每日经济	0	1	88	17	0	16.0%
国防日报	0	0	0	0	0	—
韩国先驱报	0	0	2	4	0	66.7%

资料来源：作者自行制作。

（四）韩国媒体对南海争端报道的主要内容分析

1. 南海争端当事国的军力建设与南海的军事活动

在南海争端中，对制海权的控制是提升各国对南海主权要求的重要筹码。20世纪，围绕南海岛礁问题发生的小规模战争虽然分出了胜负，但当事国也对自身海军力量的短板有了更清晰的认识。21世纪以来，南海争端各方都在不同程度地加强自身军力建设并在南海进行军演，以加强本国在南海的制海权，或是增强在南海的军事遏制力量。韩媒对中国的报道主要集中于海军力量建设，如《国民日报》就在2013年报道了"辽宁舰"在南海的首次训练，并认为这次演练对菲律宾和越南在南海问题上军事压迫的意图明显。[①] 对菲律宾的关注则重点报道美菲联合军演，《每日经济》报道了2012年黄岩岛对峙事件后，美国和菲律宾在南海的联合登陆演习，并指出这次演习就是针对中国的武力示威。[②] 对于越南军事动向的报道则相对复杂，包括军演、军购、军事动员等多方面的内容。然而，韩国媒体在报道菲律宾、越南的军事行动时，常常将这些行为的根源归结为中国海军力量的迅速增长给南海周边国家带来的压力，而相对忽视了两国自身军力建设的需求以及美国、日本、印度等域外大国为干涉南海问题在背后鼓动和支持菲律宾、越南两国。

2. 中国在南海的维权执法、开发建设等活动

中国政府在南海问题上长期坚持的是"主权归我、搁置争议、共同开发"的原则，并在2002年与东盟国家签订《南海各方行为宣言》，力图维持南海现状，防止争议复杂化和扩大化。但是《南海各方行为宣言》的签订，并没有完全抑制争议国家试图扩大占领事实的行为。菲律宾在中业岛修缮扩建军用机场和营房，越南也在争议海域招标开采石油。面临主权日受侵蚀的情况，中国被迫加强维权执法，并巩固对实际管辖下岛礁的主权。韩国媒体对中国的这些行为，多持相对负面的看法，认为中国在破坏南海

---

① 정원교,「中항모 랴오닝함 남중국해 첫 훈련」,『국민일보』, 2013년 11월 26일.
② MBN Gold 전문가방송,「미·필리핀, 남중국해에서 합동훈련 개시」,『매일경제』, 2012년 10월 9일.

的现状，增加了局势的不稳定性。《京乡新闻》对2013年底海南省修订《中华人民共和国渔业法》实施办法进行报道，认为新条例中有关"外国船只进入南海争议海域前需要征得中国政府允可"的规定将会加剧地区的紧张。①《韩民族》也指责2014年中国石油981钻井平台在南海作业，单方面进行石油钻探违反了2013年中国总理李克强与越南总理阮晋勇达成的共同开发南海的协议。②《首尔新闻》则称："中国在南海建设类似军事基地的人工岛，将使中国与周边国家的领土纷争激化。"③ 韩媒关于中国在南海行动报道的数量，多于关于菲律宾、越南等国的行动报道，这容易使韩国公众产生中国更多是在改变南海现状的印象，将中国的许多维护本国权益的行为负面化。

3. 美国对南海问题的介入和干预

美国长期宣称在南海问题上不持特定立场，2009年之前对南海问题的干预也相对较少。但奥巴马宣布"重返亚洲"、实行"亚太再平衡"战略后，美国开始积极介入南海问题，并对菲律宾、越南等国给予直接或间接的支持，这在一定程度上使南海局势变得更加复杂。然而，韩国媒体很少直接批判美国对南海问题的介入，甚至一部分媒体认为美国介入南海是维持南海实力均衡、制约中国的必要手段。《文化日报》就2011年美国首次参加东亚峰会时中美两国领导人在南海问题上的分歧进行了报道，并称南海将成为中美冲突的战场。④《朝鲜日报》2012年报道了美国反对中国设立三沙市的立场，并指出这是美国对中国在南海单方面行为的公开警告。⑤《每日经济》在报道美国批评海南省实施修订后的《〈中华人民共和国渔业法〉办法》一事上更是明显偏袒美方，指出中国的这一行为，连在南海问题上保持中立立场的美国都认为是"突发的危险行为"。⑥ 总的来说，韩国媒体

---

① 오관철,「"중, 남중국해 외국 선박 진입 연초부터 규제"」,『경향신문』, 2014 년 1 월 10 일.
② 성연철,「중, 남중국해 석유시추 강행 노림수는」,『한겨레』, 2014 년 5 월 13 일.
③ 주현진,「중국의 기습…남중국해에 잇단 군사기지 추진」,『서울신문』, 2014 년 6 월 9 일.
④ 한강우,「美·中, 이번엔 "남중국해 충돌" 우려」,『문화일보』, 2011 년 11 월 16 일.
⑤ 최유식,「美"中, 남중국해 일방적 행동 안돼" 경고」,『조선일보』, 2012 년 7 월 26 일.
⑥ 서유진,「남중국해 영유권 다시 촉발될까」,『매일경제』, 2014 년 1 월 10 일.

对美国介入和干预南海问题，虽然大多并不带有明显的态度倾向，但也表达韩国对美国介入南海和中国的反对会导致南海局势恶化的担忧。但是相较于中国的反对，韩国媒体还是更倾向于支持美国介入，特别是韩媒淡化了美国"表面中立但实质搅局"的色彩，替美国推卸了一部分在南海问题上的责任。

4. 中国与菲律宾、越南在南海问题上的冲突事件

2010年以来，中国与菲律宾、越南等周边国家在南海的矛盾日益突出，韩国媒体对中菲、中越冲突事件的报道数量也由此陡然增加。在对这些冲突事件的报道中，韩国媒体虽然大体上以中立的态度报道事件的前因后果，但还是有部分媒体透露出对菲、越两国的支持和同情，而明确支持中国立场的媒体很少。如在黄岩岛事件上，《韩国日报》认为黄岩岛事件是菲律宾舰艇为了逮捕在黄岩岛附近海域非法作业的中国渔民与前来保护中国渔民的渔政船对峙所致。①《韩国日报》在报道中暗示黄岩岛是菲律宾的领土，并将中国渔民捕鱼定性为非法作业，这样预设立场的报道对中国来讲显然是不公平的。在2014年中越南海船舰冲突事件中，韩国媒体的报道字里行间渲染中国恃强凌弱和越南处境悲惨。《京乡日报》称："越南的木质小渔船被40多艘中国铁质渔船包围，其中一艘中国渔船撞了过来，将越南渔船撞沉。"②类似的报道对中国在韩国民众心中的国际形象是一种损害，不利于中国在国际社会上争取更多的外部支持。

通过分析韩国媒体对南海争端的态度可以看出，韩国媒体对南海争端的关注度在2010年之后有了极大的提升，这也反映出2010年之后中国东海、南海疆局势急剧复杂化和尖锐化。在南海问题上，韩媒虽貌似中立，但对菲律宾、越南等国家的立场实际上是给予了一定的同情和支持的。同时，韩国媒体对中国在南海问题上的主张和立场基本不予支持，对在韩国国内宣传中国对南海主权的历史和法理依据，在一定程度上造成了限制。

---

① 박일근,「中 첨단 순시선 급파…남중국해 다시 긴장」,『한국일보』, 2012년 4월 19일.
② 베이징,「베트남 어선, 남중국해서 중국 어선에 받혀 침몰」,『경향신문』, 2014년 5월 28일.

综览韩国政府、学界、媒体对南海争端的认识，韩国对南海问题的表态是相当谨慎且微妙的。一方面，由于南海局势的稳定对韩国海上生命线的畅通至关重要，因此韩国不希望因"选边站"而加剧争议各方矛盾进而导致南海局势动荡，损害韩国与中国、东盟的关系；另一方面，韩国与菲律宾、越南一样，在海洋划界问题上与中国存在争议，在中韩划界谈判中，韩方主张以两国海岸线的中间线划界，中方则主张应在公平原则下综合考虑海岸比例、大陆架、海岸大体形貌、历史等多重因素划界，菲、越两国对南海岛礁和领海划分的主张更接近和有利于韩国的立场。因此，韩国在南海问题上大体持中立立场，却也不倾向于支持中国的要求，甚至有时对菲律宾、越南等南海周边国家表示一定程度的间接同情。在"中立但不支持中国"的基本立场下，虽然"中立"是韩国政、学、媒三界的主流共识，但在"不支持中国"的程度上，呈"媒体＞学界＞政府"的态势。

小　结

中国作为世界上邻国最多的国家，加强深化与周边国家的合作，妥善解决与周边国家的争议，是周边外交工作需要着力解决的两大重要问题。因此，韩国对中国在周边地区的合作和争议问题也给予了不同程度的关注，韩国对这些具体问题的看法，与其对中国周边外交的基本认知框架类似：既有认可之处，也有担忧之所。以上合组织、亚投行、南海争端三个案例为例，由于案例的不同特点，韩国的认知倾向也存在差别。

第一，就案例的性质看，上合组织、亚投行是正面的合作案例，南海争端则是负面的争议案例。同时，两个合作案例在侧重点上亦有所不同：上合组织侧重安全合作，而亚投行则主要是经济合作。韩国的态度是，对正面合作的案例，韩国对中国在周边地区的经济合作评价比较积极，比如在亚投行问题上，韩国就表现出高度的兴趣，寻求加入；而对安全合作的评价相对于经济合作则偏保守，例如对于上合组织，韩国就认为它带有制衡乃至对抗美国同盟体系的军事色彩。对于负面争议案例来说，韩国持谨慎中立的立场，如在南海争端上持"中立但不支持中国"的立场。可见韩国对与中国的经济合作抱有较大的兴趣，对与中国的安全合作则抱有一定的警戒心理，对中国在周边的争议问题则试图维持一种相对模糊的立场，避免对任一争议方释放明确的支持信号。

第二，就与韩国利益的相关程度来看，韩国直接参与了亚投行筹建的谈判，并最终成为意向创始成员国，这与韩国国家利益的相关度最高。韩国虽不是南海争端的当事国，但南海局势的稳定关系着韩国的海上交通生命线，其与韩国利益的密切度仅次于亚投行。上合组织的活动区域在地理上距离韩国十分遥远，目前与韩国尚无直接关联，与韩国利益的联系程度最低。从韩国对三个案例的关注度来看，由高及低依次为亚投行、南海争端、上合组织，这表明韩国对中国周边外交中重大议题的关注度与该议题和韩国利益之间的相关性成正比。

第三，就议题的层级来讲，亚投行属于低级政治议题，而上合组织和南海争端则属于高级政治议题。从这一角度看，韩国对低级政治议题的关注度不仅很高，而且整体的认知比较正面和积极。而相对来讲，对高级政治议题的关注度次于低级政治议题，但韩国的整体认知比较持中和谨慎，并且略微带有保守的倾向。这也反映出韩国外交政策"安美经中"的色彩，在经济上寻求与中国密切合作，但在安全问题上依然要维系美韩同盟的基础。

第四，就三个案例涉及的地缘背景来看，上合组织位于"丝绸之路经济带"，南海则处于"21世纪海上丝绸之路"要冲，而亚投行作为服务于"一带一路"建设的金融机构，陆海并重。作为一个以海上贸易立国、期望进一步经略欧亚大陆的半岛国家，韩国最关注的是有机会参与海陆两线建设的亚投行，其次则为事关海上贸易生命线的南海争端，最后方为满足陆上拓展性需求的上合组织。这反映出韩国对中国的海陆两线战略最为敏感，其次为海洋战略，最后才是大陆战略。

通过以上分析可以看出，对中国在周边地区的合作与争议问题，韩国既持认同的态度，也怀有消极的看法，并在一定程度上奉行"安美经中"

的政策：韩国比较欢迎和支持中国提倡的低级政治领域的经济合作，希望能搭上中国经济的顺风车，给韩国带来实在的经济利益。对中国推动的高级政治领域的安全合作，韩国局限于美韩同盟的战略思维，虽不欲与之冲突，但多少具有一定的警戒心理。对于涉及主权问题的高级政治领域的领土领海争端问题，韩国秉持相对谨慎的态度，保持模糊的中立，维持与争议各方特别是与中国的良好关系。但鉴于中韩两国在海域划界问题上的立场分歧和美韩关系，韩国在海上争端问题上持"中立但不支持中国"的态度，从某种程度上说也是希望南海争端能以比较有利于东南亚国家的方式得以解决，从而在中韩两国海洋划界问题上争取到有利于韩国的立场。韩国"安美经中"的外交政策固然在短期内使韩国稳住了与最重要两个周边大国的关系，使韩国受益于美国的安全承诺和中国的经济腾飞，甚至有时能在美中之间纵横捭阖，但韩国也不得不面临在重大外交问题上自主性严重受制于大国的困境，其试图在地区事务中发挥主导作用也变得遥遥无期。

第四章
韩国对中国周边外交认知的特征与形成原因

第一节 韩国对中国周边外交认知的特征

"周边外交"一词自身含义的前提假设是将中国视为中心,与四方邻国展开外交互动。对于以韩国为首的周边国家来说,其对中国周边外交的认识虽不可避免地会受到中国自我认知和主张的影响,但受其他多元因素的影响,韩国对中国周边外交的解读也有其独特之处。无论是其对中国周边外交宏观层面的基本认识,还是其对上合组织、亚投行、南海争端等周边外交具体问题的看法,都折射出韩国对中国周边外交认知的一些基本特征。归纳起来,笔者将韩国对中国周边外交认知的特征总结为非对立性、不对称性、二重性和政经分离性。

一 非对立性

韩国对中国周边外交认知的首要特征是韩国与中国对周边外交自我认知之间的关系并非对立。中韩两国在对中国周边外交的观察上尽管存在一些不同,但没有根本性的冲突。这不仅是中韩之间能够化解认知差异的根本前提,也是两国能够求同存异、携手合作的重要基础。相互认知在很大程度上会影响国家之间对对方意图的理解和互动模式。①像亨廷顿在"文明冲突论"中提到的文明之间的差异会造成冲突那样，认知冲突也会诱发国家之间的矛盾。冷战时期美苏之间的对立，与两国在意识形态、内外政策、国际定位等问题上认知的巨大差异有着密切关系。一旦两国在某一问题上存在认知上的根本对立，那么双方在该问题上的矛盾也将难以调和。

在如何看待中国周边外交这一问题上，韩国尽管难以全部接受中国的自我认知和评价，但与中国的认知也不是完全对立的，两种认知之间实际上有着许多共同之处。举例来说，韩国政府对中国周边外交的认知与中国的自我认知之间有着比较高的一致性，包括认为中国周边外交致力于构建适合经济发展的环境，肯定中国与周边国家发展合作关系，实施积极的外交政策等。即使是对中国周边外交有较多不同解读的韩国媒体，也不得不承认，从中共十六大至今，中国的周边外交取得了巨大成就，中国在国际和地区事务中发挥着越来越重要的作用。不同于"中国威胁论"对中国周边外交所持的敌对的充满偏见的解读，韩国对中国周边外交的看法是比较温和的，与中国的自我认知相比，是"同大于异"的。韩国对中国周边外交的这种"非对立性"认知是两国能够维持友好关系、深化区域合作、实现战略沟通的必要条件和重要前提。

二 不对称性

不对称性指的是韩国对中国周边外交的认知与中国自我认知在内容与结构上存在差异。韩国对中国周边外交的认知带有明显的偏好性，认知内容在时间跨度、地理范围、问题性质等方面与中国的自我认知显得较不对称。

第一，韩国对中国周边外交的认知带有"薄古厚今"的倾向。即使是对中共十六大以来的周边外交，比之胡锦涛时期的主要成就，韩国更关注习近平时期的最新发展。例如，韩国主流媒体对中国周边外交报道的数量

---

① 阮建平、胡剑萍：《认知冲突与美俄地缘政治角逐》，《现代国际关系》2008年第8期，第10页。

从胡锦涛时期后期出现显著的增加,习近平就任中共中央总书记后,韩国主流媒体对中国周边外交报道的频率和深度更是远超胡锦涛时期。韩国对新时期中国周边外交的重视,从一个侧面也反映出中共十八大以来周边外交在中国外交总布局地位的跃升。

第二,韩国对中国周边外交的认知在地理上更关注东北亚、东南亚板块,对中亚和南亚的关注相对较少。例如,韩国学者对中国周边外交的研究在南亚领域存在明显短板。韩国位于东北亚,它的外交布局呈"半岛周边(东北亚)→亚洲→世界"逐级扩散的形态,因此韩国在看待中国周边外交时习惯性地将自身所处的东北亚板块和地缘上紧密相连的东南亚板块放在优先位置,投入更多的注意力,对于中国的中亚和南亚外交,韩国就显得相对漠然。

第三,在问题性质上,韩国一是关心热点问题,二是关心与韩国利益密切相关的问题。对其他议题,即使意义重大,韩国也关注有限。例如,对"一带一路"、亚投行、南海争端等近年来周边外交热点问题,韩国各界都表现出浓厚的兴趣,对相关事件的发展进行了紧密跟踪与分析。对朝核问题,由于直接涉及韩国国家安全,韩国始终严密注视中国的政策措施和动向。相反,尽管上合组织是十几年来中国周边外交的最重要成果之一,但由于热点较少,与韩国也并无直接利益联系,韩国对上合组织的关注和研究与该组织在中国外交中的重要性显得极不对称。

"周边外交"是中国语境下的概念,将其移植到韩国语境下,自然有着不同的含义,加之地缘、利益关切度等多种因素的影响,中韩对中国周边外交的认知内容与结构呈现出不对称的特点。

三 二重性

二重性是指韩国在看待中国周边外交时,往往抱持支持与疑虑的二重心态观察问题。韩国既看到了中国周边外交给区域内国家带来的重要发展机遇,也担心中国周边外交未来会膨胀为扩张甚至霸权政策。这一倾向无论是在韩国对中国周边外交的总体评价中,还是对中国在周边地区的合作与争议问题的具体看法上，都有着比较突出的体现。

例如，韩国学者在研究中国周边外交的发展历程时，既认为中国周边外交是比较成功的——"奠定了中国成为具有世界影响力大国的地区基础"，又担心中国为确保自身的影响力造成地区的权力角逐和秩序动荡。[①] 韩国民众也是既对中国有一定的好感，又担心中国力量的强大导致地区争议问题演变成军事冲突。在周边外交的具体问题上，韩国认知的二重性特点更加明显。对于上合组织，韩国既看到了中国通过上合组织为推进中亚地区开发、维持秩序的稳定做出了相当的贡献，[②] 又担心上合组织成为"东方的北约"，与美国及其同盟体系进行对抗。在是否加入亚投行问题上，韩国学界、媒体的积极支持促成韩国政府最终顶住美国的反对，搭上亚投行的"末班车"；但韩国社会也有部分人士担心亚投行缺乏民主价值认同、助长中国的经济霸权。[③] 在南海问题上，韩国持"中立但不支持中国"的态度，一方面避免直接介入南海争端，确保中韩关系稳定友好；另一方面也不希望中国在南海岛礁声索上获得全盘胜利，导致本国在中韩海洋争议问题中处于不利地位。

韩国对中国周边外交的二重认识反映出中韩两国在国际和地区事务中既有合作的空间，也存在信任赤字。韩国在面对中国这样一个地大人多、发展迅速，但意识形态差异颇大的强邻时，对中国抱持既期待又疑虑的心理是正常的。对于韩国对中国周边外交的二重认识，中国只有通过以包容的姿态来加强交流沟通，才能达到增信释疑的效果。

四 政经分离

政经分离是指韩国在解读中国周边外交时，对政治议题和经济议题的认识往往差别较大；对周边外交具体议题进行分析时，对同一议题政治层面和经济层面的见解也常有较大不同。

[①] 이동률,「중국의 주변지역 외교 전략 및 모표」, p.295.
[②] 정혁훈,「상하이협력기구는 공동운명체」,『매일경제』, 2013년 9월 15일.
[③] 정규제,「AIIB, 중국의 리더십에 대한 질문들」,『한국경제』, 2015년 3월 24일.

对于中国周边外交，整体来讲，韩国对中国周边经济外交的成就给予较高评价，赞赏中国在推动中日韩合作中的努力，支持亚投行的筹建，寻求韩国"欧亚倡议"与中国"一带一路"倡议的对接等。不过，对中国周边外交在政治、军事等方面的进展，韩国的态度相对谨慎与保守。韩国非常关注中国的军力发展给周边带来的影响，紧密跟踪上合组织军演、南海岛礁建设等相关议题，忧心中国可能会改变地区现状。在边海争议问题上，韩国对中国坚定的立场表现出一定的疑虑，担心中国最终会以武力解决这些问题。

对于中国周边外交的具体议题，韩国对其经济意义与政治意义的解读也有明显不同。例如，在"一带一路"建设问题上，韩国对其经济前景表示乐观，学界、企业界纷纷提出要借助"一带一路"建设，拓展韩国在中国西部地区和欧亚内陆国家的市场，并通过"一带一路"和"欧亚倡议"对接，使中韩两国的经济纽带更加牢固、人文联系更加紧密。[1]但与此同时，韩国也有部分人认为"一带一路"是中国通过拉拢"一带一路"沿线国家作为战略伙伴、推行现实主义的外交"攻势"。[2]

韩国看待中国周边外交"政经分离"的特点，再次折射出韩国外交"安美经中"的特征。韩国与美国在安全利益上的高度重合，使其在解读中国周边政治、军事外交时，更多地受美国的影响，以美韩同盟为基础来进行判断。然而，中韩之间紧密的经济联系使韩国又不得不正视中国周边经济外交带来的巨大商机和利益，重视与中国的合作。

综合以上四点，韩国对中国周边外交的认知是一种与中国自我认知并无重大冲突的认知，两者之间的共识大于分歧。但是，韩国认知的结构和内容与中国自我认知明显不对称性，它更重视中国周边外交的当下，关注东北亚、东南亚等与韩国地缘关系密切的地区，关心与韩国密切相关的议

---

[1]《我"一带一路"倡议和韩国"欧亚倡议"有机对接 双方签署合作谅解备忘录》，中华人民共和国国家发展和改革委员会网站，2015年11月3日，http://xwzx.ndrc.gov.cn/xwfb/201511/t20151103_757369.html，最后访问日期：2016年1月20日。

[2]〔韩〕韩友德：《中国的现实主义外交与韩国的外交智慧》，《中央日报》2015年9月7日。

题。韩国对中国周边外交的认知带有期望与疑虑并存的二重性，希望借助中国给韩国带来的机遇，却又对中国周边外交的最终目标心存怀疑。同时，韩国对中国周边外交的政治层面和经济层面常常是分开看待，在经济上态度积极，在政治安全上却相对保守。非对立性、不对称性、二重性和政经分离是韩国对中国周边外交认知特征整体的、抽象的概括，而中韩两国认知的具体异同点，笔者将在第二节详细说明。

第二节　中韩两国对中国周边外交认知的比较

一　中韩两国认知的主要共同点

（一）中国周边外交的首要任务在于维持和平稳定的周边环境

中共十六大报告指出："二十一世纪头二十年，对我国来说，是一个必须紧紧抓住并且可以大有作为的重要战略机遇期。"[①] 抓住重要战略机遇期，集中力量进行经济建设，是中共十六大以来国家的首要任务。和平稳定的周边环境是经济建设顺利进行的重要保障，因此无论是胡锦涛时期提出的"三邻"政策，还是习近平强调的"亲、诚、惠、容"的周边外交理念，其最终目的是营造和平稳定、合作共赢的周边环境。对于中国周边外交的首要任务，韩国亦秉持与中国相同的认知。韩国外交白皮书屡次指出，中国周边外交的政策基础是构建有利于国内经济发展的安定环境。韩国学者也在研究中指出，营造和平稳定的周边环境是冷战以后中国周边外交政策一脉相承的目标。韩国对中国周边外交首重和平发展的肯定，既是韩国能够以相对客观的心态看待中国崛起、顺势搭乘经济"顺风车"的重要前提，也是长期以来中韩友好关系得以维持发展的重要保证。

反观日本，其对中国周边外交首要任务的看法与韩国的观点存在较大不同。在日本，21世纪以来，除了民主党鸠山由纪夫内阁时期相对积极地看待中国的周边外交战略外，其他几届内阁的看法多偏于负面。特别是日

[①] 江泽民：《全面建设小康社会，开创中国特色社会主义事业新局面——在中国共产党第十六次全国代表大会上的报告》。

本新生代政治家对中国的警戒多于信任，竞争意识大于合作意识。① 在他们看来，中国周边外交的首务在于主导亚洲，成为地区霸权，因而他们领导下的日本政府在与中国交往的过程中，遏制思维更具优势，致使中日两国近年来在国际上的对立摩擦日益加剧，中日关系发展面临较大困难。

韩、日对中国周边外交首要任务的认知差别，直接导致了中韩、中日关系截然不同的发展。这从一个侧面说明，周边国家只有真正认识到中国周边外交和平发展的内涵，才能跳出"零和竞争"的思维，搭上中国经济发展的"顺风车"，从中国的周边外交中获利。

（二）中国周边外交逐渐走向"有所作为"甚至"奋发有为"

在改革开放后相当长的一段时间内，中国秉持"韬光养晦"的战略，埋首于经济建设，对国际和地区事务的参与度较低。21世纪以来，随着中国经济的崛起，中国周边外交更多地开始走向"有所作为"，积极参与周边地区合作，化解地区矛盾冲突，努力展现负责任大国的风貌。胡锦涛时期，在东北亚，中国以东道主的身份先后在北京举行六轮六方会谈，并达成"9·19共同声明"等多项成果，为缓和朝鲜半岛紧张局势做出了重大贡献。在东南亚，中国－东盟自由贸易区建设取得了重大成果，2012年双边贸易额较2002年增长7.3倍。② 在中亚，上合组织的建设取得重大成果，上合组织成为中亚地区最重要的区域合作机制之一。在南亚，中国在2005年成为南盟观察员后，与南亚国家的经贸合作也有了很大提升。中共十八大之后，中国周边外交更加积极，中国明确提出要使自身发展惠及更多的周边国家。中国开始从周边国际机制的参与者变身为设计者。"一带一路"的规划、亚投行的筹建、"亚洲安全观"的提出等，都表明中国以更加有为的姿态为周边地区和国际社会贡献"中国智慧"。

韩国对中国周边外交的这一历史转型也是感同身受。韩国外交白皮书

---

① 许利平主编《当代周边国家的中国观》，社会科学文献出版社，2013，第240页。
② 高燕：《据统计 十年间中国－东盟双边贸易额增长7.3倍》，中国政府网，2013年7月23日，http://www.gov.cn/wszb/zhibo575/content_2453244.htm，最后访问日期：2015年10月5日。

中对中国外交从"被动对应"走向"主动先发"的描述,① 韩国学界认为中国周边外交走向"有所作为"乃至"奋发有为"的观点渐成主流,② 韩国媒体对中国周边外交积极进取姿态或褒或贬的评价,以及韩国民众对中国国际经济政治影响力提升的认同,都反映出韩国社会认为中国周边外交已经由被动的"守势"转向积极主动的"攻势"。韩国眼中的中国,已不再是过去仅埋首于国内经济建设的"落后的大国",而是几乎与美国比肩的"G2"之一。

(三)中国倡导和参与周边经济合作对东亚乃至亚洲的合作发展有着积极的意义

21世纪以来,中国在周边地区的经济合作是中国周边外交的主要亮点之一。中共十六大报告、十七大报告和十八大报告在阐述周边外交工作时,都提到要重视加强区域合作。这表明区域经济合作已成为周边外交最重要的内容之一。十余年来,在贸易领域,中国是周边若干国家的第一大贸易伙伴国,也是不少国家贸易顺差的最大来源国。在投资领域,周边国家一直是中国对外投资的重点,在投资政策的制度推进上,中国已与除文莱外的所有周边国家签订了双边投资保护协定。③ 在自贸区建设领域,中国—东盟自贸区的建成,中日韩"10+3"、中日韩"10+6"、RECP等合作机制稳步推进并逐渐机制化、常态化。在合作战略规划领域,"一带一路"、丝路基金、亚投行等都是中国为周边地区经济合作提供的重要公共产品,也是中国对地区经济共同发展乃至亚洲经济整合做出的重要贡献。

韩国是以贸易立国的国家,对贸易自由化、经济一体化等问题一直保持高度的兴趣。韩国对中国倡导和参与的区域经济合作的积极意义是认同和赞扬的。韩国政府肯定在中日韩合作机制下中国积极的姿态与行动,率先与中国签订中韩FTA,并与中国共同敦促日本以更积极的态度参与中日

---

① 한국외교통상부,『2010년 외교백서』,서울:외교통상부,2010,p.17.
② 张弛:《韩国学界对十八大以来中国周边外交的评估及其启示》,《中国周边外交学刊》2015年第1辑,第200~201页。
③ 宋国友:《中国与周边国家经济关系及政策选择》,《国际问题研究》2013年第3期,第36页。

韩FTA谈判。韩国学者对中国在东南亚、南亚、中亚的经济合作成果给予了更多积极回应，他们高度评价"一带一路"建设的意义，并开始摸索韩国"欧亚倡议"和"一带一路"对接的可行性方案。韩国媒体对亚投行等经济合作议题抱持高度的关注，并给予积极的支持，这成为韩国加入亚投行的主要推助力之一。韩国民众视中韩FTA等经济合作为中韩之间头等大事之一，赞成中韩提高经济合作水平。这都表明中国对在周边经济合作中做出了贡献的自我认识并不是自吹自擂，而是得到了韩国等周边国家的认同。

（四）友好合作是中韩关系的主流

自2002年以来，中韩两国领导人相继更替，虽然在此期间中韩关系有过一些波折，但主流是友好合作，这也是两国共识。中韩建交以来，中国政府重视中韩关系的发展，坚持朝鲜半岛无核化，致力于维护半岛的和平与稳定。胡锦涛曾将中韩关系概括为"发展迅速、成效显著、潜力巨大、前景广阔"。① 习近平则强调，中方始终将韩国放在周边外交的重要位置。② 中韩两国在2003年建立"全面合作伙伴关系"，2008年升级为"战略合作伙伴关系"，合作水平不断深化。在政府间关系发展的同时，中国也重视对韩民间交流。据韩国观光公社的统计，2014年出访韩国的中国游客高达612.7万人次，给韩国带来的经济效益约为18.6万亿韩元（约合人民币1055亿元）。③ 据韩国法务部统计，截至2014年11月，在韩中国留学生人数超过5.5万人，占在韩外国留学生总数的62.2%。④ 人员往来推动了中韩文化交流，"韩流"在中国的盛行、"汉风"在韩国的劲吹，都显示中韩友好关系对民间产生了重大影响。

---

① 倪四义、李诗佳：《胡锦涛与韩国总统卢武铉会谈》，人民网，2003年7月7日，http://www.people.com.cn/GB/paper39/9615/887295.html，最后访问日期：2015年10月5日。
② 刘华：《习近平会见韩国国会议长》，《人民日报》2014年12月19日。
③ 《韩联社：2014年中国游客为韩国带来1千亿元经济效益》，http://chinese.yonhapnews.co.kr/newpgm/9908000000.html?cid=ACK20150215000100881，最后访问日期：2015年10月5日。
④ 《韩联社：在韩外国留学生接近6万 中国人占比破六成》，http://chinese.yonhapnews.co.kr/newpgm/9908000000.html?cid=ACK20141225000500881，最后访问日期：2015年10月5日。

中国在周边外交中重视中韩友好合作的立场在韩国得到了社会主流的认同。韩国外交白皮书高度评价十余年来中韩关系的发展，高级官员也时常公开表达对中韩友好关系发展的信心。特别是朴槿惠上任以来，高度重视中韩关系，不仅与习近平主席在两年内实现了首脑互访，并且顶住美国的压力参加2015年的纪念中国人民抗日战争暨世界反法西斯战争胜利70周年阅兵，中韩关系进入了"政热经热"的蜜月期。韩国学界致力于探索维持中韩睦邻友好、相互合作的途径，积极开展与中国的学术交流，成均中国研究所、峨山政策研究院、韩国高等教育财团等机构都在支持和开展中韩学术交流方面发挥了重要作用。韩国媒体积极关注中韩关系发展动向，KBS、SBS、MBC三大电视台，《朝鲜日报》《中央日报》《东亚日报》三大主流报纸均在中国设有代表处，对中韩友好交流进行报道，KBS纪录片《超级中国》更是在韩国创下10%的收视率，①这反映出民众对中国崛起的高度兴趣。近期韩国的民调更是凸显中韩关系发展的良好势头，韩国民众对中韩关系的现状表示满意，对中韩关系的未来充满乐观，对习近平的个人好感度也一直维持在较高水平。②综上可见，中韩关系积极正面的主基调已经得到两国的共同认可。

二 中韩两国认知的主要分歧

（一）对中国周边外交政策落实的不同见解

自党的十六大以来，中国在发展与周边国家友好合作关系的同时，提出了一系列新政策、新口号，如胡锦涛倡导"睦邻、安邻、富邻"的"三邻"政策，习近平推出"亲、诚、惠、容"的周边外交新理念等。中国政府在提出新的周边外交政策后都会认真落实，以政策的指导思想为标杆，

---

① 王博:《韩纪录片〈超级中国〉制片人：让韩国人更全面了解中国》，新华网，2015年10月17日，http://news.xinhuanet.com/overseas/2015-10/17/c_1116855477.htm，最后访问日期：2015年10月29日。
② 峨山政策研究院:《韩国与它的邻国（2015）》，峨山政策研究院网站，2015年5月18日，http://asaninst.org/contents/south-koreans-and-their-neighbors-2015/，最后访问日期：2015年11月9日。

检视外交工作成果。然而，韩国对中国是否在外交实践中落实了承诺，却存在一些不同的见解。

在对"三邻"政策的解读上，韩国对中国落实"睦邻"的外交工作有一定的认可，但对"安邻"和"富邻"却持怀疑态度。韩国学界的研究显示，韩国学者十分关注中国的军力建设和军费增加，认为这些都并非"安邻"的信号。同时，部分韩国学者在研究中国周边经济外交时，忽视中国对周边国家的贡献，认为中国的经济活动更多是利用周边国家的资源来"富己"而非"富邻"。① 对"亲、诚、惠、容"周边外交理念，韩国国内的争议则更为突出。《中央日报》中国研究所所长韩友德在中国划定东海防空识别区后，指责中国提出的"亲、诚、惠、容"的周边外交理念，一个月左右就堕落为口号。② 韩硕熙也撰文认为，中国周边外交的成功首先考虑的问题就是"言行一致"，他特别指出，中国政府虽然强调和平发展，但在"核心利益"上毫不让步的强硬姿态使周边国家对"亲、诚、惠、容"的周边外交理念充满不信任。③

韩国对中国是否切实落实周边外交政策问题的不同解读，首先显示中韩之间存在信任赤字，仍需加强增信释疑工作；其次反映出韩国缺乏从一个比较长的时段内对中国周边外交进行分析总结，往往以短期的观察和对个别问题的理解来"以偏概全"；最后反映韩国在看待中国周边外交时经常将"三邻"政策、"亲、诚、惠、容"与中国维护"核心利益"的原则相对立，认为中国在维权问题上坚定的行为态度是对周边外交和平友好精神的违逆，导致韩国对中国周边外交政策的实质产生怀疑。

（二）在周边外交高级政治议题认知上的分歧

对于中国周边外交低级政治领域的议题，如经济、文化、交通、环境等方面的合作，中韩两国都是以积极的态度来对待。也正因为如此，两国

---

① 张弛：《韩国学界对冷战后中国周边外交的研究述评》，《世界经济与政治论坛》2014年第3期，第65页。
② 한우덕，「'친·성·혜·용'，중국 주변국 외교의 허상」，『중앙일보』，2013년 12월 9일.
③ 한석희，「중국 주변국 외교의 성공전략」，p.83.

在低级政治领域的合作取得了可观的成果。例如，在亚投行问题上，韩国顶住美国的压力毅然加入。在自贸区建设上，中韩 FTA 的签订对中日韩 FTA 的谈判产生了倒逼作用。但在涉及军事、安全等高级领域的议题上，中韩两国认知上的分歧就有所显现。

中国与周边国家处理领土纷争，发展各种政治、军事关系，倡导和参与地区多边安全合作，归根到底还是为了构筑和平稳定的周边环境。然而，韩国对中国周边外交的高级政治议题则十分敏感，不仅与中国在高级政治领域的合作远远滞后于低级政治领域，而且对中国在周边外交高级政治议题上的外交行为也有微词。例如，在上合组织问题上，不同于中国宣称的"互信、互利、平等、协商、尊重多样文明、谋求共同发展"上合组织精神，韩国政府认为上合组织是大国外交的附属品，韩国学界认为上合组织的目标至少是制衡美国，韩国媒体更是称其为"东方的北约"。[①] 在南海问题上，韩国虽然表面上宣称"中立"，但对中国的立场较为忽视，特别是韩国媒体在报道争议事件时对菲律宾、越南等国明显持同情的态度，并刻意渲染中国以大欺小。

中韩两国在周边地区高级政治议题的认知分歧，从一个侧面反映两国之间互信的基础仍比较薄弱，在高级政治领域的合作亟待加强。虽然中国是韩国最大的贸易伙伴和经济上最为依赖的国家，但韩国仍奉行"安美经中"的原则，在诸如国防安全等高级政治问题上，坚定地与美国站在同一战线。韩国的民调数据显示，在加强安全合作方面，57.1% 的韩国人仍主张美日韩三角合作，赞成中韩合作的只有 29.8%。[②] 可见，美韩同盟是韩国国家安全之本的思维仍根深蒂固，而中国的崛起和军力的增长对韩国来说，始终在某种程度上是地区安全秩序的一大变数。

---

① 허민,「"상하이 협력기구" 정상회의 내일 개막 / 中·러·중앙아 "동방의 나토" 될까」,『문화일보』, 2006 년 6 월 14 일.
② 峨山政策研究院:《韩国和它的邻国（2014）》，峨山政策研究院网站，2014 年 4 月 19 日，http://asaninst.org/contents/south-koreans-and-their-neighbors-2014/，最后访问日期：2015 年 5 月 10 日。

(三)对中国周边外交最终目标认知上的差异

2001年,江泽民在周边安全问题座谈会上讲话指出:"做好周边工作,是推进社会主义现代化建设、实现中华民族伟大复兴的需要,是扩大对外开放的需要,是确保边陲安宁、维护国内稳定的需要,是完成祖国统一大业的需要,是外交斗争全局的需要。"① 这体现出 21 世纪之初中国周边外交的目标强调以经济建设为中心,为经济发展创造有利的环境。2013年,习近平在中央周边工作座谈会上进一步指出:"中国周边外交的战略目标,就是服从和服务于实现'两个一百年'奋斗目标,实现中华民族伟大复兴……努力使周边同我国政治关系更加友好、经济纽带更加牢固、安全合作更加深化、人文联系更加紧密。"② 由此可见,经过十余年经济的高速增长,中国周边外交的目标已不仅仅限于"以经济建设"为中心,还要和周边国家共筑政治、经济、安全、文化等领域全面合作的命运共同体。这一历史过程说明,中国周边外交的最终目标是立足于自身的经济发展和与周边国家的友好合作,不搞单边主义和霸权主义。

然而,对中国周边外交最终目标的疑虑——"中国威胁论"仍然存在于周边国家中,韩国亦不例外。虽然说对中国周边外交目标的担忧在韩国国内不是主流声音,但是仍有着相当的市场。韩国政府尽管很少对此类问题发表正式看法,但民间对中国周边外交的疑虑之声却是时常出现。就韩国学界来说,关于中国军力的增长对东亚秩序带来挑战的观点依然存在;③ 韩国媒体对中国的疑虑较之学界则更甚,称中国周边外交中的"中华主义"根深蒂固。④ 民调数据甚至显示,虽然近年来中韩关系发展良好,但韩国民众对华的威胁感知度仍超过美、日。⑤ 如此种种,都反映出韩国社会中"不

---

① 《江泽民文选》第 3 卷,第 313 页。
② 《习近平:让命运共同体意识在周边国家落地生根》,新华网,2013 年 10 月 25 日,http://news.xinhuanet.com/politics/2013-10/25/c_117878944.htm。
③ 김태호,『중국외교의 새로운 영역』,파주:나남,2008,p.108.
④ 홍순도,〈거세지는 중국식 일방외교〉뿌리깊은 中華주의…주변국무시〉.
⑤ 峨山政策研究院:《威胁国家》,峨山政策研究院网站,2013 年 7 月 16 日,http://asaninst.org/contents/7/%ec%9b%94-1%ec%a3%bc%ec%b0%a8-%ec%9c%84%ed%98%91%ec%9d%b4-%eb%90%98%eb%8a%94-%ea%b5%ad%ea%b0%80/,最后访问日期:2015 年 4 月 3 日。

认同中国周边外交的和平目标、怀疑中国可能寻求成为地区霸权"的声音依然存在，并且在国内有一定的影响。

（四）对解决周边争端问题的不同展望

中国与周边国家的领土领海争端问题，是长期以来困扰中国与周边国家关系发展的症结。对此，中国始终坚持和平解决的立场。世纪之交，经过长期谈判，中国与俄罗斯等国顺利划定了陆上边界，与越南也成功解决了北部湾划界问题，这些都是中国与周边国家妥善处理边界争议问题的范例。即使在尚未解决的争议问题上，中国也在不懈地寻找妥善合理解决的方案。如在钓鱼岛问题上，中国主张搁置争议、共同开发；在南海问题上，中国主张通过双边谈判解决争议问题；在中印争议领土问题上，中国提倡不懈地推进边界谈判，寻找双方都能够接受的合理方案。综上，在解决争议问题上，中国致力于以和平的方式通过协商和谈判解决，而不是诉诸武力。

然而，对于中国的这一立场，韩国国内却有着不同的声音。韩国政府长期以来呼吁中国和争端当事国和平解决争议问题，这暗示韩国政府对争端问题会引发武装冲突深深忧虑；韩国学者在分析南海争端时，也认为中国近年来一直谋求以现实政治的方式，以实力解决南海问题；[①] 韩国媒体在报道中也会有意无意地渲染中国恃强凌弱；而民调数据则显示，韩国民众对中国与周边国家领土争端会引发军事冲突高度担忧。[②] 不同于中国寄望于和平解决领土争端，随着中国实力的不断增强和各国在争端具体解决方式上的严重分歧，韩国对中国以和平方式解决争端的前景是比较担忧的。韩国之所以对中国以和平方式解决边海争议问题心存疑虑，固然有中国崛起后国力的增长会给韩国带来一定压力的影响，但韩国和中国在苏岩礁问题和黄海、东海划界上存在争议，中韩海上渔业纠纷频发等仍是造成韩国悲观看待中国与周边国家争端的主要因素。

[①] 박광섭,「남중국해 스카버러 숄 영유권을 둘러싼 필리핀과 중국 간 분쟁양상의 분질: 영유권 주장의 근거와 분쟁해결 접근방식의 차이」, pp.173-180.

[②] Pew Research Center, "How concerned are you, if at all, that territorial disputes between China and neighboring countries could lead to a military conflict? Are you very concerned, somewhat concerned, not too concerned, or not at all concerned?"

综览以上中韩两国对中国周边外交认知的主要共识与差异，可以发现，中韩两国虽然在中国周边外交的不少问题上有相同的认知，但分歧依然明显，特别是在周边外交高级政治领域，双方的观点仍旧差距较大。中韩两国山水相邻，不仅历史上密切往来，文化上具有高度相似性，而且近年来经贸、人员交流也呈几何级数增长。然而，在两国相互依存度高、频繁往来的情况下，为何韩国对中国的周边外交仍然存在许多不同的认知取向？以下笔者拟从国际政治心理学的相关原理出发，结合韩国的实例，归纳韩国对中国周边外交的认知（主要是不同认知）产生的原因。

第三节　韩国对中国周边外交的认知形成之原因

韩国对中国周边外交独特认知的形成原因是什么？回答这一问题需要首先考察影响国家认知的因素都有哪些。国际关系学中，关于国家是人还是似乎是人的问题，是一个长期争论的议题。古典现实主义大师汉斯·摩根索以"人性本恶"为基本假设，认为国家是追求"权力的"，普遍的道德不适于国家。结构现实主义之父肯尼思·华尔兹虽然将理论假设由"人性本恶"的个人层面提升至国家层面，认为国家追求的是安全而非权力，但他对国际心理特征的描述，仍是建立在"人性本恶"的基础上，认为国家是"理性的""自私的"，寻求实现自己的相对利益最大化。古典自由主义或理想主义者基于人性善的前提假设，将国家比喻为有"心灵"的实体，柏拉图认为，个人先于国家而存在，国家源生于人的本质，是一个自然的组织，是人性的反映。而以罗伯特·基欧汉和约瑟夫·奈为代表的新自由制度主义学者放弃了理想主义"人性本善"的假定，转而接受结构现实主义的前提假设，认为国家是"理性的""逐利的""敏感的""脆弱的"，但不同于现实结构主义下国家追求的是相对利益，新自由制度主义认为国家追求的是绝对利益。① 由此观之，现实主义者和自由主义者都认为国家是一

---

① 参见倪世雄等著《当代西方国际关系理论》，复旦大学出版社，2011。

个"似乎是人"的行为体，尽管不具备人的全部特征，但具有与人一定程度上相似的性格和心理。

以亚历山大·温特为代表的建构主义者，超越了现实主义者和自由主义者关于"国家似乎是人"的观点，提出了"国家也是人"的假设。温特认为，国家是"有意愿的"或是有目的的行为体……从更激进的意义来讲，国家可以理解为具有生命形式的生物体，具有主体经验并具有集体意识。①在温特看来，两个从未谋面的行为体不可能先天互为敌人或互为朋友，只有通过接触和互动，才会对对方产生或敌或友的认知。所以，国家具备和人一样的认知能力，国家的身份、国际关系的演变取决于国家采取的行动和对行动的理解。

从国际关系理论三大流派关于国家特质的论述中可以发现，无论将国家视为"类人"还是"人"，个人与独立的国家之间都有着高度的同构性：个人边界与国家边界之间，个人自我意识和民族自我意识之间，个人对权利与利益的强调和国家功能的单一化之间，都有着清晰的关联。②即使不能在国家和人的概念之间划绝对的等号，但就心理学和社会学来讲，国家也至少具备了作为社会人的主要功能。③如同每个人都有自己的认知和心理，每个国家也有自己的认知特色和心理状态。因此，考察韩国对中国周边外交认知形成的原因，可以通过类比研究个人认知形成的途径，借鉴国际政治心理学的相关理论，从理性、情境、性情三个角度来分析韩国对中国周边外交独特认知的产生主要受哪些因素影响。

一 理性角度：韩国的国家利益决定了国家认知

理性主义认为国家是自私的理性行为体，国家的最高目标以及国家行

---

① Alexander Wendt, "The State as a Person in International Theory," *Review of International Studies*, Vol.30, 2004, p.291.
② 尚会鹏:《"个人"、"各国"与现代国际秩序——心理文化的视角》,《世界经济与政治》2007年第10期, 第44~45页。
③ 张全义:《人、国家与体系心理：国际政治社会学的一种诠释》,《国际观察》2014年第5期, 第43页。

为的出发点和归宿都是国家利益。从这一角度来讲，国家认知的形成与国家利益有着紧密的关系。因此，韩国对其国家利益的认定，也会影响其对中国周边外交的看法。虽然国际关系理论的各种流派对国家利益都有各自的不同解释，但就基本内容来讲，主要有以下三项：第一，保证自身生存，保护国民的生命安全与国家领土完整；第二，促进经济发展和人民幸福；第三，确保政府的自主自决之权。[①] 韩国国家利益的基本内容可以据此总结为：维护韩国主权独立与领土完整，促进韩国经济发展和人民福利，保证韩国政府决策的自主性。在这种国家利益观的指引下，韩国对中国周边外交的认知带有维护韩国国家利益的鲜明色彩。

首先，韩国对中国与周边国家的领土领海争议问题保持高度敏感和警惕，致力于以各种直接或间接的方式维护韩国所认定的主权和领土。如在南海问题上，韩国就持"中立但不支持中国"的立场，避免自己在与中国解决海上争议时受到不利影响。韩国媒体还以南海问题为戒，呼吁韩国政府加强对苏岩礁的管辖。《首尔新闻》在一篇社论中以中越南海争端为例，提醒国民必须重视苏岩礁问题。社论称："我们社会对海洋主权的守护从一开始就局限于派系主义的思维……离於岛（苏岩礁）只是政府选举用的安全口号，而中国正是利用这一空隙培植着它对离於岛的野心。"[②] 由此可见，为了保证韩国在黄海、东海的利益，韩国在中国周边争议问题上显示出在不得罪中国的情况下间接同情其他争议国家的倾向，以便使自己能够在未来中韩海洋划界谈判中占据优势。

其次，为了促进本国经济发展，韩国对中国在亚洲经济合作中的地位和作用给予较高的评价，并对中国倡导的多边经济合作机制抱持积极的态度。中韩两国在经济上高度依存，中国是韩国第一大贸易伙伴，也是韩国贸易顺差的主要来源国，中国经济的成长对韩国经济发展和人民福利有着重要的影响。韩国致力于搭乘中国经济"顺风车"，使韩国对中国在周边地

[①] Fredric S. Pearson & Martin Rochester, *International Relations* (4th edition) New York: McGrew-Hill, 1998, p.179.
[②] 구본영,「이어도 & 난사군도」,『서울신문』, 2012 년 3 월 15 일.

区的经济合作战略予以关心与支持。例如，在亚投行问题上，韩国资本市场研究院研究员安玉花称，"亚投行与我们打造经由中国通往欧洲的物流管道的'欧亚倡议'是相辅相成的"，①并呼吁政府在考虑亚投行带来的多项红利的基础上，积极参与这一组织。在对待中日韩FTA问题上，韩国的态度尤为积极，表现出最大限度地谋求经济利益的意图。

最后，在自主问题上，韩国近年来一直宣称奉行"中等强国"外交，力求外交上能够独立自主，在大国之间谋求战略平衡。所以，韩国在中国周边外交的展开过程中，既要深化与中国的合作伙伴关系，也要避免过度依附于中国。例如，在亚投行谈判中，韩国主张将亚投行总部设在韩国，《中央日报》称："就算是为了消除其他国家的疑虑，也应该把总部设在中国以外的其他国家……即使不能成功使总部落户韩国，也可以利用这张牌，尝试进行改善支配结构或韩方参与条件等多种交涉。"②韩国的主张充分体现出它试图以相对独立自主的姿态参与到中国的周边外交中来。同时，韩国也试图利用在当前中美对韩国都有所借助的背景下推行"安美经中"的外交政策，发挥作为均衡者的作用，在最大程度上维护国家利益。

二 情境角度：半岛地缘、东北亚格局、儒家文明对韩国认知的影响

"情境"一般是指一定时间内各种情况相对的或结合的境况，简言之，就是行为体所处的外部环境和条件。"情境论"（situationism）的理论基础是刺激—反应的行为主义，认为个体所处的环境在塑造行为体行为时扮演着最重要的角色。③在著名的"巴普洛夫的狗"的实验中，狗被多次刺激后形成一听见铃声就分泌唾液的条件反射，这种刺激—反应的结果被运用到心理学中，就成为"情境论"或行为主义者对个人行为的经典解释，即人的行为是后天

---

① 안유화,「AIIB 한국참여와 "증시효과"」,『매일경제』, 2014 년 7 월 29. 일.
② 박지석,「중국에 AIIB 본부 유치 요청…한국의 묘수」,『중앙일보』, 2014 년 7 월 15 일.
③ 〔美〕戴维·P. 霍顿:《政治心理学：情境、个人与案例》，尹继武、林民旺译，中央编译出版社，2013，第3页。

习得的，环境决定了人的行为模式。将这一理论从个人层面上升至国家层面，可以得知国家的认知和行为模式亦取决于其所处的外部环境，而在所有外部环境中国家所处的地缘位置、所在的国际体系、所根植的文明土壤是影响最明显的三个因素。

（一）韩国特殊的地缘环境影响韩国对中国周边外交的认识

地缘环境对于某一文明的长期而稳定的影响，在一定程度上塑造了构筑在这一文明之上的国家的认知。由于地理环境的不同，农耕国家和游牧国家、大陆国家和海洋国家、孤岛国家和内陆国家在成长和发展过程中在对外思想和政策上会表现出显著的不同。虽然"地缘环境决定论"过度地、机械地将地缘环境与国家的性格、制度、发展等问题联系起来，但地缘环境对国家认知直接和间接的影响，是难以否认的。

韩国地处朝鲜半岛南半部，三面环海，北方经朝鲜与大陆相连。朝鲜半岛位于大陆向海洋的过渡地带，自古以来，大陆势力与海洋势力在半岛的交锋曾使韩国深受战争之苦。半岛光复之后形成朝、韩对峙局面，韩国出入陆地的唯一通路为朝鲜所截断；同时，韩国周边大国环伺，国力与美、中、日、俄相比仍有较大差距，被称为"鲸鱼群中的一只虾米"。在如此的地缘环境中，韩国的外交和安全目标只能是尽可能地维持与周边国家的正常关系，不能依赖与朝鲜半岛有密切地缘利益关系的任何一国，而只能与半岛不直接接壤的美国发展同盟关系。[1] 长期以来，韩国的外交政策始终坚持以美韩同盟为中心，并努力维持与中、日、俄三国的良好关系。在应对中国周边外交上，一方面，韩国坚守美韩同盟，对中国倡导的安全机制心怀忧虑并消极抵制，称上合组织试图成为"东方的北约"；[2] 另一方面，韩国也试图和中国维持良好的关系，如朴槿惠总统在清华大学发表演讲时就

---

[1] Woosang Kim, "Korea's Security Strategy for the 21st Century," in TaeHwan Kwak & Thomas L. Wilborn, ed., *The U.S.-ROK Alliance in Transition*, Seoul: Kyungnam University Press, 1996, p.175.

[2] 홍인표,「上海협력기구 "동방의 나토" 가속페달, 中．러 정상등 15 일 경제．군사협력 서명」,『경향신문』, 2006 년 6 월 12 일.

说:"两个国家的江水在同一海域汇合,中国梦和韩国梦也紧密相连。"①地缘环境使韩国深深地认识到,对于中国的周边外交,只有持既接触又警惕的态度,才能真正维护好韩国的利益。

(二)东北亚国际体系的变迁潜移默化地塑造和改变韩国对中国周边外交的认知

国际体系的结构对国家行为有决定性作用,这被新现实主义者奉为解释国际政治的圭臬。虽然这种体系论后来受到众多批评和责难,但国际体系对国家认知和行为的影响是无法完全忽视的。华尔兹认为:"正如在市场中运作的公司一样,国家会感受结构的影响,不管结构是否被正确认识;而且,还是像公司一样,如果对结构有正确的认识,那么一个国家的战略就可以更为明智地形成。"②国际体系的演变,通过影响国家对国际社会的认知,使国家的对外政策发生改变。

冷战结束后,美国成为唯一的超级大国,不仅在全球权力格局中"一枝独秀",而且在东北亚地区也拥有政治主导权。"9·11"事件后,小布什政府打着反恐的旗号,推行单边主义政策,由此朝鲜半岛的局势一度十分紧张。在当时美国在东北亚格局中占有明显优势的情况下,韩国选择紧靠美国。即使对六方会谈,韩国虽给予积极的评价,但韩美日三国在六方会谈框架下的紧密协商和合作也暗示韩国对中国的朝鲜半岛政策和东北亚政策并不完全信任,这一政策特征在李明博时期表现得尤为明显。2008年全球金融危机之后,美国实力的相对衰落和中国的崛起,使不少韩国学者认为"G2"时代已经到来。③朴槿惠执政初期,韩国国内对平衡美中两国外交政策的呼声日益高涨,朴槿惠在担任总统前就曾在美国《外交事务》

---

① 박근혜,「새로운 20년을 여는 한중 신뢰의 여정(청화대학 연설문)」.
② 〔美〕肯尼思·沃尔兹:《现实主义与国际政治》,张睿壮、刘丰译,北京大学出版社,2012,第19~20页。
③ 韩国学界关于"G2"格局下韩国对外战略和政策走向的讨论涌现出相当数量的研究成果,参见강정구·박기학,『G2 시대 한반도 평화의 길』,파주:한울,2012. 원광대학교 한중관계연구원,『G2 시대 중국은 우리에게 무엇인가』,파주:서해문집,2014. 이남주,「G2 시대와 한반도」,『황해문화』제 71 집,2011. 김성한,「아태지역에서의 G2 체제-미·중 협력과 갈등 가능성 평가」,『전략연구』제 60 집,2013.

(*Foreign Affairs*)杂志上刊文,认为:"由于韩国与美国保持同盟关系,与中国是战略合作伙伴,朝鲜半岛信任的建立能增进美中互信,反过来,更加合作的美中关系也有利于南北关系的发展。"① 中国国际地位的提升,促使韩国更加重视中国在国际事务中的作用,从而对中国周边外交抱以更多的期待。

(三)韩国对中国周边外交的认知长期以来受到儒家文明的熏陶

文明和文化对国家认知的影响不仅为以温特为代表的建构主义者所推崇,也为鼓吹"文明冲突"的亨廷顿所借鉴和运用。建构主义认为,国家的角色身份依赖于文化,而利益是以身份为先决条件的。文化通过建构国家的身份和利益,从而影响国家的认知与行为。② 亨廷顿认为,世界上存在多元的文明,每一个文明都把自己视为世界的中心,但某些文明之间的关系会比其他文明更具产生冲突的倾向。③ 不同文明影响下国家对外认知的偏差,造成了国家间的冲突与战争。建构主义关于文化构建国家身份和利益的论述,以及文明冲突论对文化差异造成国家冲突的主张,都表明了一个问题,即文明、文化之于国家认知的塑造力和影响力是无法忽视的。

韩国属于儒家文明圈,长期受儒家文化的影响,高丽、朝鲜时期儒学的繁盛,使其至今仍享有"东方礼仪之邦"的美誉。虽然近代以来,随着西方思想的传入,儒家文化的影响力比之过去大幅衰退,但其在现代韩国社会留下的痕迹依然清晰可见。《朝鲜文化史大系》一书在形容儒家文化在现代韩国社会的地位时指出,儒家文化看起来虽然是历史的遗物,但它已经深深扎根于韩民族的思想意识之中。④ 因此,成长于这种文化环境中的韩国人,常常会潜移默化地以儒家文化的思维方式来看待和认知外部世

---

① Park Geun-hye, "A New Kind of Korea: Building Trust between Seoul and Pyongyang," *Foreign Affairs*, September/October, 2011, https://www.foreignaffairs.com/articles/northeast-asia/2011-09-01/new-kind-korea,最后访问日期:2015年5月30日。
② Wildavsky Aaron, "Why Self-interest Means Less Outside of a Social Context," *Journal of Theoretical Politics*, Vol.6, 1994, pp.131-159.
③ 〔美〕塞缪尔·亨廷顿:《文明的冲突与世界秩序的重建》,第199页。
④ 张敏:《儒学在朝鲜的传播与发展》,《孔子研究》1991年第3期,第112页。

界。儒家文化的核心之一是"中庸",即强调中正、平和、不走极端、不偏不倚。儒家的"中庸"思想在韩国的外交方针政策中是可以得到充分印证的,韩国不仅希望在美中两强之间保持一种相对平衡的姿态,而且致力于构建东北亚的势力均衡。对于中国的周边外交,韩国也恪守"中庸"的儒家思想,既不疏离,又不愿意过分卷入。如在南海问题上,韩国既不干涉,但也不支持中国;在亚投行问题上,韩国既积极与中国谈判,又长期拖延这一议题以照顾美国的反对立场。可见,"中庸"的儒家文化深深地植根于韩国的外交理念之中,使韩国在看待中国周边外交时态度常常模棱两可。

三　性情角度：韩国社会的认知偏好和情感对其认知的影响

"性情"(disposition)是指人的人格、认知、动机或情感,[①]是一种内生的人的个性和偏好。从性情角度探讨个体行为的研究途径,又被称为"性情论"或"性情主义"(dispositionism)。它的出现源生于对"情境论"或"情境主义"的批判,理论基础是心理学中的认知心理学。性情主义认为,情境主义忽略了人类从遗传上内置以特定的方式行为的可能性,人类天生带有某些预设于体内的性情。情境主义否认人性并将个体当作似乎是一块"白板"来看待,这是愚蠢至极的。[②] 在性情论者的路径中,至于什么引发了个体的行为,同样也出现各种各样的路径,包括知识结构、信念等。[③] 在性情论下,这些路径或是影响因素,在认知心理学上,按其与情感的关系进行分类,大致可以分为"冷认知"和"热认知"两类。"冷认知"是将个体的认知作为一个自变量而非变量,[④] 即个体在认知过程中不受情感影响而内在的某些认知上的特点与定式,典型的因素包括认知相

---

① 尹继武:《政治心理学的争辩议题述评》,《心理科学进展》2011 年第 11 期,第 1715 页。
② 参见 Steven Pinker, *The Blank Slate: The Modern Denial of Human Nature*, New York: Viking Press, 2002。
③ 〔英〕戴维·P. 霍顿:《政治心理学：情境、个人与案例》,第 5 页。
④ 尹继武:《社会认知与联盟信任形成》,上海人民出版社,2009,第 39 页。

符、归因、类比、刻板印象等。而"热认知"①则将认知作为受情绪影响的一个变量,认为认知的过程和结果受限于情绪的作用。"热认知"与情感密切相关,主要包括愿望、感情等因素。冷战结束后,特别是 21 世纪以来,"热认知"的概念为国际关系学所借鉴,引发了学界对国际政治心理学发生情感转向的关注。②所以,用性情论来分析韩国对中国周边外交认知形成的原因,主要考察"冷认知"和"热认知"两类因素的影响。

(一)"冷认知"领域

从"冷认知"的方面来讲,认知相符、归因、类比、刻板印象等因素都会影响韩国对中国周边外交的看法。首先,认知相符理论有助于解释韩国特有认知的产生原因。认知相符指的是人们的认知结构趋向于相符或平衡。该理论假定人们不喜欢与自身认知和信念相悖的方式行动。当人们感知到行为与信念之间的不一致时会产生心理上的不适,逃避不相容的信息或情境,甚至将其纳入自己偏好的既有认识框架之中。所以,韩国人在看待中国周边的一些问题时,也很容易受到认知相符定式的影响,对不符合认知预期的行为产生排斥心理,并试图使相悖的信息与自身的既有认知相吻合。例如,在苏岩礁问题上,虽然韩国官方认为其为暗礁而非领土,但将苏岩礁视为韩国领土的认知倾向在韩国社会中却是广泛存在的。中国在 2013 年划定东海防空识别区时,因为划定区域与韩国的防空识别区在苏岩礁及其附近空域有所重叠,所以东海防空识别区的划设在韩国国内引起轩然大波,许多韩国人认为这一举措是对韩国主权的践踏,呼吁政府加强对苏岩礁的实际管辖。在 2013 年 11 月 27 日韩国外交部新闻发布会上,韩国联合通讯社的记者就苏岩礁是否属于主权、不是主权的话如何管辖、政府所谓的有效支配是什么、是否能有效支配等问题向外交部发问,咄咄逼

---

① 这一词语由罗伯特·埃布尔森(Robert Abelson)在 20 世纪 60 年代初期提出,并且在关于情感的文献中已是司空见惯。参见 Robert Abelson, "Computer Simulation of 'Hot Cognitions'," in Silvian Tomkins and Samuel Messick, eds., *Computer Simulation of Personality: Frontier of Psychological Theory*, New York: Wiley, 1963.

② 参见〔英〕郝拓德、〔美〕安德鲁·罗斯、柳思思《情感转向:情感的类型及其国际关系影响》,《外交评论》2011 年第 4 期。

人。① 这反映出无论政府如何说明，苏岩礁非领土的观点与许多韩国人的认知倾向都是不符的，这种认知上的差异导致了韩国社会对东海防空识别区立场的强烈反弹。

其次，归因上的误差也会导致韩国对中国周边外交的认知产生与中国不同的看法。归因，顾名思义，就是寻找行为发生的原因，但在归因的过程中，由于认知能力的有限和对信息掌握的不充分等因素，人们常常会犯错，产生归因误差（attribution error）。国家作为人的共同体，在归因过程中极易发生群体归因偏差，即对于属于群体的成功，群体成员倾向于从内部找原因；而对于群体的失败，则倾向于从群体外找原因。② 因此，国家在外交上取得重大成功时，往往大肆称赞政府的外交努力；而在出现重大外交失败时，则倾向于指责对方的不合作和国际环境中的不利因素。以朝鲜半岛问题来看，韩国对中国的半岛政策有褒有贬，但褒贬之间的转换与中韩两国立场的近似度密切相关。当两国观点趋同时，韩国倾向于宣称本国的外交努力对中国产生了积极的影响；当两国立场产生分歧时，韩国则经常认为中国是为了自己的利益包庇朝鲜。如在六方会谈中，由于中韩两国立场相近，韩国对中国在六方会谈中的影响做出了积极的评价，称"中国作为主席国发挥了重要的作用"。③ 相反，在天安舰事件的处理上，中国建议以大局为重、冷静处理的主张与韩国要求制裁朝鲜的立场相冲突。韩国学者金泰浩认为天安舰事件难以妥善解决的根源在于中国没有视韩国为战略伙伴，而是袒护朝鲜，这不是一个负责任的大国应该有的态度。④

再次，类比推理不仅影响中韩两国在中国周边外交上的共识，也造成了两国在认知上的分歧。类比推理是在高度不确定性和模糊性的条件下，

---

① 参见韩国外交部 2013 年 11 月 27 日新闻发布会的问答。조태영，「대변인 정례 브리핑」한국외교부，2013-11-27，http://www.mofa.go.kr/news/briefing/index.jsp?menu=m_2010，最后访问日期：2015 年 5 月 27 日。
② 王沛、贺雯主编《社会认知心理学》，北京师范大学出版社，2015，第 378 页。
③ 김하중，「주중국대사간담회」，한국외교부，2005-2-17，http://www.mofa.go.kr/news/briefing/index.jsp?menu=m_2010，最后访问日期：2015 年 5 月 27 日。
④ Kim Taeho, "'Strategy Cooperative Partnership' between Beijing and Seoul? A Quest in Search of Reality," *New Asia*, Vol.18, No.2, 2011, p.28.

个体面对新的或非比寻常的情境或高度压力的局势时使用的一种认知机制。① 这种机制使人们在面对某种情境时潜意识地将其与过去面对的相似情境进行比较，从而采取过去的经验性行为。在类比推理时，人们常常会联系到历史事件，甚至有时会出现"历史禁锢想象"的现象，即历史的经验教训可以形成知觉倾向，② 以致因为不适当的类比做出错误的判断。中韩两国交往的历史源远流长，两国既有相似的经历和磨难，也有对共同历史不一样的看法，这些因素都会影响韩国对中国周边外交的认识。由于中韩两国都有着在近代遭受日本侵略的痛苦回忆，所以两国在反对日本军国主义复活和对历史问题的态度上有着共同的语言。2005年日本首相小泉纯一郎参拜靖国神社导致中国决定推迟中日韩领导人峰会，韩国对中国的决定表示理解，并称："小泉首相参拜靖国神社造成三国领导人会议未能召开等……历史问题是中日韩合作的绊脚石。"③ 但另一方面，韩国对历史上中华体系的阴影至今挥之不去。较之于中国人，韩国人更关注宗藩关系的不平等性，将事大主义的历史视为耻辱史。④ 在一部分韩国人看来，中国人至今仍存在"天下第一"的想法，对周边国家和民族抱持轻视的态度。⑤

最后，韩国人对中国的一些刻板印象在一定程度上也左右着其对中国周边外交的认知。刻板印象是指对一个社会群体相联系的思想、事实和想象的认知表征，⑥ 对群际关系有重要的影响力，这从一个侧面表明刻板印象会左右国际关系的形态。在国际社会，刻板印象普遍存在于各个国家的国民心目之中，刻板印象直接决定或影响着一个人乃至一个国家对其他国家和社会的好感度以及国与国之间的关系。关于中国在韩国人心目中的形象，

---

① 〔英〕戴维·P.霍顿：《政治心理学：情境、个人与案例》，第155页。
② 〔英〕罗伯特·杰维斯：《国际政治中的知觉与错误知觉》，秦亚青译，世界知识出版社，2003，第222~230页。
③ 한국외교통상부，『2006년 외교백서』，p.55.
④ 王元周：《韩国人的历史观与中韩关系》，《国际政治研究》2009年第4期，第155页。
⑤ 邵毅平：《韩国的智慧》，台北：林鬱文化，2002，第259页。
⑥ D.L.Hamilton, & J.W. Sherman, "Stereotypes," in R. S. Wyer & T. K. Srull,eds., *Handbook of Social Cognition*, Vol.2, 2nd edition, Hillsdale, N.J.: Erlbaum, 1994, pp.1-68.

董向荣等人曾将其简单概括为"发展中的、充满不确定性的、不喜欢的、难以信任的社会主义大国"。① 虽然近年来中国在韩国人眼中的形象有所改观,但民调仍显示,对韩国人来说,中国仍是仅次于朝鲜的主要威胁。② 韩国人对中国的这种刻板印象不免会对其关于中国周边外交的看法产生一些负面影响。例如,中国作为发展中的充满不确定性的社会主义大国,未来是否会随着实力的增强而改变亚洲秩序等变数都使韩国对中国目前的周边外交政策感到疑虑。《中央日报》记者刘尚哲称:"中国将邻国称为周边国家,自称为'大国',无意识地用中心与周边、大与小的标准来进行地区划分……未来韩中关系很可能带有基于中国大国和地位优越性的朝贡体制的色彩。"③

(二)"热认知"领域

影响韩国认知形成的"热认知"因素主要包括愿望与感情。首先,韩国在外交上的愿望和抱负使其对中国的周边外交政策有着不同的认识和期待。"愿望"和"预期"是两个容易被混淆的概念,愿望是对某一特定事物或情感的欲望、向往或强烈的倾向性,愿望中富含情绪,甚至某些愿望是空想和非理性的;而预期则是理性基础上对未来情况的估计。愿望对于行为体来说,可以视为一种情感上的刺激,对知觉产生某种"间接的、迂回的"作用。④ 自李明博政府提出"新亚洲构想"以来,韩国的外交抱负逐渐从偏重东北亚一隅而转向对亚欧大陆的经略。而韩国要实现走向亚欧大陆的愿景,与中国的合作是分不开的。因此,韩国社会主流对中国"一带一路"倡议和亚投行的筹建都给予了相当的支持。亚洲大学中国政策研究所所长金兴圭强调:"要积极参与中国主导建立的欧亚大陆国际机制,以确保

---

① 董向荣、王晓玲、李永春:《韩国人心目中的中国形象》,社会科学文献出版社,2012,第177页。
② 峨山政策研究院:《威胁国家》,峨山政策研究院网站,2013年7月16日,http://asaninst.org/contents/7%ec%9b%94-1%ec%a3%bc%ec%b0%a8-%ec%9c%84%ed%98%91%ec%9d%b4-%eb%90%98%eb%8a%94-%ea%b5%ad%ea%b0%80/,最后访问日期:2015年4月3日。
③ 유상철,「중국 시계는 빨리 간다」,『중앙일보』,2014년 1월 15일.
④ Klineberg Otto, *The Human Dimension in International Relations*, New York: Holt, Rinehart & Winston, 1965, p.91.

韩国的利益。"① 但与此同时，在朝核问题上，韩国国内长期以来一直希望中国能对朝鲜施加足够的压力，迫使其弃核，但这与中国既要实现半岛无核化又要确保地区形势稳定的主张有一定的距离。韩国统一文化研究所专门委员安熙昌借用20世纪80年代汉城警察署围绕一场交通事故中的尸体互踢皮球的事例，暗讽中国在朝核问题上的政策："朝核问题是'尸体'，美国和中国就是互相踢皮球的管辖警察署，而韩国则是暴露在尸体滋生的各种病菌的危险中的社区居民。"② 这都反映出韩国对中国周边外交的评价与其是否符合韩国的愿望有着密切的关系。

再者，由于某些事件的发生而在韩国社会激发出的情绪和感情，对韩国对中国周边外交认识的影响力在时间和程度上虽然有限，但也不能完全忽视。情绪和感情是人区别于计算机和机器人的根本，虽然与愿望相似，但由于难以测量，其对认知的影响程度尚难以确定，但有研究指出，在决策过程中，人的认知、情感、行为事实上处于一种互动的不断循环的过程之中。③ 在这一结构下，认知和感情之间有一种互为因果的联系。因此，韩国社会不同的情绪状态会使其对中国周边外交的看法迥然相异。例如，2004年"脱北者"事件④ 后，对中国的指责和不满情绪在韩国社会发酵，不仅使中韩关系受到一定程度的伤害，而且使韩国对中国周边外交的看法也一度相当负面。《文化日报》在报道中认为，中国植根于内心深处的"中华主义"和"单边主义"思想使许多周边国家至今仍受到中国潜在的轻视。⑤ 但是，以2013年和2014年中韩两国元首互访为契机而在韩国国内形成的中韩亲善友好的情绪，对中国的形象和周边外交明显起到了加分的作用。民调显示，朴槿惠访华期间韩国民众对中国的好感度达到新高，⑥《中央日报》高度评价习近平主席在首尔大学演讲时说要做"与邻国和平互

---

① 김홍규,「중주도 국제체제에 우리도 적극 가입해야」,『조선일보』, 2014년 10월 13일.
② 안희창,「북한 핵문제와 "한방 치료"」,『중앙일보』, 2013년 11월 11일.
③ 〔美〕戴维·迈尔斯:《社会心理学》，侯玉波等译，人民邮电出版社，2006，第57页。
④ 2004年夏，中国政府向朝鲜政府遣送了7名"脱北者"，当时韩国政府要求中国将"脱北者"送往韩国，但为中国所拒绝，遂引起韩国国内的不满和反对。
⑤ 홍순도,「뿌리깊은 중화주의…주변국무시」.
⑥ 相关民调的数据参见峨山政策研究院《韩国人的周边国认识》。

助的谦逊的国家"的发言,认为"他演讲的真心和诚意将会在外交舞台上显露出来"。①

小　结

　　不同于中国对周边外交的解读,韩国对中国周边外交的认知是在中国主张的基础上,基于韩国本位主义对中国周边外交的再思考,具有非对立性、不对称性、二重性和政经分离四大特征。韩国对中国周边外交的认知和中国的自我认知之间既有相符相通的部分,也有相左相歧的内容。总的来看,对于中国周边外交的过去与当下,对于周边外交中的低级政治议题,中韩两国在认知上有更多相似的看法,存在较大的合作空间;但对于中国周边外交的未来,对于周边外交中的高级政治议题,中韩两国的认识还有一定的差距,有待进一步沟通和磨合。

　　中韩两国在中国周边外交认知这一议题上的共识与分歧,反映出国家行为体如同社会中的人,对外界的事物有着自己独特的感知。国际政治心理学认为,类似于人类认知形成的过程,国家的认知在形成过程中也是受多种因素作用的。理性下的逐利、情境中的影响、性情中的认知偏好和情绪作用,种种因素都在塑造和改变着国家多种多样、纷繁复杂的认知形态,使国家的主观意识既难以捉摸又丰富多元。

　　对于韩国来说,为了维护和保证国家利益,韩国致力于促使中国周边外交能够包含反映和符合韩国利益诉求的内容。半岛的地缘环境、东北亚国际格局的演化、儒家文明在现代韩国社会的根植,不仅影响着韩国认知的静态轮廓,也左右着韩国认知的动态变迁,而知觉的定式和情感的感召,使韩国视野下的中国周边外交更凸显与中国自我认知的"异"与"同"。

　　"求同存异"是中国外交长期以来坚持的原则。在中韩两国对中国周

---

① 박보균,「시진핑의 '신 조선전략'」,『중앙일보』, 2014년 7월 10일.

边外交的认知既有"同"又存"异"的现状下，构建一种"求同存异"的周边外交研究视角，然后在"求同存异"的视角下增强双方的互动与交流，延续并扩大共识，缩小和化解分歧，深化中韩两国在周边地区的合作，是未来两国有识之士亟待共同思考的议题。

第五章
韩国对中国周边外交认知的启示：思考周边外交研究的新视角与未来的实践方向

综览韩国视野下的中国周边外交，由于受多重因素的影响，韩国的认知与中国的自我认知不仅有"同"，更存"异"。"同"对中韩两国的相互理解和信任起着积极的促进作用，而"异"则是困扰中韩合作的症结。韩国对中国周边外交认知留下的最重要的启示与意义在于为反思周边外交研究和实践提供一面镜子，让中国看到了周边外交的哪些部分得到了邻国的积极回应，哪些部分它们仍心存芥蒂。通过"揽镜自鉴"，中国可以进一步改进周边外交研究与工作方式，针对周边国家的质疑，有则改之，无则加勉，使中国周边外交既能维护本国的国家利益，亦可合理呼应周边国家对中国的期望与诉求，在此基础上建设和平、和谐、合作的周边关系。

在未来的周边外交工作中，实现"求同存异"乃至"聚同化异"，不仅是深化中韩友好关系、促进两国交流合作的重要途径，更是将中韩两国的经验适当推广至其他周边国家，打开周边外交新局面、建设和平繁荣稳定周边关系的关键抓手。因此，首先，在研究层面，构建一种多元的、包容的研究视角，架起中国主体认知与周边国家客体认知沟通的桥梁，是周边外交工作的当务之急。其次，通过考察韩国对中国周边外交认知，归纳出影响周边国家对中国周边外交看法的主要因素，对症下药，一方面改正周边外交工作中的不足，另一方面帮助周边国家跳出某些认识误区，走出一条新时期中国周边外交的实践之路。

第一节　周边外交研究的新视角

正如本书导论中提到的那样，"周边外交"从被提出之时起，就多少带有"中国中心主义"的倾向。但周边外交的根本目的，就中国自身的需求来看，还是为发展和建设创造和平稳定的周边环境。单就这一点说，如果完全不考虑中国主体性，或是完全从区域行为体平等互动的视角看待中国与周边国家的关系，虽然具有学术上的借鉴价值，但对于中国来说却丧失了实践上的根本意义。在新时期构建中国周边外交研究的新视角，笔者认为需要具有两个基本特征：一是以反思的精神，借鉴韩国等周边国家对中国周边外交的认知，使以往国内大多数周边外交研究"由内至外"的模式得到"由外至内"模式的有益补充；二是坚持"中体西用"的思想，将研究的最终目的落脚于服务于中国外交的实践，避免周边外交研究沦为一般区域国际关系研究。

因此，要构建中国周边外交研究的新视角，首先要反思过去"由内至外"研究模式的局限性和"由外至内"研究模式的补充意义；其次要分析中国主体思想的存在之于周边外交研究的必要性；最后要以一种二维认知互动的方式来构建一种"认知交涉"的研究视角，使其既能立足于中国的国家利益，又能在周边国家中获得更广泛的响应。

一　"由外至内"模式对"由内至外"模式的补充意义

以往的国内周边外交研究成果，大多数遵循"由内至外"的研究模式。涉及周边安全战略、经济合作、文化交流等议题，其隐含的逻辑是将中国和周边国家关系摆在了一个不平等的地位，即过度强调中国之于周边国家的作用与影响，相对忽视周边国家对中国的感知和回应。

在近代以前的数千年里，中国作为东亚文明的中心，对周边国家的影响力不容忽视。而身处文明中心地带的中国人，自古以来习惯于以世界中心的立场来感觉地球，即使近代以来，中国淡化了其作为世界中心的意识，但作为亚洲中心的意识依然根深蒂固。① 这种中心意识，不仅受到韩国、日本等周边国家学者的批判，也引起了中国国内诸如孙歌等人的反思。韩国延世大学教授白永瑞就坦言中国要直面世界的意愿很强烈，但缺乏对周围邻邦的关心。② 而孙歌也提出由于中国文化的天下观传统和近代形成东亚意识的历史条件的匮乏，东亚意识在中国社会难以形成。③ 基于历史、传统、文化等诸多方面的原因，至今在亚洲区域国际关系至少是中国周边关系研究中，"由内至外"的研究模式在中国学界居于压倒性的优势地位，"中国中心主义"色彩依然浓厚。

过度倚重"由内至外"研究模式的副作用究竟有哪些？第一个是中国对周边外交的自我认知与周边国家对中国周边外交认知之间的裂隙。周边外交的同一议题，由于受多元因素的影响，中国与周边国家常常意见不一，但"由内至外"研究模式有意或无意回避了这一分歧，造成中国和周边国家对同一议题各说各话。第二个是中国研究的成果难以在周边国家得到有效的回应。由于立足于中国本位，"由内至外"研究模式下产生的成果抑或显得难接地气，抑或被指完全为了中国利益，其在实践上的预期效果也会大打折扣。

"由外至内"研究模式则不同，它从周边国家对中国周边外交的研究入手，首先考察外界对周边外交的观点，然后通过比照国内认知和外界认知，分析其中的异同，反思周边外交的经验和问题。这种研究模式的优势有二：第一，由于是基于周边国家经验的研究，"由外至内"模式下的研究更加多元化，也更富包容性，不仅能反映国内外的共识，也能传递多元的声音，其结论也更容易为周边国家接受，减轻它们的抵触感。第二，在"由外至

---

① 孙歌：《主体弥散的空间——亚洲论述之两难》，江西教育出版社，2002，第 190 页。
② 〔美〕白永瑞：《思想东亚：朝鲜半岛视角的历史与实践》，三联书店，2011，第 115~116 页。
③ 孙歌、唐小兵：《东亚论述与东亚意识》，《开放时代》2012 年第 9 期，第 126~127 页。

内"研究的过程中,可以更容易地找到中国与周边国家之间的利益联结点,同时也可以清楚地了解这些国家对中国周边外交的期望与需求。如同经济学中的市场决定论,中国"生产"的周边外交政策,必须满足国内外"市场"的需求,而"由外至内"的研究模式正是对国外"市场"进行调查的主要途径。

因此,以"由外至内"模式作为"由内至外"模式的补充,可以促使周边外交研究既能立足于中国的国家利益,亦能与周边国家达成最大程度的共识,从而有效推进中国周边外交实践。

二 坚持以我为主的必要性

如果说将"由外至内"模式引入周边外交研究是为了避免"过度中国本位主义"的弊端,那么坚持中国本体则是防止周边外交研究沦为一般区域国际关系研究的必要原则。同一般区域国际关系不同,周边外交的最终目标决定了它带有先天服务于中国这个主体的实践性色彩。"由外至内"只是周边外交研究的一种补充模式,不能反客为主,将研究视角完全转移到周边区域上来。

关于中国周边区域研究,或者更确切地说,是东亚研究或亚洲研究,无论是在政治外交、经济社会、历史文化领域,长期存在中心视角与边缘视角之争。近代以来,随着日本的现代化以及二战后亚洲大量新兴民族国家的独立,从文明中心的周边来考察东亚或是亚洲的"边缘视角"下的研究日益繁盛。以日本、韩国等为代表的周边国家学者,率先跳脱"中国中心"的视野,主张从边缘地带重新审视作为一个整体的东亚或亚洲的发展。如日本京都学派代表人物滨下武志虽然以研究中国的朝贡体系闻名,却是以"周边"的视角来思考亚洲,从而改变了历史研究向来聚焦于中心的局面,突破了"中心对中心"的研究模式,通过"中心对边缘"的视角阐释了亚洲内部的复杂关系。[①] 韩国学者白永瑞则反对亚洲研究的"欧洲中心性"

---

① 孙歌:《主体弥散的空间——亚洲论述之两难》,第148页。

和"中国中心性",建议以"双重周边视角"来审视亚洲。① 周边视角的盛行,动摇了传统以大陆为中心来审视东亚或亚洲的研究模式,而"海洋中心论"在日本、韩国、东南亚等周边国家渐居优势地位。

但是,周边外交研究如果一味追随这种边缘的视角,在学术上虽有一定的价值,但对中国实践意义上的空间则会大幅萎缩。采取周边视角的主旨在于更为全面和客观地描绘东亚或亚洲内部关系和秩序的全貌,寻找一种区域内的共同话语,从而在实践上构筑共同体。但周边外交的目标则是在维持与周边国家良好关系的基础上,营造有利于中国发展的和平稳定环境,服务于中国这个主体。两者最终目标的不同,决定了周边外交研究不能完全服膺于周边视角下的研究模式。

中国社会科学院研究员高程将国际关系学界"中国学派"的精神实质归纳如下:一是借鉴本土传统和思想;二是批判西方国际关系理论;三是为西方理论寻找中国思想史的经验支持,以期二者殊途同归。② 因此,中国国际关系研究的精神核心在于中国的思想与实践。一旦脱离中国主体性,周边外交研究便会失去"中国灵魂"。周边或边缘的视角,或许能更加客观地向世人展现历史上中国与周边国家交往的实质。但周边外交研究毕竟不是单纯的历史研究,它有着鲜明的实践导向。也许百余年前洋务运动提倡的"中体西用"思想,更适用于开展中国特色的周边外交研究。

三 构建认知互动的周边外交研究新视角

"周边外交"这一概念产生至今不过二十余年,周边外交研究无论是在国内还是在海外都还未臻成熟。中国周边外交研究仍处于一个边学习边检验的过程,如何选择研究视角,对周边外交研究的发展至关重要。诚如上文所述,周边外交研究存在"由内至外"和"由外至内"两条路径,一条

---

① "双重周边视角"即在西欧中心的世界史发展过程中被迫走向非主体化的东亚这一周边视角,以及东亚内部位阶秩序中的周边视角。参见〔韩〕白永瑞《思想东亚:朝鲜半岛视角的历史与实践》,第344页。
② 高程:《历史经验与东亚秩序研究:中国国际关系理论的创新视角》,《外交评论》2013年第3期,第17页。

侧重"中国主体",一条强调"边缘视角"。这两条路径各有其合理之处,也都存在潜在的弊端和问题。根据杰维斯关于错误知觉的理论,"由内至外"路径的问题就在于行为体很可能会过高地估计自己对别人认识的影响程度;而"由外至内"路径的风险则相反,很可能会过高地估计自己对他人行为变化的敏感程度。① 因此,要调和自我认知和他我认知,基本的方法应是实现主体和客体两个维度认知的"交涉"。

"认知交涉"最初源自日本关西大学的学者在研究东亚问题时提倡的"文化交涉"的概念,② 将其运用到认知领域,使自我认知和他我认知能够突破各自的局限,实现认知的综合化、多元化、和谐化。著名汉学家余英时认为:"由于文化是整体性的,所以一个文化接受另一个文化时不能不采取使外来的因素与自己的传统相结合的途径,如果撇开自己的文化传统不顾,一味地两眼向外面祈求,则结果一定是失败的。"③ 认知亦是如此,对任何事物的认知都是整体性的,如果一种认知完全僵守自己的认识框架,或是毫无保留地全盘接受他人的看法,那么这种认知倾向也必将是错误的。所以,周边外交研究如果要想实现主体性和包容性的和谐统一,采行"认知交涉"的方法不失为一条可行之径。从政治心理学的角度来讲,就是不仅要使别人清晰地了解自己的认知和预测,也要善于倾听"唱反调的人"的声音。④

如同"文化交涉学"将交流与互动作为研究东亚社会发展的基础,新时期的周边外交研究也应该使中国的主体认知和周边国家的客体认知交流和互动,并在这一互动的过程中探索周边外交的真实形态。一般来讲,两种认知的接触和互动,往往会产生两种理论假设:一种可称为"分歧假设"(Divergence Hypothesis),另一种可称为"聚合假设"(Convergence

---

① 〔美〕罗伯特·杰维斯:《国际政治中的知觉与错误知觉》,第 433 页。
② 文化交涉学发源于日本学界对东亚历史文化的研究,它突破了以往以国家或民族为分析单位而设定东亚这样一个具有某种统合性质的文化综合体,关注其内部发生的文化的形成、传播、接触以及变迁现象,从综合性的立场出发,以多元化的视角对文化交涉的整体形态进行阐释。参见〔日〕藤田康夫《写在东亚文化交涉学创建之际》,《东亚文化交涉研究》第 1 册,2008,第 18 页。
③ 余英时:《文明论衡》,台北:九思出版有限公司,1979,第 118 页。
④ 〔美〕罗伯特·杰维斯:《国际政治中的知觉与错误知觉》,第 433~442 页。

Hypothesis）。分歧假设认为，虽然两种认知之间的交流与接触日益增加，但两者之间的对立愈加尖锐，甚至引发冲突。而聚合假设则主张认知的交流和互动会使认知分歧日渐减少，终至消失。[①] 中国与周边国家对中国周边外交认知互动的结果亦不会脱离一般认知互动结果的理论假设，即中国和周边国家对中国周边外交的看法既会有共识之处，也有分歧。周边外交研究的新视角，就是使中国的主体认知和周边国家的客体认知先交流互动，然后在不同结果的基础上采取不同的方式使之继续互动，以获得两种认知的最大公约数，形成对周边外交全面的、包容的认知。

（一）共识下的互动

如果中国与周边国家在周边外交的某些议题上有了相当程度的共识，则主体和客体二维认知的互动则应是同向互动，即朝向巩固和延续这种共识的互动。例如，在中韩关系发展的主流议题上，无论是中国还是韩国，都对两国关系的主流是友好合作有着相当程度的认同。在这一共识下，两国认知互动的方向应是使这一共同认识为两国更多的民众所认同并传承延续下去。

但即使二维认知互动的方向是同向互动，也需要注意以下两个问题：一是要坚持两种认知在同向互动中的平等性，即承认认知上的共识是双方在独立思考的基础上形成的，而不是由一方认识对另一方认识的压倒性影响支配的结果。例如，在亚投行问题上要承认虽然韩国决定支持和加入亚投行，但这是基于国家利益考量后自主做出的判断，并不是中国影响或是压迫韩国的结果。平等是实现主客体认知互动的基本原则，如果共识是在一方的优势下强制得出的，那么这种共识是非常脆弱的，它下面掩盖的甚至是更大的分歧。二是应认识到在同向互动的过程中，在性质不变的条件下，共识的内容呈动态发展趋势。例如，在中国周边外交的演变问题上，中韩双方都认识到，随着经济的崛起，中国的周边外交逐渐由"韬光养晦"

[①] 关于认知互动结果理论假设的模型源于文化互动结果理论假设的模型，参见〔新加坡〕李焯然《交流与互动：论东亚文化传统的重建》，《东亚文化交涉研究》第1册，2007，第85页。

转向"有所作为"。共识并不是一成不变的，在双方都能接受的前提下，共识内容的演变更能体现双方认知的进一步发展。

（二）分歧下的互动

不同于共识下的互动模式，如果中国与周边国家对中国周边外交的某些议题存在认知分歧，二维认知的互动方式应为一种反馈型互动（见图5-1），即通过彼此间沟通的形式缩小或搁置争议，使不同的意见能够和谐共存。但是，分歧下的互动模式比共识下的互动模式更为复杂，根据争议议题性质的不同，笔者认为两种认知的互动方式也有所区别。

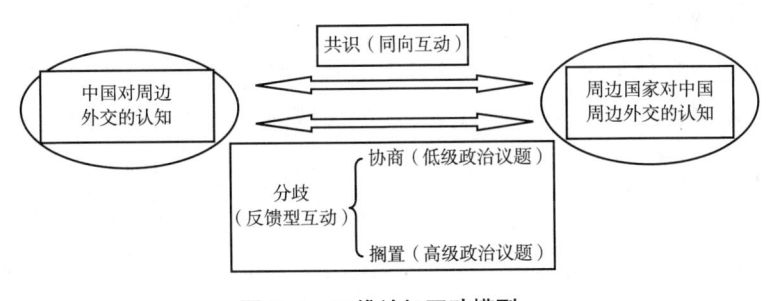

图 5-1　二维认知互动模型

资料来源：作者自行制作。

在低级政治议题上，两种认知应主要依靠沟通和协商的方式缩小差异，并争取在缩小分歧的过程中达成共识。例如，在亚投行治理结构上，中国一开始愿意出资50%，但韩国则试图降低中国的出资比例，并呼吁将亚投行总部迁至韩国。通过多次协商谈判，在最终亚投行的治理结构中，中国放弃了过半比例，韩国也同意将亚投行总部设在北京，这使两国在亚投行筹建过程中有了比较良好的合作。低级政治议题敏感度不高，相对容易达成妥协，因此在有分歧的情况下，尽早沟通协调、缩小或弥合分歧应是中国与周边国家的首选途径。

而在高级政治议题上，两种认知的互动主要还是搁置争议。一般来讲，高级政治领域的争议问题相对比较敏感，一旦处理不当，就容易出现急速恶化的情况。因此，互动的首要目的是防止认知分歧继续扩大，其次才是寻求缩小分歧。所以，搁置争议应作为两种不同认知互动的首选。例如，在南海问题上，短时间内确定岛礁主权归属是难以实现的，处置不当很容易造成擦枪走火乃至局部战争，所以"搁置争议、共同开发"实为目前管控争端的上策。但需要指出的是，搁置不是对问题的回避，而是在正视现实的基础上谋求矛盾和问题的解决，有着深刻的内涵。① 搁置的根本目的是防止认知对立而导致行为极端化，为未来的沟通准备必要的条件。

在主体客体二维认知互动或者称为认知交涉的过程中，在保证两种认知充分交流借鉴的背景下，一个关键的问题必须指出，那就是要对主体和客体的身份与使命有清晰的认识。对于周边外交研究来讲，对主体的身份与使命的清晰认识就是说要始终将中国周边外交的实践目的作为研究的出发点，不能使周边外交研究沦为一般的区域国际问题研究，忽视了中国自身的需求；而对客体身份与使命的清晰认识就是要意识到客体认识背后的利益、任务、前景等动因，不能过度依靠客体的反应来判断主体认知的有效性。例如，在亚投行设立之初，韩国为了防止中国主导亚投行，呼吁为了缓和美中在亚投行问题上的矛盾，同时使中国能够名利兼收，应将亚投行总部设在韩国。② 韩国的这种看法貌似为中国考虑，背后却有着深深的政治算计。如果在当时的磋商过程中中方过于照顾韩国的立场而将亚投行总部移至韩国，不仅有可能使自己的努力最后为别人"做嫁衣"，还有可能引起其他国家立场的反弹。

综上所述，周边外交研究新视角的构建应采取"认知交涉"的路径，使中国主体与周边国家客体的二维认知实现交流互动。在互动的过程中，二维认知如果达成共识，就应继续维持和传承共识的内容；如果出现分歧，则在低级政治议题上求同存异，从差异中寻求共识，而在高级政治议题上采取搁置争议的方针，避免矛盾进一步激化，使二维认知互动的结果能够

---

① 曹玮:《搁置外交——解决领土争端问题的外交理念新探索》,《太平洋学报》2011年第1期，第66页。
② 박진석,「중국에 AIIB 본부 유치 요청…한국의 묘수」.

第五章　韩国对中国周边外交认知的启示：思考周边外交研究的新视角与未来的实践方向 | 197

综合、包容地反映主客体对周边外交的看法。同时，在互动过程中，对主客体的身份与使命的把握也是重要原则之一，以免忽视认知背后的身份与使命因素，最后导致周边外交的实际结果与预期结果发生偏离。

第二节　新时期中国周边外交的实践方向

2008年全球金融危机的爆发，使国际地缘政治格局进入新一轮的调整时期。这一轮调整的主要标志是中国在国际上特别是亚洲地区的崛起。同时，中国完成了领导集体的更替，逐渐进入经济由高速增长转向中高速增长，经济结构不断优化升级，发展动力从要素驱动、投资驱动转向创新驱动的"新常态"。[1] 许多国内外学者指出，中国的外交已经进入新的"转型期"。[2] 新时期，中国周边外交所要解决的问题不仅仅是找到新的研究视角，更重要的是以研究韩国对中国周边外交的认知为基础和铺垫，超越中韩关系，从更宏观的视野分析中国周边外交在新时期里如何走出一条新的实践之路。

在第四章中已经提到，影响韩国对中国周边外交认知的主要因素包括理性下的国家利益，人格下的民族性格，情境下的地缘环境、国际体系、社会文化，性情中的种种知觉定式与情感。如果要从这些因素入手，致力

---

[1] 顾钱江、张正富、王秀琼：《习近平首次系统阐述"新常态"》，新华网，2014年11月10日，http://news.xinhuanet.com/politics/2014-11/10/c_127195118.htm，最后访问日期：2015年10月5日。

[2] 近年来，关于中国外交转型的问题，国内外展开了激烈的讨论，虽然学者们在具体的分界点问题上持有不同见解，但大部分学者主张的转折点时间是2008年全球金融危机之后。具体研究参见阎学通《历史的惯性：未来十年的中国与世界》，中信出版社，2013；王逸舟《论中国外交转型》，《学习与探索》2008年第5期；庄虔友、杨束芳《和平发展战略与中国外交转型》，《理论研究》2008年第4期；刘胜湘《中国外交周期与外交转型》，《现代国际关系》2010年第1期；赵可金《建设性领导与中国外交转型》，《世界经济与政治》2012年第5期；楼亚平、吴世阳《中国外交转型的政治考量》，《太平洋学报》2014年第8期；崔立如《国际格局转变与中国外交转型》，《国际关系研究》2014年第4期；〔韩〕李正男《习近平时期中国对外政策变化和东亚政策"，《成均中国观察季刊》2015年第2期；Evan S.Medeiro & M.Taylor Fravel, "China's New Diplomacy," *Foreign Affairs*, Vol.82, No.6, 2003; David Shambaugh, "Coping with a Conflicted China," *The Washington Quarterly*, Vol.34, No.1, 2011.

于开展周边外交新实践,就应该使中国和周边国家各自的这些因素交流互动,在相互理解、求同存异的基础上,找到利益的结合点、文化的共同圈、情感的共鸣处,在此基础上搭建交流的公共平台、提供共享的公共产品、打造发挥"以点带面"效应的周边战略支点国家,从实践上推动周边外交顺利开展。

一 寻找与周边国家战略对接的利益结合点

习近平主席在表述中美新型大国关系内涵时,指出新型大国关系的重要特征之一就是尊重彼此核心利益和重大关切,求同存异,包容互鉴,共同进步。这一原则不仅适用于中美交往,也同样适用于中国和周边国家关系的发展。中国与周边国家在许多问题上的矛盾,追根溯源,与对对方国家利益与诉求的忽视有着相当程度的关系。

以中韩关系为例,在2013年11月中国划定东海防空识别区时,韩国国内一片反对之声,韩国国防部要求中国更改防空识别区的范围,反对把苏岩礁划入其中;韩国媒体也认为:"中国不与相关国家进行事前协议而单方面宣布划定防空识别区,明显是中国方面的错误。"[①] 在防空识别区问题上,韩国把焦点过度集中在中国划定识别区的行为上,而缺乏对中国利益诉求的考量。特别是在美国、日本纷纷恣意划定防空识别区的背景下,中国划定防空识别区只是维护本国合理利益。防空识别区不是领空,韩国对中国的过度反应,不仅容易给中国民众造成韩国与美日站在统一战线的印象,也使韩国人对韩中关系的好感度降至朴槿惠上任以来的低谷。[②] 而在韩国江陵端午祭申请人类口头与非物质遗产时,中国的部分媒体和网民断章取义地将韩国的端午祭和中国的端午节混为一谈,大谈韩国"偷窃"了中国的端午节,在中韩两国民间引起不小的风波。实际上,江陵端午祭由舞

---

① 《读者投稿:引发韩中矛盾的防空识别区风波》,《中央日报》2013年11月29日。
② 参见峨山政策研究院《国家好感度》,峨山政策研究院网站,2014年8月8日,http://asaninst.org/contents/14%eb%85%84-7%ec%9b%94-%ea%b5%ad%ea%b0%80-%ed%98%b8%ea%b0%90%eb%8f%84/,最后访问日期:2015年7月2日。

蹈、萨满祭祀、民间艺术展示等活动构成,与中国端午祭祀屈原的风俗大相径庭。中国部分媒体和民众只看到"端午"的字面一致性,忽视了中韩两国端午的内容差别和韩国在维护本国风俗文化方面的责任和利益,导致两国民间发生本可避免的龃龉,在一定程度上对中韩友好关系也造成了伤害。

由此可见,中国与周边国家在交往中,对彼此外交行为背后的利益诉求考量如果缺乏一定程度的理解和同理心,就容易导致矛盾产生。而认识和了解彼此的利益所在,寻找中国与周边国家战略上的利益结合点,则是实现国家利益良性互动的重要途径。通过把中国的周边战略与周边国家的发展战略联系起来,中国与周边国家可以形成利益共同体,实现国家间关系的发展。

以中国的"一带一路"建设来说,其涉及亚洲基础设施建设资金缺口的部分,据亚洲开发银行统计,未来平均每年为8000亿美元。① 如此庞大的资金缺口,仅凭中国一国之力,实在难以填补。遑论"一带一路"建设,除了资金的保障外,更需要处理沿线恐怖主义、走私贩毒、民族矛盾等多领域的问题。因此,实现中国周边战略与周边国家发展战略的互联互通,找到利益对接点,是"一带一路"建设成功的关键所在。

2013年10月朴槿惠总统在首尔提出的"欧亚倡议",恰是能够对接"一带一路"建设、实现中韩两国国家利益良性互动的可行方案之一。"欧亚倡议"的目的是要将欧亚大陆建设成为"一体的大陆"(하나의 대륙)、"创造的大陆"(창조의 대륙)和"和平的大陆"(평화의 대륙),② 其首要内容就是要将欧亚大陆东北部通过铁路和公路连接起来,构筑从釜山出发,经由朝鲜、俄罗斯、中国、中亚国家直至欧洲的复合型物流网络。韩国的"欧亚倡议"与中国的"一带一路"有较强的互补性,"欧亚倡议"的重点在于朝鲜、俄罗斯和中国东北;中国的"一带一路"则致力于开发中国中西部、

---

① 王丽颖:《亚投行路线图猜想》,《国际金融报》2014年11月24日。
② 박근혜,「유라시아 컨퍼런스 기조연설」,한국외교부,2013-10-18, http://www.mofa.go.kr/news/majoractivity/speech/president/index.jsp?menu=20_20_10&tabmenu=t_1,最后访问日期:2015年6月7日。

中亚，以及东南沿海、东南亚、南亚、东非等地区。如果这两大构想能够有机对接，其辐射区域将涵盖整个欧亚大陆，给区内经济融合带来广阔的前景。① 虽然"欧亚倡议"和"一带一路"的互联互通已经多次为中韩两国学者在学术研讨会上所倡议，但遗憾的是，迄今为止，大部分倡议还多停留在宏观的愿景阶段，不仅缺乏实际合作方案的研究，② 而且受阻于朝韩对立。如果未来能从具体的合作层面进行深入研究，妥善解决朝核问题、推动朝鲜参与，则将极大地提高两大战略对接的可行性，使中韩两国利益互补互足。

当然，除了韩国的"欧亚倡议"之外，"一带一路"倡议可以对接的还有哈萨克斯坦的"光明大道"新经济计划、蒙古国的"草原之路"倡议、俄罗斯的"欧亚经济联盟"等，③ 这些计划和构想都与"一带一路"倡议有着相当的互补性。在"一带一路"倡议之外，中国其他的周边外交战略也存在不同程度的对接空间，如 RCEP 与 TPP 的联结等。中国与周边国家战略的互联互通是实现国家利益良性互动的重要渠道，在寻求共同利益的过程中，中国与周边国家就可以在地区事务上形成较好的互动，构筑新型、和谐、互利的周边关系。

二 构建多元、包容的亚洲文化

中共十八大以来，中国全方位周边外交已经逐渐展开。在安全领域，习近平在 2014 年上海亚信峰会上提出要树立"共同、综合、合作、可持续"的亚洲安全观，创新安全理念，搭建地区安全和合作新架构，努力走出一

---

① 牛林杰：《"欧亚倡议"+"一带一路"：深化中韩合作的新机遇》，《世界知识》2015 年第 5 期，第 29 页。
② 相关涉及"欧亚倡议"与"一带一路"倡议对接问题的研讨会包括中国国际经济合作交流中心等主办"中韩经济合作论坛"（2014.10.24）、汉阳大学国际大学院主办"中俄两国的欧亚大陆整合战略及其对韩国的影响"国际研讨会（2014.10.24）、大韩民国驻上海总领事馆主办的"2015 年中韩未来论坛暨媒体界人士座谈会"（2015.4.9）等。
③ 《记者连线："一带一路"的"朋友圈"》，新华网，2015 年 6 月 2 日，http://news.xinhuanet.com/world/2015-06/02/c_1115490490.htm，最后访问日期：2015 年 6 月 7 日。

条共建、共享、共赢的亚洲安全之路。① 在经济领域,"一带一路"已获得包括绝大部分周边国家在内的60多个国家的参与或支持。亚洲安全观和"一带一路"作为新时期中国周边外交的安全框架和经济框架,以共同的安全观念来保证"一带一路"建设的稳定开展,以"一带一路"的经济合作来促进安全互信,二者相辅相成,为中国周边外交的推进提供了安全上的保证和经济上的支持。

然而,在安全框架和经济框架逐渐成形的同时,中国周边外交的文化框架迟迟未能浮出水面。虽然已有部分学者开始探索"亲、诚、惠、容"和"命运共同体"等周边外交理念所蕴含的中国文化内涵,② 但如何能够像亚洲安全观和"一带一路"那样,提出一个明确的多元包容的"亚洲文化"概念,使属于不同文化圈的周边国家能够清楚地理解这些理念背后的文化内涵,这一问题尚未得到有效解决。韩国峨山政策研究院研究员金知玧曾基于韩国的民调得出结论:越是支持中国扩大文化影响力的人,对中国军事和经济发展的威胁认知度就越低,也越倾向于认为中国在亚洲地区扮演领导角色,文化合作反而可以成为经济和军事领域合作的起点。③ 因此,构建多元、包容的亚洲文化,扩大中国的文化影响力,不仅是推进中国与周边国家在更多领域、更深层次合作的基础,而且能够促成中国周边外交安全、经济、文化"三位一体"理论体系的完备。

一般来讲,文化从两方面影响一个国家的外交政策,一是影响外交政策的目标和内容,二是影响外交战略的实现方式和手段。④ 所以,周边外交如果缺乏共享、包容的文化作为支撑,不仅会导致中国周边战略目标的模

---

① 习近平:《积极树立亚洲安全观 共创安全合作新局面——在亚洲相互协作与信任措施会议第四次峰会上的讲话》,新华网,2014年5月21日,http://news.xinhuanet.com/world/2014-05/21/c_126528981.htm。
② 关于对周边外交理念文化内涵的研究,参见邢丽菊《从传统文化角度解析中国周边外交新理念——以"亲、诚、惠、容"为中心》,《国际问题研究》2014年第3期;石源华《亚洲命运共同体的文化内涵》,《世界知识》2015年第2期。
③ 〔韩〕金知玧、姜忠求、李宜澈、Karl Friedhoff:《东北亚秩序与韩中关系的未来:竞争与合作之间》,第10页。
④ 肖晞、牛勇:《中国传统文化中的"和"对中国外交的影响》,《武汉大学学报》(哲学社会科学版)2010年第2期,第189页。

糊,而且对中国外交的有效推进造成一定程度的阻碍。但构建一种为周边国家广泛接受的亚洲文化,将是一项艰巨繁复的工程,短期内尚难达成共识和得出定论。笔者在这里想提出的主要还是构建共同的亚洲文化的思路,以供参考。

中国的周边国家虽然几乎都是亚洲国家,但文化的差异性显著。要构建一种广为认同的共有文化,其难度可想而知。笔者认为,如果能在遵循以下两条原则的基础上寻求各国文化之间的共识,构建具有高度包容性的亚洲文化仍是可行之事。

首先,在包括中国、日本、韩国、越南、新加坡等国的儒家文化圈中,鉴于各国对儒家文化的基本伦理和思想已有一定程度的认同,在亚洲文化的构建过程中,要重视的不仅是"求同",更重要的是"尊异"。过去,中、日、韩三国以儒家文化来推动东北亚共同体的努力之所以收效不佳,相当程度上是因为在挖掘儒家文化遗产的过程中过度强调中、日、韩对儒家理念的认同,而忽视了儒家思想在传播到朝鲜半岛、日本列岛的过程中日、韩的儒学家对中国儒学的再建构,即具有日韩民族特色的儒学。例如,张立文认为韩国儒教具有强烈的忧患性、逻辑的精微性、性情的深刻性、合观的融突的和合性、修道的教化性和学脉的同时性与历史性,这些是韩国儒教有别于中国儒学的重要特点。[①] 过于强调儒学的共性而忽视各国儒学的特性,很容易引起日、韩等国民族主义势力的抵制。冷战结束后,中日韩三国的民族主义情绪都十分强烈,新民族主义意识的兴起已成为构建东北亚文化共同体的政治阻碍。[②] 在儒家文化圈国家构建亚洲文化观,最重要的是在对儒家文化核心理念的认同基础上,尊重日本、韩国、越南等国家对中国儒学的本土化改造,使各国儒学在平等的基础上互动,而不是执迷于"中华正统"。只有在"求同尊异"的基础上才能使儒家文化圈内的共识在

---

① 张立文:《特别演讲:论韩国儒学的特点》,《韩国研究论丛》第14辑,世界知识出版社,2007,第14~21页。
② 方浩范:《儒学思想与东北亚"文化共同体"》,社会科学文献出版社,2011,第111~116页。

最大程度上凝聚,从而能够以高度代表性的姿态与异种文化互动,谋求亚洲文化共识。

其次,在同儒家文化圈以外的周边国家构建共同的亚洲文化的过程中,要在"存异"的基础上最大限度地"求同",寻找儒家文化与佛教文化、伊斯兰文化、基督教文化等文化的相似之处。例如,儒家思想的核心理念是"仁",所谓"仁者爱人",就是要善待人、友爱人。佛教讲求"慈悲",即慈爱众生、同感其苦,归结起来还是因爱而怜悯。基督教宣扬"信、望、爱",而以"爱"为最大的美德,要求信徒要爱上帝,也要爱他人。伊斯兰教道德体系理论的核心则是"爱人",认为爱是人之本性,是人一切生活的目的和准则。由此观之,"爱"的理念在儒教、佛教、基督教、伊斯兰教是相通的。以"爱"的理念作为维系儒教、佛教、基督教、伊斯兰教国家间关系的纽带,只要发挥共同观念的外溢效应,进一步挖掘各文化圈内部相容的遗产,就能在不同文化间扩大共识的范围,增进彼此间的理解。如何有效地寻找多种文化间的相通之处呢?孙歌在探索一种亚洲话语的论述过程中提出"弥散"的概念,即在后结构主义的思维下,敲碎主体性,从而开启一个新的认识论层面。① 或许在构建亚洲文化的过程中,"弥散"的思想是值得借鉴的,即放弃传统思维模式下整体地观察一种文化,转而将文化的体系解构为一个个独立的理念,并使之弥散于跨文化空间。这样,各种文化的碎片会在跨文化空间同性相吸、异性相斥,从而凝聚跨文化共识,并在此基础上构建共享的亚洲文化。

随着亚洲安全观的提出和"一带一路"的推进,打造包容、共享的亚洲文化,使中国与周边国家的文化交流达到新的高度,将是未来周边外交的主要工作之一。考虑到中国周边文化的多样性以及中国所处的儒家文化圈的特点,要首先在儒家文化圈内部以"求同尊异"的方式最大限度地凝聚共识,再以"弥散"的方式收集文化间相同或相似的理念,最后对这些观念进行有机整合,这样亚洲文化的构建或将成为现实。在亚洲共享文化

---

① 孙歌:《主体弥散的空间——亚洲论述之两难》,第 6 页。

的框架下,中国与周边国家能够对彼此文化的共性有更高的认同,对个性也会有更多的尊重,因而能够在相互理解的基础上促进双边或多边关系良好发展。

三 加强对民众特别是青年的公共外交

情感是人类社会得以建立、维持和转换的前提之一,也是铸造和凝聚不同国家和社会间关系的重要因素。中国与周边国家良好关系的构建,与情感密不可分。通过情感交流,激发情感的共鸣,能够极大地改善国家间关系,同时这种改善不同于共同利益基础上两国的功利性合作,其正面影响将是长期和稳定的。

实现中国与周边国家间的情感交流与共鸣,不仅要靠政府的努力,更重要的是要发挥民间的力量,提高公共外交水平,真正使友谊的种子在民间生根发芽。目前,中国周边公共外交薄弱的突出环节就是缺乏对周边国家民众特别是青年的关怀,没能有效地激起他们对中国的友好感情。

面对周边外交工作在以上两大群体中的不足,加强对周边国家民众特别是青年的公共外交显得刻不容缓。对于民众来说,使他们亲身感受到与中国交往能带来切身的利益是维系和深化中国与这些国家的民众情感的主要途径。所以,首先,在未来的经济合作和对外援助上,一方面要重视合作红利的合理分配,使民众也能分享到中国投资带来的利益;另一方面要敦促"走出去"的企业在周边国家树立良好的形象,以实际行动驳斥"新殖民主义"谬论。其次,要发挥中国民间的力量,积极参与周边国家的公益建设,加强对教育、医疗、赈灾等领域的援助。如2015年尼泊尔大地震后,中国政府和民间的救援队第一时间开赴震中地区展开救援行动,这种患难中的真情,能真正在民众心中撒下友谊的火种,其积极的社会效果无法估量。最后,适当对外输出中国经济建设的模式与经验也能够起到增进情感的效果。过去中国的确是在周边国家援建了许多基础设施和公共工程,但这些成果的影响力毕竟有限。事实上,改革开放40多年来,中国在取得经济建设巨大成就的过程中积累了不少的宝贵经验。中国固然不能将这种经验强加给周边的开发中国家,但完全可以与之分享。制度、理念对民众的影响往往比一条铁路、一座体育场更为广泛和深远。中国的经验如能得到部分周边国家民众的认同,并由此能取得经济建设的成就,这些民众在收获发展硕果的同时,对中国的认同与感激之情自会油然而生。

在对待青年上,首先要根据青年的群体性特征来开展外交,使青年真正成为外交活动的主人,发挥青年在外交活动中的主动性和积极性,在设计项目时听取青年的意见。[1] 其次要使用青年喜闻乐见的方式和载体。[2] 在吸引周边国家青年的过程中,避免中国传统文化照搬式的传播,而应采取青年比较容易接受的方式,如融入流行文化的元素。韩国以"韩流"为载体来传播韩国传统文化、吸引亚洲青少年的成功经验是非常值得中国借鉴和学习。最后,青年公共外交的开展需要充分借助新媒体的力量。与传统媒体相比,新媒体以传播速度快、成本低、互动性强的优势深受青年群体喜爱。所以,在青年对外交流活动中,有效利用 Facebook、Twitter 等社交软件,借鉴日本"line"通信软件的海外拓展经验,提高中国"微信"的国际化程度等,都是有效提升青年公共外交效果、增进中国与周边国家青年之间感情的重要手段。

中国要激发与周边国家的感情共鸣,其根本还是要立足于民众,深耕公共外交。而民众特别是青年既是周边国家民众的主要组成部分,也是过去周边外交工作相对忽视的群体,应在未来的周边外交实践中给予足够的重视,使其成为未来周边国家对华友好情感的主要来源。

四 搭建或提升地区合作交流的公共平台

加强认知间的交流互动是提升中国与周边国家相互理解、减少误判的关键所在,而实现认知交流的主要具体方法则是搭建服务于认知交流的机

---

[1] 朱峰、柯银斌:《试论青年之于公共外交的战略意义》,《青少年研究》2013 年第 3 期,第 56 页。
[2] 万学军:《发挥青年优势 推动公共外交》,《公共外交季刊》2012 年夏季号(总第 10 期),第 11 页。

制平台。目前，中国周边地区的交流对话机制为数不少，主要的常设平台包括中日韩领导人会议、东盟与中日韩（10+3）领导人会议、东盟地区论坛、东亚峰会、亚信峰会、上合组织峰会、香格里拉对话、博鳌亚洲论坛、香山论坛等。这些对话平台中，既有属于"一轨外交"的中日韩领导人会议、东盟与中日韩（10+3）领导人会议、亚信峰会等，亦有属于兼具政府和民间"一轨半外交"[①]的香格里拉对话、博鳌论坛和香山论坛等。就主要功能而言，东盟地区论坛、香格里拉对话、香山论坛侧重于安全对话与合作；博鳌论坛聚焦于经济，有"亚洲达沃斯"之称；中日韩领导人会议、东盟与中日韩（10+3）领导人会议、东亚峰会、亚信峰会、上合峰会等则是议题广泛的综合性交流对话平台。从理论上讲，种类繁多、功能多样的多边对话平台的存在，对中国与周边国家乃至域外大国深化共识、消弭分歧本应起到重要的作用，但实践证明，现有的地区公共平台在聚同化异、增信释疑、消除"中国威胁论"上的作用仍有限。以中韩关系为例，虽然中韩之间有中日韩领导人、外长、财长和央行行长等政府高层官员的定期会晤机制，开通防长级军事热线，中国全国人民代表大会与韩国国会之间也有定期交流机制，并有望全面启动青瓦台国家安保室室长和中国负责外交事务的国务委员之间的高层战略对话机制、两国外交部和国防部官员共同出席的外交安全对话（2+2）、国家政策研究机构战略对话、政党之间的政策对话四大战略交流机制，[②]但民调显示，韩国人对中国威胁的感知度依然仅次于朝鲜，而高于美国、日本。[③]

现有地区对话机制难以有效提升中国与周边国家之间理解与互信的原因，主要有以下三个。第一，中小国家对地区大国主导机制的忧虑导致域

[①] "一轨半外交"是介于"一轨外交"（政府外交）和"二轨外交"（民间外交）的外交形式，通常是由民间搭台，民间人士和以非官方名义出现的官方人士同台参与。

[②] 《朴槿惠："统一外交"有望提速 韩中对话机制全面启动》，韩联社，2015年9月6日，http://chinese.yonhapnews.co.kr/newpgm/9908000000.html?cid=ACK20150906000200881，最后访问日期：2015年12月21日。

[③] 峨山政策研究院：《威胁国家》，峨山政策研究院网站，2013年7月16日，http://asaninst.org/contents/7%ec%9b%94-1%ec%a3%bc%ec%b0%a8-%ec%9c%84%ed%98%91%ec%9d%b4-%eb%90%98%eb%8a%94-%ea%b5%ad%ea%b0%80/，最后访问日期：2015年4月3日。

外大国介入，使交流平台成为大国博弈的舞台。例如，以东盟为主体的东亚峰会一开始被寄予厚望，曾被认为是建立东亚共同体的最好平台，但东盟国家近年来却选择对东亚峰会进行扩容，通过引入美、俄等域外大国来平衡中国崛起和日本衰落带来的地区变动，保持地区内外国家对其主导作用的默许与支持。① 域外大国的介入使中美、中日等大国博弈主导了峰会的进程，促进合作交流的主旨反而边缘化。第二，机制的低制度化导致对话成果在执行时效果不佳。张蕴岭指出，东亚一体化并不着重推动地区制度建设，表现为"强理念、弱制度"，在组织上表现为一种松散结构，着重于功能性合作机制的发展。② 东亚峰会、亚信峰会、上合峰会等非常重视领导人会晤，以期达成共同的理念或愿景，但成员国让渡给机制下常设机构（如秘书处）的权力很少，导致理念的落实效果不佳，不能有效促进地区内国家增信释疑。第三，对话机制下"二轨外交"的参与度仍显不足。中国与周边国家互联互通不能仅靠政府间对话，学者、智库、工商界等民间对话也要发挥重要作用。但现有的诸多机制之中，除香格里拉对话、博鳌论坛、香山论坛等带有"一轨外交"和"二轨外交"相结合的"一轨半"色彩外，其余机制仍是"一轨"色彩浓重。多边对话中"二轨外交"的不足与缺失已成为抑制中国与周边国家民间增进交流与理解的主要因素。

针对地区公共平台存在的不足与缺陷，中国在未来周边外交的开展过程中，一方面需要完善现有的平台机制，使其功能更加充实；另一方面也可考虑培育构建新的多边对话平台，促进中国与周边国家互联互通与对话合作。首先，在完善现有平台方面，笔者认为应以培育和提升博鳌亚洲论坛为主要突破口和着力点。这不仅是由于相较于其他机制，博鳌亚洲论坛的28个发起国基本上是中国的周边国家（伊朗、以色列、澳大利亚、新西兰除外），较具代表性，而且是由于博鳌亚洲论坛总部位于中国，中国更有主场优势和话语权。培育完善博鳌亚洲论坛应包括以下两点：一是在非政

---

① 田野：《东亚峰会扩容与地区合作机制的演化》，《国际观察》2012年第2期，第40页。
② 张蕴岭：《如何认识东亚区域合作的发展》，《当代亚太》2005年第8期，第3~4页。

府背景下提高政府部门的参与度，强化"一轨半"色彩；二是在讨论经济、社会、环境等问题之外另辟安全问题分论坛，加强对安全等高级政治议题的讨论，将其由经济性平台提升为综合性平台。其次，加强互联互通伙伴关系对话会的制度化建设，搭建中国与周边国家互联互通、交流合作的新平台。2014年11月，加强互联互通伙伴关系对话会在北京举行标志着中国与周边国家在政治、经济、人文等领域的交流合作上了一个新台阶。习近平指出，"一带一路"与互联互通相融相近、相辅相成。① 中国应以这次对话会为契机，加强制度化建设，使之成为定期的会晤机制并设立常设机构，配合"一带一路"建设，使各对话国以交流促建设，以建设增互信，使"一带一路"建设的过程同时也能成为中国与周边国家相互理解、增信释疑的过程。最后，搭建民间对话的新平台，着重培育"智库外交"。多边对话中的"第二轨外交"（或称民间外交、公共外交）是增进中国与周边国家民间互信的重要途径，而智库是公共外交的灵魂工程师，在影响政策、塑造舆论、培养人才三个方面对公共外交发挥作用。② 所以，培育"智库外交"应是"第二轨外交"中的先行举措。中国一方面要继续支持完善"中国-东盟智库战略对话论坛""中非智库论坛"等既有对话机制，另一方面要培育"亚欧智库研讨会"、"金砖国家经济智库论坛"、中日韩智库合作机制等新智库外交合作模式，使之制度化、长期化，以战略界交流对话辅助政府决策和调节民间舆论氛围。

地区公共平台承载着促进中国与周边国家利益相连、文化相融、情感相通的重要使命，中国周边外交的顺利开展必须重视改善或培育地区国家间交流的平台，在对话的过程中增进共识、减少疑虑，使中国与周边国家能够结成真正的利益共同体、命运共同体。

---

① 《习近平：在"加强互联互通伙伴关系"东道主伙伴对话会上的讲话》，新华网，2014年11月8日，http://news.xinhuanet.com/2014-11/08/c_127192119.htm，最后访问日期：2015年10月24日。
② 王义桅：《公共外交需要智库支撑》，《公共外交季刊》2013年第4期，第10页。

五　向周边国家提供合适的公共产品

中国要与周边国家共筑互信，建立守望相助的关系，双方之间的认知交流固然十分重要，但中国更需要通过认知交流来使周边国家能够真正理解中国周边外交的内涵，切身感受到中国愿与周边国家携手共建和谐、繁荣的周边环境的坚定承诺。这就要求中国的周边外交不能仅止于"口惠"，更要给予"实利"。周边国家只有从与中国的交流中获得有利于本国发展的切实利益才能转变认识，真正接受中国的和平崛起，也才能增进睦邻友好关系，构建和平稳定繁荣的周边环境。这需要中国政府从提供区域公共产品的角度，实现周边外交的与时俱进。

改革开放以来，随着经济实力的增长，中国逐渐开始以务实的态度参与国际和地区事务，并在自身能力和责任范围内向周边国家提供部分公共产品。例如，在东北亚，中国积极推动六方会谈，为解决朝核问题提供了重要的多边平台。在东南亚，中国在亚洲金融危机期间向东南亚国家提供总额超过40亿美元的援助并承诺人民币不贬值，为缓解金融危机发挥了重要作用。在中亚，中国主动成立中国－上合组织国际司法交流培训基地，为成员国培训司法人才。在南亚，中国与印度、巴基斯坦签署了在汛期共享水文资料的备忘录，目的是提高跨界河流管理和灾害预防水平。但是，必须承认的是，周边地区目前面临的传统和非传统安全形势依然严峻，区域公共产品供给仍远远不足。同时，中国提供公共产品时在思路和方式上亦存在问题。所以，根据公共产品理论，在周边外交中若想真正做到与邻为善、以邻为伴，需要认真研究周边国家对区域公共产品的需求偏好与收益预期，通过倡议、主导、参与等多种方式提供公共产品，为亚洲和平和发展做出更大的贡献。①

有研究指出，目前亚洲区域公共产品的供给存在以下问题：一是供给模式仍以危机应对为主；二是以经济为导向的公共产品供给模式面临瓶颈；三是主导国家缺失导致公共产品数量过剩与效能低下现象并存；四是美国

---

① 王健：《中国周边外交要注重地区公共产品的构建》，《文汇报》2013年2月5日。

成为亚洲国家深化公共产品合作的结构性因素。① 以此为对照,中国在过去公共产品供给实践中的确存在以上问题。这导致中国在供应公共产品的过程中出现资源浪费、效果不佳的现象。在未来的周边外交中,中国必须革新公共产品供给思路,消除供给模式和方法上的弊病,向周边国家提供急需的高质量的公共产品,以实际行动赢得周边国家对中国外交的认同。

首先,在公共产品供给思路上,必须从被动"避害"走向主动"趋利"。在过去提供公共产品的实践中,中国在供应思路上带有明显的亡羊补牢的痕迹。中国在未来供应新的公共产品时,必须树立"趋利"的思想,在提供公共产品时不仅要能够应对危机,更要具有超前的视野,化危机为转机,在提供公共产品的过程中获得相应的利益。比如在解决朝核问题上,中国必须创新解决问题的思路,建立有效的危机管控机制,增进中朝互信并约束朝鲜的单方面行为,敦促美朝双方以朝鲜不再进行核试验为前提,重回谈判桌,再启六方会谈或是六方会谈框架下的多边对话,使朝核问题不仅能够得到妥善解决,还能够发挥中国的重要价值,为构筑和平稳定的周边环境贡献力量。

其次,在高级政治领域,需要在生产和提供安全公共产品上狠下功夫,弥补不足。21世纪以来,中国为周边国家提供的公共产品多以经济公共产品为主,例如资金援助、贸易规则、投资协定等。而在安全、防务等高级政治领域,中国提供的公共产品数量和种类相当有限,成果不多。后金融危机时代,随着中美实力差距的缩小和中国与周边国家实力差距的扩大,东亚安全公共产品的供应模式面临调整和转型。② 在此情况下,中国不能仅满足于提供经济公共产品,更要在提供安全公共产品上有所作为,一要贯彻落实"亚洲安全观",尊重和保障每一个国家的安全,统筹传统与非传统安全,重视对话合作,以发展和安全并重来实现持久安全。二要避免与美

---

① 沈陈:《区域性公共产品与中国亚洲外交的新思路》,《国际观察》2013年第1期,第69~70页。
② 刘昌明、孙云飞:《安全公共产品供求矛盾与东亚安全困境》,《当代世界社会主义问题》2014年第1期,第117页。

国提供的安全产品之间的恶性竞争，实现良性互动。美国在亚洲的同盟体系仍是当前东亚安全结构的基础，[①]中国倡导建立集体安全机制应秉持开放原则，欢迎美国加入，并与美国的同盟体系良性并存，共同维护地区的和平稳定。三要坚持多边形式，联合周边国家共同提供区域安全公共产品，加强透明度和制度化建设，减轻周边国家对中国威胁的疑虑。

再次，在低政治领域，重视通过提供具有亲和力的社会公共产品来赢得周边国家民众的信任。长期以来，中国虽然重视低政治领域内公共产品的提供，但相对缺乏对地区民众意愿的考量，使部分公共产品非但没能起到敦睦邦谊之效，反而激起了民众的逆反心理。例如，近年来中国对东南亚的投资和援助，虽然宣称将极大地提振当地经济，但也时而遭到当地民众的抵制，认为中国的投资破坏环境、掠夺资源、侵占农地。资源密集型产业和基础设施建设作为主要输出的公共产品，固然对落后地区经济的发展具有巨大的推助作用，但整体规划、配套设施和规章制度等的缺乏也使这些公共产品的负面效应显现出来。因此，未来中国需要更多地提供具有亲和力的社会公共产品，以满足当地人民直接的生产生活需求为目标，获取周边民众对中国的好感与信任。例如，在周边国家的贫困地区建立希望小学，为贫困学生筹措助学基金，建立地区传染病联合防疫机制，提升区域联合禁毒机制能力等。提供亲和性社会公共产品，有利于提升中国在地区民众心中的形象，为构建和谐周边奠定基础。

最后，在提供公共产品时要坚持地区开放主义，重视与国际和地区组织的合作。均势是理解东亚情势变化的关键，[②]即使在区域公共产品的提供上，中、日、东盟、美四股战略力量的博弈也推动着东亚的地区开放主义。[③]在这样的环境下，中国如果要提供排他性的公共产品，不仅会引起美、

[①] 刘昌明：《双边同盟体系制约下的东亚地区主义：困境与趋向》，《当代世界社会主义问题》2011年第1期，第112页。
[②] Shaun Breslin, "Understanding China's Regional Rise: Interpretations, Identities and Implications," *International Affairs*, Vol.85, No.4, 2009, p.817.
[③] 门洪华：《东亚秩序论——地区变动、力量博弈与中国战略》，上海人民出版社，2015，第225页。

俄、日、印等大国的强烈反感，也会导致周边中小国家的深度忧虑。因此，奉行地区开放主义是中国提供公共产品的首要原则。未来中国在考虑生产和提供公共产品时，应以与周边国家在多边机制下联合提供为主要途径，强调责任共担和利益共享，加强在这一领域与国际组织的合作。尽管与国家相较，国际组织供给公共产品的能力存在较大缺陷，[①] 但国际组织的参与有利于引导合作，使公共产品充分发挥预期的效果。同时，国际组织作为中国与周边国家之间的缓冲，既能减少周边国家对中国提供公共产品背后目的的疑虑，也能在应对域内外大国鼓吹"中国公共产品威胁论"时起到有效的抵制作用。

在推动周边国家对中国外交认知改变的过程中，以提供区域公共产品的方式使周边国家得到实利是最直接有效的办法。中国必须在未来实践中树立新思路、构建新模式，使中国的公共产品为构建良好的周边关系发挥应有的作用。

六 推动打造周边战略支点国家

任何一个周边国家对中国周边战略的认知，往往是牵一发而动全身的问题。正面的认知可以产生外溢效应，促进整体周边关系的和谐；负面的认知则会弥生扩散效果，进一步渲染"中国威胁论"。中国外交资源有限，以与周边国家一对一交流合作的模式来增进互信，不仅成本高昂，而且未必高效。要使中国有限的资源发挥最大的作用，打造周边战略支点国家，发挥周边战略支点国家"以点带面"的效果，以与支点国家的合作来带动实现中国战略对周边的全覆盖，以与支点国家的认知交流来推动更多周边国家正确认识中国周边外交的实质和内涵，是促使周边国家改变对华印象、提升中国与周边国家认知交流效果的一条捷径。

关于周边战略支点国家的讨论，早在21世纪第一个十年中期就已经有所涉及。2013年之后，战略支点国家的构建逐渐成为学界研究的热点之

---

① 沈陈：《区域性公共产品与中国亚洲外交的新思路》，《国际观察》2013年第1期，第71页。

一。① 战略支点国家是对实现一国战略目标有着举足轻重意义的国家。这种意义主要表现在两个方面：其一，战略支点国家所处的地缘位置和拥有的实力能够强有力地支持一个国家实现其某一战略；其二，在一定的国家群体中，战略支点国家具有较大的区域影响力，发展与战略支点国家的关系能够影响、撬动与地区其他国家的关系。② 根据战略支点国家的定义，部分学者又进一步设定了打造战略支点国家的标准，对中国周边的战略支点国家进行了梳理。③ 笔者拟在前人研究的基础上，对战略支点国家的选择标准做适当增减，择出数个支点国家。同时，根据这些国家各自的特点，笔者拟具体区分各战略支点国在周边外交中扮演的角色，突出这些国家对实现中国周边战略的功能和意义。

首先，就划分标准来说，笔者认为周边战略支点国家的选定应遵循以下原则。第一，鉴于中国外交资源有限和周边国家在地区中的竞合关系，战略支点国家的数量应尽量控制在每个地理板块一个，至多不能超过两个。第二，战略支点国家在实力上应属于中等强国或区域实力较强国家，有一定的区域影响力。第三，战略支点国家不应属于全球和区域大国。第四，周边战略支点国家在战略利益上与中国不存在激烈的冲突和竞争，与美、

---

① 关于周边支点国的探讨，参见翟崑《寻找中国周边外交的支点》，《世界知识》2006年第22期；薛力：《"一带一路"视野下的"亚洲五强外交"》，《世界知识》2014年第6期；徐进、高程、李巍：《打造中国周边安全的"战略支点"国家》，《世界知识》2014年第15期；陈翔：《关键性小国与中国的支点外交》，《江南社会学院学报》2015年第1期；周方银：《中国如何打造战略支点国家？》，共识网，2014年10月5日，http://www.21ccom.net/articles/world/zlwj/20141005114208.html，最后访问日期：2015年6月9日；徐进：《调整东亚安全政策 打造战略支点国家》，中国日报中文网，2014年10月10日，http://column.chinadaily.com.cn/article.php?pid=1743，最后访问日期：2015年6月9日；祁怀高：《中国打造"一带一路"沿线支点国家的思考》，"一带一路"的战略定位与基本内涵学术研讨会论文，上海，2015年6月。

② 徐进、高程、李巍：《打造中国周边安全的"战略支点"国家》，《世界知识》2014年第15期，第15页。

③ 虽然由于划分标准存在差异，战略支点国家的数量亦有所差别，但归结起来，学者们提出的值得考虑的战略支点国家包括韩国、巴基斯坦、印度尼西亚、哈萨克斯坦、斯里兰卡、柬埔寨、土库曼斯坦、日本、印度等，甚至有在考虑"大周边"地理范围的前提下把沙特阿拉伯、澳大利亚纳为周边战略支点国的观点。祁怀高：《中国打造"一带一路"沿线支点国家的思考》，第75页。

俄等大国也不存在根本性矛盾。第五，战略支点国家在外交战略上有一定的自主性。根据以上标准，笔者择定中国"小周边"范围内的四个主要战略支点国家——韩国、印度尼西亚、哈萨克斯坦、巴基斯坦。

其次，在选择了战略支点国家之后，笔者需要根据四大战略支点国家的特征，对其承担的战略角色做一定程度的区分。第一，韩国虽然是美国在亚太的盟友，但与中国的关系为战略伙伴关系，对中国经济高度依赖。在未来的周边战略中，中国不仅要发挥中韩友好的示范性作用，以韩促日，早日建成中日韩自贸区，还要将韩国作为打入美日韩三角关系的一根楔子，分化美、日、韩三国的凝聚力，避免形成正式的美日韩同盟。第二，印度尼西亚作为东南亚最大的国家，不仅具有一定的经济军事实力，而且位于亚洲和大洋洲、太平洋与印度洋的交界处，地缘位置十分重要。中国应在未来进一步深化与印度尼西亚的经济合作，使合作成果在东盟国家中产生外溢效应。另外，中国也应逐步推进与印度尼西亚在传统安全与非传统安全上的合作，加强防务交流，对美、日、澳三角形成一定的制约。第三，就哈萨克斯坦来说，中国除继续促进与哈萨克斯坦的经贸、能源合作外，需要充分发挥其在"一带一路"建设中的枢纽地位，使"一带一路"的分支经由哈萨克斯坦向俄罗斯以及西亚、高加索国家延伸。哈萨克斯坦之于中国周边战略的关键意义在于"一带一路"，中哈关系的发展应以经济为主，安全合作应主要在上合组织的框架下来进行。第四，对于巴基斯坦，其战略意义主要在于保证中东油气的输送以及在反恐问题上的合作，中巴合作的重点在于打造中巴经济走廊并打击"三股势力"。

打造周边战略支点国家是一项长期而艰苦的工程，与战略支点国家的互动也容易受到其他国家的影响。因此，在打造周边战略支点国家时，必须坚持以下原则。第一，将打造战略支点国家与结盟相区别，避免在这一过程中与周边大国对立冲突。第二，要给予周边战略支点国家一定的利益回报，并以经济利益为主，对于战略利益回报的考量一定要慎重。第三，打造周边战略支点国家需坚持循序渐进，兼顾发展与政府和民众的关系，使周边战略支点国家的对华政策不因政府的更替出现明显的改变。

第五章　韩国对中国周边外交认知的启示：思考周边外交研究的新视角与未来的实践方向 | 215

中国周边外交在打造战略支点国家方面取得成效，可以为周边外交体系构建提供坚实的基础，使周边外交开创的良好局面更具稳定性和持续性。① 周边战略支点国家不是中国的同盟国，更不是中国的附属国。它们不仅是维系周边安定环境的重要支柱，还可以发挥"以点带面"的作用，带动周边国家对中国周边外交认知的改善，共同构建和谐稳定的周边关系。

小　结

温特曾指出："知识可以完全是自有的，也可以是共有的……国家的自有知识可以成为国家判断国际形势和界定国家利益的决定性因素……但当国家开始与其他国家交往的时候，其自有知识立即变成了知识'分配'，并可能随之产生层创作用。"② 对于周边外交问题，中国与周边国家有各自的认知，这两种认知既会有共识之区，也可能存在冲突之处。调和这两种认知，使之和谐包容地共存，既是新时期中国周边外交研究的主要课题，也是在此基础上推动周边外交实践顺利开展的关键动力。调和的方法就是让中国和周边国家对周边外交的主客体认知相互借鉴，使影响认知形成的各种因素互动交流，在这一动态的过程中，找出认知的最大公约数和最大程度上符合各自利益的实践之路。因此，互动和交流应是新时期开展周边外交研究和工作的核心理念。

周边外交研究的新视角是一种建立在"认知交涉"基础上的主客观二维认知互动的视角，它既体现了周边外交"由外至内"模式对传统"由内至外"模式的补充意义，也坚持了"中体西用"思想下的中国主体性。以这一视角来开展周边外交研究，不仅可以通过交流避免陷入只有一家之言的偏狭，也能防止不加分辨地接纳导致的自我意识的迷失。以二维认知互

---

① 毛莉：《战略支点国家：研究未来十年中国外交和战略体系构建的新视角》，中国社会科学网，2014 年 7 月 17 日，http://www.cssn.cn/gd/gd_rwhn/gd_mzgz/201407/t20140717_1257830.shtml，最后访问日期：2015 年 6 月 9 日。

② 〔美〕亚历山大·温特：《国际政治的社会理论》，秦亚青译，上海人民出版社，2004，第180 页。

动视角来考察中国周边外交，恰恰体现出学术理论的包容性和研究的实践意义相辅相成、互为周济的优势。

周边外交未来的实践方向，应该在充分把握影响中国主体认知和周边国家客体认知因素的产生机制下，以推动这些因素的和谐互动为关键抓手，互相尊重和理解对方合理的利益诉求，寻找双方战略上的利益结合点；构建多元包容的亚洲文化，促进区内文化交流互动；加强对民众特别是青年的公共外交，促进中国与周边国家间的情感交流。为此，要搭建合作交流的公共平台，提供利益和观念共享的公共产品，打造发挥"以点带面"效应的战略支点国家，使中国与周边国家在互动交流的过程中利益相互联结、文化相互兼容、情感相互融合，从而使未来中国周边外交能够突破中国与周边国家各自利益和认知的局限性，走出一条既能维护中国利益亦能呼应周边国家需求的新实践之路。

结 论

如今，周边外交已成为中国外交最重要的支柱之一。2014年11月，习近平在中央外事工作会议上首次明确将周边外交置于大国关系之上，放在中国外交总布局的首位。"周边"这个词语从20世纪80年代首次正式提出至今，亦不过30多年的时间。周边外交在外交总布局中地位的跃升，显示出在经济高速成长和崛起的过程中，周边国家对中国的发展与中华民族伟大复兴的重要意义正日益凸显。

自新中国成立以来，历届领导人都非常重视发展与周边国家的关系。无论当时是否存在周边外交这一正式的提法，历届领导人都继承和发展着中国周边外交的理论和实践。60多年来，中国周边外交始终坚持思想传承的精神，遵循和平与发展的主基调，以服务国内经济建设为首要任务，践行与周边国家共赢的合作理念。中国与周边国家的关系呈现跨越式的发展，周边环境也得到极大的改善。新时期，习近平提出"要更加奋发有为地推进周边外交，为我国发展争取良好的周边环境，使我国发展更多惠及周边国家，实现共同发展"。① 可见，未来中国不仅要做周边安定环境的维护者，更要做周边繁荣富裕的贡献者。要使中国的周边外交更好地服务于自身的

---

① 《习近平：让命运共同体意识在周边国家落地生根》，新华网，2013年10月25日，http://news.xinhuanet.com/politics/2013-10/25/c_117878944.htm。

利益并很好地回应周边国家的诉求，了解和掌握周边国家如何看待中国周边外交是不可缺少的一个环节。韩国作为一个典型的周边国家，它对中国周边外交的认知是了解周边国家认识的一个窗口。韩国的认知可以折射出一些普遍的、适用于大多数周边国家的一般规律。反思这些规律的特点，并以此作为工作中的借鉴，有助于未来中国的周边外交妥善协调中国的利益和周边国家的期待，推动周边外交开辟新局面。

一 韩国视野下的中国周边外交

韩国对中国周边外交的认知可以从宏观角度下的基本认知和微观角度下的具体案例两个层面来进行总结。从基本认知来看，韩国政府对中国周边外交的看法主要还是积极的、褒扬的，肯定中国周边外交的成就，同时这种倾向性也相对稳定。韩国学者对中国周边外交既有称赞亦有批评，一方面他们肯定了中国周边外交促进了中国的崛起与地区的合作；另一方面也始终对中国周边外交最终目标心存疑虑，对崛起后的中国可能会改变亚洲的现存秩序感到不安。韩国媒体则更多地用消极的眼光审视中国周边外交，认为中国依然以"上国"自居，在周边争议问题上恃强凌弱，而中国经济和军事实力的增长更是对周边国家构成"威胁"。在一般韩国民众来看，中国既是合作伙伴，也是潜在的威胁，他们希望中国能为半岛和平做出贡献，但也忧心中国与周边国家的争议会给地区和平带来不确定因素。就好感度而言，韩国各界对中国周边外交的认知呈"政府＞学界＞民众＞媒体"的格局。

从上海合作组织、亚洲基础设施投资银行、南海争端三个具体案例来看，韩国亚投行这样的低政治领域的经济合作议题态度相对积极，希望加强与中国的合作关系，搭中国的"顺风车"，有时甚至会为了经济利益违逆美国。对上合组织这样的高政治领域的安全合作议题，韩国就摆出了在安全利益上与美国高度一致的姿态，对与美国有着一定竞争关系的上合组织抱持略显否定的警戒态度，担心上合组织会成长为与美国的同盟体系相抗衡的军事集团。在南海争端这一类既属高级政治又涉及主权的争议问题上，韩国则抱持谨慎的中立态度：既担心中国的主张在南海得以贯彻从而影响到自身在黄海、东海的利益，又不愿表明态度以免得罪争端的任何一方，特别是中国。韩国在这一类争议问题上对中国是存有忧虑的，但是碍于争端的高度敏感性和中韩紧密的经济联系，它的忧虑隐含而非外显于模糊中立的姿态。

归纳来看，韩国对中国周边外交的认知是一种在大国平衡思想指导下追求韩国利益最大化的认知。首先，这种认知是温和的，与中国的自我认知不存在根本性对立，尽管有不同的见解，但也吸收了不少中国认知的内容。其次，它与韩国的利益紧密相连，关注的大多数是与中国周边外交中与韩国有关的内容，这一偏好使中韩两国的认知结构存在不对称性。再次，韩国对中国周边外交的看法具有二重性，既有赞誉之语，也有疑虑之声。最后，韩国的认知呈现政治经济相分离的特点，虽期待与中国的经济合作，却又在政治、安全问题上保持相当的警惕。在这种认知的影响下，韩国对华实行既合作又防备、"安美经中"的政策，发挥韩国在中美间的调和作用，最大化韩国的国际地位与国家利益。

二　韩国认知反映出多数周边国家对中国周边外交的一般心态

韩国对中国周边外交抱持的心态实际上反映出多数周边国家对中国周边外交战略认知的一般性和普遍性的特点。对于多数周边国家来说，21世纪以来，随着国力的增长，中国的周边外交趋向积极，国际影响力也日渐扩大。面对这一历史发展过程，多数周边国家怀着复杂的心理。然而，非对立性、不对称性、二重性和政经分离在一定程度上可以作为多数周边国家对中国周边外交认知的共同特点。

首先，几乎没有任何一个周边国家完全是以敌对的目光来审视中国周边外交的。不能否认，中国与部分周边国家在某些国际和地区事务中存在竞争关系，也与部分周边国家存在某些矛盾争议，但是中国的周边外交与周边国家的对外战略之间没有根本性的矛盾。例如，日本抵制亚投行，但也不会谋求日本主导的亚洲开发银行和亚投行搞对抗。相互认知间的非对立性是中国与周边国家能够和平共处的基础,中国与周边国家只有认清和把握这一根本性质才能避免误判,将竞争升级为不必要的对抗。

其次,中国与周边国家对中国周边外交的认知的确存在结构和内容上的不对称性。周边外交是中国语境下的概念,它在周边国家的语境下有着不同的含义。周边国家看待中国周边外交的角度不同,关注的重点也有差异,有时会出现"以偏概全"的情况。例如,近年来中越关系的波折相当程度上与越南因过于看重南海争端而忽视了中越数十年来经济、政治全面合作的历史有关。对于认知上的不对称,中国需要与周边国家进行深入广泛的交流,将周边外交的真实全貌展现给周边国家,使它们能够在更长的历史中和更广阔的空间审视中国周边外交。

再次,在多数周边国家看来,中国的周边外交是利益与风险并存,机遇和挑战并存。它们赞赏过去中国外交取得的成就,对中国的崛起感到惊叹,但朝贡体制的阴影如影随形,"中国威胁论"不绝于耳,使多数周边国家对华采取既接触又平衡的战略。如东盟在东亚合作问题上一方面积极争取中国的支持,率先与中国建立自由贸易区;另一方面邀请美、日、印等大国参与合作进程,抑制中国的影响力。随着2008年全球金融危机后中国迅速崛起和美国推行"亚太再平衡"战略,短期内两手策略可能成为多数周边国家的对华政策选项。

最后,采取政经分离的对华政策成为相当一部分周边国家的潜在原则。一些国内外研究和调查显示,多数周边国家一方面对中国经济发展抱有更多认可,另一方面将中国视为主要的安全威胁。[①]它们希望同中国维持紧密的经济联系,但对政治、安全合作持谨慎态度。如中亚国家对"一带一路"建设反应积极,但在安全上仍然倚重与俄罗斯或美国的关系。这种"政经分离"的认识反映出,中国与周边国家在经济合作领域取得了丰硕成果的同时,政治互信仍处在相对较低的水平,增信释疑仍是未来周边外交工作的重点之一。

---

① 翟慧霞:《皮尤调查特点及国际舆论引导——以近三年美国皮尤全球调查"周边国家民众对华认知"为例》,《对外传播》2015年第1期,第25页。

三 韩国认知给周边外交工作带来的启示

通过分析韩国认知的特点以及其反映出的多数周边国家对中国周边外交的一般心态可以看出，促使周边国家看清中国周边外交的实质与全貌，加强中国与周边国家的交流沟通、提升双方在高级政治领域的合作以增信释疑是未来中国周边外交的重点课题。中国需要在实践中消除周边国家不必要的担忧，使它们认识到中国的周边战略不仅会带来经济利益，也会提供安全上的保障，促进地区的政治稳定、经济繁荣、文化昌盛、社会和谐。

韩国对中国周边外交的认知是提高未来外交工作成效的重要借鉴，给中国带来了丰富的启示。从国际政治心理学的角度看，韩国认知与其对国家利益的守护，所处地缘环境、国际体系、社会文化的特点以及韩国人的认知偏好和情感感召等因素有着密切关系。所以，只有认真研究韩国认知的成因，并与韩国进行多渠道的交流，使中韩两国对各自的利益、文化、情感等有更深刻、更详尽的理解，才能逐渐增进互信、化解疑虑，改善韩国人心中的中国形象。

推广到整体的周边外交工作，抓住利益、情境、性情这些影响国家认知形成的核心因素，使中国的主体认知与周边国家的客体认知良性互动，既是开展新视角下周边外交研究的突破口，也是促进新时期里周边外交顺利开展的关键所在。随着中国的崛起，周边国家对中国的关注度日益提高，对周边外交的称赞与诋毁参半，这是一个历史的过程，不以人的主观意志为转移。中国需要以理性的心态，以包容的襟怀，促使中国的自我观感和周边国家的他我感知良性互动，而不是各说各话。只有坚持"中体西用"的原则，通过主客体认知的交涉，取得中国与周边国家认知的最大公约数，才能促使周边国家以积极的心理和认同的眼光来看待中国的外交战略。同时，作为一个负责任和有贡献的大国，中国要努力促成中国与周边国家发展战略的对接，构建多元、包容、共享的亚洲文化，加强对周边国家民众特别是青年的公共外交，积极搭建促进地区国家互联互通的多边平台，主动向周边国家提供更多共享的区域公共产品，打造周边战略支点国家，"以点带面",带动整个地区的交流合作,使中国与周边国家利益相连、文化相容、情感相通,使中国与周边国家的交流更为顺畅,让中国的发展能够惠及更多的周边国家。

四 未来周边外交战略的谋划:以韩国为例

"周边看中国"也许早已不是一个陌生的话题,葛兆光曾指出,对中国自我的认识,不能仅凭中国的"自我想象",也不能只靠西方这一面"镜子"的解读,而要从各个周边国家的视角和立场,在周边的"多面镜"下重新观察中国。[①] 新时期,随着中国的崛起和美国"重返亚洲",国内外形势的变化决定中国需要谋划新的周边战略,开展新的外交实践。特别需要改变只要中美关系搞好了周边关系就不会出问题的旧思维。[②] 因此,周边外交不能再仅仅局限于中国的自我规划与美国的反应,而是要更多地关注周边国家,在了解它们的感知、分析它们的想法、倾听它们的声音之后有的放矢地开展外交工作。

韩国与中国在政治保持着友好的关系,在经贸上维系着密切的往来,在文化上拥有传统的亲缘,它对中国周边外交的认知是中国了解周边国家想法的一条重要渠道。因此,中国要善于倾听来自韩国的声音,努力培育韩国国内的知华派、友华派,使中韩友好能够世代相传,使韩国国内的"中国好声音"向其他周边国家扩散。

在政府层面,中韩两国可寻求建立定期的双边领导人会晤机制和部长级的政府间协商机制,提升政策沟通协调水平。在地方城市交流层面,也应鼓励建立地方首长互访机制,提升地方合作级别,真正做到中韩两国各级领导人多见面、常走动。同时,议会外交也应受到足够的重视,加强中国全国人民代表大会和韩国国会之间的交流互访,欢迎韩国执政党、在野

---

① 葛兆光:《多面镜子看中国》,光明网,2010年6月9日,http://www.gmw.cn/01ds/2010-06/09/content_1147799.htm,最后访问日期:2015年6月20日。
② 相蓝欣:《中国开始意识到在亚洲推行良好周边外交的好处》,新华网,2013年11月7日,http://news.xinhuanet.com/world/2013-11/07/c_125664487.htm,最后访问日期:2015年6月20日。

各党派议员来华参加官方、学术或工商业活动,亲身感受中国政治、社会生活的方方面面,努力培育韩国国会中知华、友华的议员团体。再者,扩大中、日、韩三国合作秘书处的职权,使其充分发挥协调中、韩两国乃至中、日、韩的重要作用,扩大中、韩两国在国际和地区事务上的共识。

在学界层面,继续深化中韩之间现有的学术交流是改善学者对华认知的根本途径。在学术交流上,一要重视高等学府的交流,这不仅包括加强两国名校之间已有的学术交流机制,更要重视一般大学的往来互访,使学术交流的影响从大城市向中小城市扩散,保证中韩学者及时了解对方国内的最新研究进展,使中韩两国更多的学生能够了解对方的实际国情。二是加强智库交往,中国社会科学院、中国国际问题研究院、现代国际关系研究院、上海国际问题研究院等中方研究机构与韩国国立外交院、国家安保战略研究院、世宗研究所、峨山政策研究院等韩方智库可以增强互访合作,强化战略沟通。另外,中国也可以学习韩国高等教育财团资助北京论坛、上海论坛的经验,设立专项基金,在韩国举行定期的高端学术论坛,在集思广益的基础上为中韩关系的发展乃至地区、国际合作的深化献计献策。

在媒体层面,扶持亲华、友华的媒体是改善韩国媒体对中国战略认知、国际形象的关键所在。传统的《朝鲜日报》《中央日报》《东亚日报》三大报固然保守色彩比较浓重,但鉴于其重大影响力,依然需要加强中国主流媒体与三大报之间的往来,并鼓励中国官员、学者、工商业人士投书三大报,向韩国民众正面宣传、系统阐述中国周边外交的新理念、新战略。同时,要积极利用韩国进步媒体相对友华的态度,重视进步媒体对青年的重大影响,努力将《京乡新闻》《韩民族》等进步媒体打造成韩国国内支持中韩友好的主要舆论阵地。在新媒体的利用上,中国可以大胆地在韩国利用Facebook、Twitter、YouTube等网络媒介进行宣传,提升中国在韩国青年群体中的形象。

在民众层面,一要及时了解和掌握韩国民间的舆论动向,委托民调机构对韩国民间的舆情定期进行调查,随时反映中韩交往中的问题并及时妥善解决,不使误会产生长期的负面影响。二要继续深化中韩民间文化交流,以"中国旅游年""韩国旅游年"为契机,一方面突出中韩在历史文化上的亲缘,另一方面要积极解释两国文化上的差异,在求同尊异的基础上正视共同的文化遗产,缓和两国国内的民族主义情绪,真正使文化纽带成为推动中韩友好的动力而不是障碍。三要敦促中国游客在韩观光期间自觉约束自身行为,不做有损国家形象之事,让广大的游客成为播散中韩友好的使者,使韩国民众从中国游客身上看到当代社会主义中国的新风貌。

如今,中国周边外交伴随着经济崛起进入了一个崭新的阶段,周边国家对中国的快速崛起,既怀有乐见其成的想法,亦存在认知难以调适的心态。对于周边国家对这一历史进程的不同认知,中国需要"换位思考"和"揽镜自鉴",一方面对周边国家的合理诉求给予充分理解,另一方面通过周边国家这一"他者"来认识自我。[①]正如反思是人类进步不可缺少的环节,中国周边外交只有在不断探索和反思韩国这样的周边国家回应的过程中,才能摸索出一条既符合中国利益又能回应邻国诉求的共赢之路,使"亲、诚、惠、容"的周边外交理念在周边永久传扬,使"命运共同体"意识在周边生根发芽。

---

① 石源华、祁怀高:《未来十年中国周边环境的新挑战与周边外交新战略》,《中国周边外交学刊(2015年第1辑总第1辑)》,社会科学文献出版社,2015,第50页。

参考文献

一 中文文献

(一) 专著(含译著)

〔韩〕白永瑞:《思想东亚:朝鲜半岛世界的历史与实践》,三联书店,2011。

陈峰君、王传剑:《亚太大国与朝鲜半岛》,北京大学出版社,2002。

程广中:《地缘战略论》,国防大学出版社,1999。

〔美〕戴维·P.霍顿:《政治心理学:情境、个人与案例》,尹继武、林民旺译,中央编译出版社,2013。

〔美〕戴维·伊斯顿:《政治生活的系统分析》,王浦劬主译,人民出版社,2012。

《邓小平外交思想学习纲要》编写组编《邓小平外交思想学习纲要》,世界知识出版社,2000。

董向荣、王晓玲、李永春:《韩国人心目中的中国形象》,社会科学文献出版社,2012。

方浩范:《儒学思想与东北亚"文化共同体"》,社会科学文献出版社,2011。

〔英〕哈·麦金德:《历史的地理枢纽》,林尔蔚、陈江译,商务印书馆,1984。

〔美〕汉斯·摩根索著,肯尼思·汤普森、戴维·克林顿修订《国家间政治:权力斗争与和平》,徐昕、郝望、李保平译,王缉思校,北京大学出版社,2006。

〔韩〕具天书:《东北亚共同体建设:阻碍性因素及其超越——韩国的视角》,北京大学出版社,2014。

〔美〕肯尼思·沃尔兹:《现实主义与国际政治》,张睿壮、刘丰译,北京大学出版社,2012。

李向阳主编《亚太地区发展报告(2014)——中国的周边环境》,社会科学文献出版社,2014。

〔美〕罗伯特·基欧汉:《霸权之后:世界政治经济中的合作与纷争》,苏长和、信强、何曜译,上海人民出版社,2001。

〔美〕罗伯特·杰维斯:《国际政治中的知觉与错误知觉》,秦亚青译,世界知识出版社,2003。

〔美〕马汉:《海权论》,萧伟中、梅然译,言实出版社,1997。

〔美〕玛莎·L.科塔姆、贝思·迪茨-尤勒、艾琳娜·马斯特斯、托马斯·普雷斯顿:《政治心理学》,胡勇、陈刚译,中国人民大学出版社,2013。

门洪华:《东亚秩序论——地区变动、力量博弈与中国战略》,上海人民出版社,2015。

倪世雄等:《当代西方国际关系理论》,复旦大学出版社,2001。

祁怀高等:《中国崛起背景下的周边安全与周边外交》,中华书局,2014。

钱洪良主编《中国和平崛起与周边国家的认知和反应》,军事谊文出版社,2010。

秦亚青主编《文化与国际社会:建构主义国际关系理论研究》,世界知识出版社,2006。

饶银华主编《新中国外交思想概论》,中央文献出版社,2006。

〔美〕塞缪尔·亨廷顿:《文明的冲突与世界秩序的重建》,周琪、刘绯、张立平、王圆译,新华出版社,1998。

石源华:《近代中国周边外交史论》,上海辞书出版社,2006。

石源华、祁怀高:《未来十年中国周边环境的新挑战与周边外交新战略》,《中国周边外交学刊(2015年第1辑总第1辑)》,社会科学文献出版社,2015。

孙歌:《主体弥散的空间——亚洲论述之两难》,江西教育出版社,2002。

唐世平、张洁、曹筱阳主编《冷战后近邻国家对华政策研究》,世界知识出版社,2005。

唐希中、刘少华、陈本红：《中国与周边国家关系（1949—2002）》，中国社会科学出版社，2003。

外交部、中央文献研究室编《毛泽东外交文选》，中央文献出版社，1994。

外交部、中央文献研究室编《周恩来外交文选》，中央文献出版社，1990。

王沛、贺雯主编《社会认知心理学》，北京师范大学出版社，2015。

王生：《当代韩国民族主义研究》，社会科学文献出版社，2015。

王晓玲：《韩国人的中国观》，社会科学文献出版社，2014。

王逸舟、谭秀英主编《中国外交六十年（1949~2009）》，中国社会科学出版社，2009。

〔美〕温都尔卡·库芭科娃等主编《建构世界中的国际关系》，肖锋译，北京大学出版社，2006。

许利平主编《当代周边国家的中国观》，社会科学文献出版社，2013。

〔美〕亚历山大·温特：《国际政治的社会理论》，秦亚青译，上海人民出版社，2014。

杨洁勉：《中国外交理论和战略的建设与创新》，上海人民出版社，2015。

叶自成：《新中国外交思想：从毛泽东到邓小平——毛泽东、周恩来、邓小平外交思想比较研究》，北京大学出版社，2001。

尹继武：《社会认知与联盟信任形成》，上海人民出版社，2009。

〔美〕约翰·米尔斯海默：《大国政治的悲剧》，王义桅、唐小松译，上海人民出版社，2003。

张洁主编《中国周边安全形势评估（2013）——海上争端的焦点与根源》，社会科学文献出版社，2013。

张小明：《中国周边安全环境分析》，中国国际广播出版社，2003。

张蕴岭：《中国与周边国家：构建新型伙伴关系》，社会科学文献出版社，2008。

赵进军主编《新中国外交60年》，北京大学出版社，2010。

中共中央文献编辑委员会编《邓小平文选》（全三卷），人民出版社，1994。

中共中央文献编辑委员会编《江泽民文选》（全三卷），人民出版社，2006。

中央文献研究室、中国外文局编《习近平谈治国理政》，外文出版社，2014。

朱听昌主编《中国周边安全环境与安全战略》，时事出版社，2002。

(二)论文(含译作)

曹玮:《搁置外交——解决领土争端问题的外交理念新探索》,《太平洋学报》2011年第1期。

陈迎春:《周边变局与中国外交思维的创造性发展》,《太平洋学报》2013年第3期。

楚树龙、郭宇立:《中国"和平发展"战略及模式》,《现代国际关系》2008年第2期。

代帆、周韦娥:《东亚地区秩序的未来:东亚还是亚太?》,《南洋问题研究》2006年第1期。

董向荣、李永春:《从历史教科书看韩国人的中国观——以中韩认知冲突为中心》,《国际论坛》2012年第6期。

〔韩〕范庆基:《后金融危机时代下中国国家形象的变化——基于韩国人评价视角》,《东北亚经济研究》2010年第22卷第3号。

高程:《历史经验与东亚秩序研究:中国国际关系理论的创新视角》,《外交评论》2013年3期。

〔英〕郝拓德、〔美〕安德鲁·罗斯、柳思思《情感转向:情感的类型及其对国际关系影响》,《外交评论》2011年第4期。

胡志勇:《中国周边外交战略转型及其路径探析》,《国际关系研究》2014年第2期。

黄忠、唐小松:《试论亚太地区对中国崛起的认知与反应》,《教学与研究》2011年第2期。

金灿荣、刘世强:《论以人为本的中国外交思想》,《外交评论》2009年第5期。

〔韩〕金夏中:《韩中关系十年及展望》,《现代国际关系》2003年第3期。

〔韩〕康俊荣:《韩国的中国学研究趋势与展望》,《学习与探索》2012年第1期。

李渤:《民族心理对国家对外政策的影响》,《长白学刊》2004年第5期。

李开盛:《周边外交中的安全"短板"及其突破》,《上海交通大学学报》(哲学社会科学版)2015年第4期。

李巧:《新时期中国周边外交战略的解读与思考》,《湖北社会科学》2005年第5期。

李文、沈予加:《论邓小平思想对构建新型国际关系的指导意义》,《政治学研究》2015年第2期。

〔韩〕李熙玉:《韩国的视角:韩美关系、东北亚均衡者以及六方会谈》,《当代韩国》2005 年第 3 期。

〔韩〕李熙玉:《亚洲基础设施投资银行与韩中关系》,《成均中国观察季刊》2014 年第 4 期。

〔韩〕李正男:《习近平时期中国对外政策变化和东亚政策》,《成均中国观察季刊》2015 年第 2 期。

〔韩〕李正男:《中国崛起:对周边国家是威胁还是机遇?》,《现代国际关系》2007 年第 12 期。

刘昌明:《双边同盟体系制约下的东亚地区主义:困境与趋向》,《当代世界社会主义问题》2011 年第 1 期。

刘昌明、孙云飞:《安全公共产品供求矛盾与东亚安全困境》,《当代世界社会主义问题》2014 年第 1 期。

刘小芳、吴建华:《试论冷战后韩国的新外交及其成因》,《当代韩国》2006 年第 3 期。

罗以澄、叶晓华、付玲:《〈人民日报〉(1997-2006 年)镜像下的美国国家形象建构》,《新闻与传播评论》2007 年第 Z1 期。

马洪喜:《美国主流媒体视野中的中日领土争端问题研究——以〈纽约时报〉(1980—2010 年)为例》,《当代亚太》2012 年第 3 期。

满振刚:《构建和谐世界:中国外交新理念的深层解读》,《河南师范大学学报》(哲学社会科学版)2006 年第 5 期。

牛林杰:《"欧亚倡议"+"一带一路":深化中韩合作的新机遇》,《世界知识》2015 年第 5 期。

彭沛:《邓小平的周边外交战略及其实践意义》,《理论月刊》2008 年第 11 期。

〔韩〕朴炳奭:《朴槿惠政府东北亚和平合作构想的具体化和改进方向》,《当代韩国》2014 年第 1 期。

祁怀高:《关于周边外交顶层设计的思考》,《国际关系研究》2014 年第 4 期。

祁怀高、石源华:《中国周边的安全挑战与大周边外交战略》,《世界经济与政治》2013 年第 6 期。

仇华飞、方雅静:《中国周边外交中的软实力战略》,《国际观察》2015 年第 3 期。

曲文娜:《试论中国对周边国家的公共外交》,《学术探索》2013 年第 7 期。

尚会鹏:《"个人"、"个国"与现代国际秩序——心理文化的视角》,《世界经济与政治》2007 年第 10 期。

沈陈:《区域性公共产品与中国亚洲外交的新思路》,《国际观察》2013 年第 1 期。

石建国、朴英姬:《"和平崛起"与中韩关系的发展》,《当代韩国》2004 年第 3 期。

石源华:《论新中国周边外交政策的历史演变》,《当代中国史研究》2000 年第 5 期。

石源华:《亚洲命运共同体的文化内涵》,《世界知识》2015 年第 2 期。

石源华、陈莉菲:《论中国共产党三代领导人的周边外交思想》,《毛泽东邓小平理论研究》2001 年第 3 期。

石源华、张弛:《朴槿惠政府对日政策的调整》,《现代国际关系》2016 年第 1 期。

宋国友:《中国与周边国家经济关系及政策选择》,《国际问题研究》2013 年第 3 期。

苏长和:《周边制度与周边主义——东亚区域治理中的中国途径》,《世界经济与政治》2006 年第 1 期。

孙歌、唐小兵:《东亚论述与东亚意识》,《开放时代》2012 年第 9 期。

孙云飞:《中国周边外交调整的预期目标与大国反应——兼论中国周边外交调整的突破口》,《世界经济与政治论坛》2015 年第 4 期。

唐世平、张蕴岭:《中国的地区战略》,《世界经济与政治》2004 年第 6 期。

唐彦林:《继承与发展——三代领导集体周边外交思想比较研究》,《当代世界与社会主义》2005 年第 4 期。

田野:《东亚峰会扩容与地区合作机制的演化》,《国际观察》2012 年第 2 期。

王生:《中国的和平崛起与 21 世纪初韩国的外交抉择——以韩中、韩美、韩日关系的变化为中心》,《当代韩国》2006 年第 4 期。

王生、罗肖:《国际体系转型与中国周边外交之变:从维稳到维权》,《现代国际关系》2013 年第 1 期。

王晓玲:《韩国"恨"文化的传承与变化——一项针对高中文学教科书的分析研究》,《当代韩国》2010 年第 3 期。

王晓玲:《什么因素影响韩国民众在中美之间的立场?——基于韩国民意调查的统计

分析》,《世界经济与政治》2012年第8期。

王星星、〔韩〕殷棋洙:《当前韩国民众对中国和中韩关系认识的实证研究》,《东北亚论坛》2014年第2期。

王宜胜:《中韩安全关系的现状及前景展望》,《东北亚论坛》2007年第4期。

王义桅:《公共外交需要智库支撑》,《公共外交季刊》2013年第4期。

王元周:《韩国人的历史观与中韩关系》,《国际政治研究》2009年第4期。

吴志成:《中国周边外交需更加重视战略谋划》,《现代国际关系》2015年第1期。

邢丽菊:《从传统文化角度解析中国周边外交新理念——以"亲、诚、惠、容"为中心》,《国际问题研究》2014年第3期。

肖晞、牛勇:《中国传统文化中的"和"对中国外交的影响》,《武汉大学学报》(哲学社会科学版)2010年第2期。

徐文吉:《中韩建交15周年双边关系盘点与前景展望》,《东北亚论坛》2007年第4期。

徐小红:《西方国家新闻媒体同外交决策的关系》,《外交学院学报》2003年第4期。

杨一帆:《以人为本的外交新理念》,《国际资料信息》2008年第8期。

尹继武:《国际政治心理学研究的新进展:基本评估》,《国外理论动态》2015年第1期。

俞新天:《"和谐世界"与中国的和平发展道路》,《国际问题研究》2007年第1期。

袁野、王光厚:《中国周边外交战略刍议》,《哈尔滨师范大学社会科学学报》2013年第1期。

詹德斌:《韩民族"恨"的心理特征与韩国外交》,《国际政治研究》2013年第3期。

翟慧霞:《周边国家民众对华认知分析》,《对外传播》2012年第9期。

翟慧霞:《皮尤调查特点及国际舆论引导——以近三年美国皮尤全球调查"周边国家民众对华认知"为例》,《对外传播》2015年第1期。

张弛:《韩国对加入亚投行问题的认知》,《韩国研究论丛》2015年第2期。

张弛:《韩国对南海争端的认知、立场与影响》,《太平洋学报》2015年第9期。

张弛:《韩国学界对冷战后中国周边外交的研究述评》,《世界经济与政治论坛》2014年第3期。

张弛:《韩国学界对十八大以来周边外交的评估及其启示》,《中国周边外交学刊

（2015 年第 1 辑总第 1 辑）》社会科学文献出版社，2015。

张全义:《人、国家与体系心理：国际政治社会学的一种诠释》,《国际观察》2014 年第 5 期。

张蕴岭:《如何认识东亚区域合作的发展》,《当代亚太》2005 年第 8 期。

张蕴岭:《把握周边环境新变化的大局》,《国际经济评论》2012 年第 1 期。

赵可金:《建设性领导与中国外交转型》,《世界经济与政治》2012 年第 5 期。

钟飞腾:《"周边"概念与中国的对外战略》,《外交评论》2011 年第 4 期。

钟飞腾、张洁:《雁型安全模式与中国周边外交的战略选择》,《世界经济与政治》2011 年第 8 期。

周方银:《周边环境走向与中国的周边战略选择》,《外交评论》2014 年第 1 期。

朱锐:《外交决策中的公共舆论与媒体因素》,《当代世界》2008 年第 8 期。

朱新民、谭伟恩:《中国改革开放之政策评析：经济、政治的改革与外交政策的调整与挑战》,《东亚研究》2005 年第 1 期。

二　韩文文献

（一）专著

공봉진 등．韓中수교 20년（1992~2012），파주：한국학술정보，2012.

김기수．시진핑 리더십，서울：석탑，2012.

김옥준．중국 외교노선과 정책：마오저둥부터 후진타오까지，서울：리북，2011.

김태호．중국외교의 새로운 영역，파주：나남，2008.

김흥규 엮음．중국 신외교전략과 당면한 이슈들，서울：오름，2013.

문유근．시진핑의 차이나 드림，파주：북스타，2014.

문홍호．중국의 대외 전략과 한반도，서울：울력，2006.

배정호 등．동북아 4국의 대외전략 및 대북전략과 한국의 통일외교 전략，서울：통일연구원，2014.

배정호，최수영．전환기 중국의 정치경제，서울：통일연구원，2013.

백권호．미래지향적인 한중 관계：소통과 성찰，서울：폴리테이아，2009.

사토 마사루 지음，이혁재 옮김．시진핑 시대의 중국，서울：청림，2012.

서진영. 21 세기 중국 외교정책: '부강한 중국' 과 한반도, 서울: 폴리테이아, 2006.

외교부 / 외교통상부. 외교백서 (2003~2015 년), 서울: 외교부 / 외교통상부, 2004-2016.

외교통상부. 한국외교 60 년, 서울: 외교통상부, 2009.

원광대학교 한중관계연구원. G2 시대, 중국은 우리에게 무엇인가, 파주: 서해문집, 2014.

이규태. 현대한중관계론, 서울: 범한서적주식회사, 2007.

이기현 등. 중국 18 차 당대회 분석과 대내외정책 전망, 서울: 통일연구원, 2013.

이대우. 남중국해 해양영토분쟁과 미중 갈등, 서울: 세중연구소, 2014.

이종민. 글로벌 차이나, 부산: 산지니, 2007.

이희옥 등. 한중 FTA 와 동아시아 지역주의, 서울: 풀빛, 2009.

장학봉. 남중국해 해양영토 분쟁과 대응전략 연구, 부산: 한국해양연수개발원, 2010.

정재호. 중국의 부상과 한반도의 미래, 서울: 서울대학교출판문화원, 2011.

조영남. 중국의 꿈: 시진핑 시대의 정치와 외교, 서울: 미음, 2013.

조영남. 후진타오 시대의 중국정치, 파주: 나남, 2006.

조용성. 중국의 미래 10 년, 서울: 넥서스, 2012.

홍정표, 장즈롱. 현대중국외교론, 파주: 나남, 2011.

(二) 论文

강영민. 경제대국 '중국의 부상' 과 한국의 '대응', 해양한국, 2001, 2011 (2).

강창선. 동북아 다자간 안보협력에 대한 중국의 인식과 전략——변화의 간능성을 중심으로, 민주사회외 정책연구, 2003, 3 (2).

금융동향센터. AIIB 출범 선언과 향후 논의의 방향, 주간 금융 브리프, 2014, 23 (44).

길병옥. 중국의 동북아 정책: 동북아 다자안보협력체제 구축에 대한 시사점, 한국동북아논총, 2005 (36).

길병옥, 김학성. 동북아 국제질서의 구조적 특성과 한반도 문제 해결방향, 한국과 국제정치, 2004, 20(3).

김동옥. 남사군도를 둘러싼 관련국의 대응과 그 해결 방안, 영토해양연구,2012(3).

김동옥, 김정현. 독도에 대한 한·일의 전략적 대응에 대한 연구, 해양연구논총, 2011(42).

김석민. 중국의 대중앙아시아 통상정책 변화와 시사점, 동북아연구,2009,24(1).

김석수. 남중국해 분쟁과 미중의 전략적 경쟁, 동남아연구, 2014, 24(2).

김옥준, 김관옥. 상하이협력기구(SCO)의 중국 국가안보전략에서의 함의 [J]. 中國硏究, 2008(43).

김원희. 필리핀과 중국간의 남중국해 중재사건에 관한 국제법적 검토: 관할권과 소송요건을 중심으로, 서울국제법연구, 2014, 21(2).

김인. 중국의 중앙아시아정책과 상하이협력기구(SCO), 中蘇硏究,2009,33(1).

김자영. 남중국해 해양영토분쟁의 최근 동향과 국제법적 쟁점, 안암법학, 2011 (34).

김재관. 탈내전기 중국의 중앙아시아 외교전략에 대한 검토 - 상하이협력기구를 중심으로 -, 현대사회과학연구, 2010(14).

김정기, 천자현. 중국 자원외교의 다자주의와 양자주의: 중앙아시아와 아프리카에 대한 중국자원외교 비교, 국제지역연구, 2009, 13(1).

김찬완. 태성적 한계를 극복하지 못한 인도와 중국 관계, 동아시아브리프, 2010, 5(1).

김찬완, 유경완. 중 해양실크로드에 계절풍 항로 '모쌈'으로 맞불 인도·중, 정치·군사 갈등 불구 경제협력은 강화, *Chindia Plus*, 2014(99).

김흥규. 시진핑 시기 미중 새로운 강대국 관계 형성 전망과 대한반도 정책, 국방연구, 2013, 56(3).

도윤주. 중국의 대상하이협력기구 전략적 이해 추구, 현대중국연구,2010,11(2).

박광섭. 남중국해 남사군도와 중국의 움직임에 대한 필리핀 아키노 행정부의 국방정책과 대응전략: 기능주의적 방식 모색, 아시아연구, 2012, 15(1).

박광섭. 남중국해 스카버러 숄을 둘러싼 중국과의 해양 분쟁 가열 조점으로 인한 필리핀 - 미국 안보협력 강화: 그 근원적 이해관계(Real Interests) 및 지역안보(Regional

Security) 에의 함의, 아시아연구, 2013, 16(2).

박광섭. 남중국해 스카버리 숄 영유권을 둘러싼 필리핀과 중국 간 분쟁양상의 분질: 영유권 주장의 근거와 분쟁해결 접근방식의 차이, 아시아연구, 2015, 18(1).

박민형. 중국의 부상과 한국의 군사적 대응, 國際政治論叢, 2012, 52(1).

박병광. 중국의 부상과 21세기 미래상의 대한 평가, 세계지역연구논총, 2004, 22(2).

박병인. 상하이협력기구(SCO) 성립의 기원, 중국학연구, 2005(33).

박병인. 상하이협력기구(SCO)와 중국의 경제적 이해, 중국학연구, 2005(31).

박병인. 시진핑 정부의 대중앙아시아 안보·경제 병진전략 탐구: 상하이협력기구(SCO)와 '신실크로드' 구상을 중심으로, 한국과 국제정치, 2014, 30(4).

박병인. 중국의 대중앙아시아 경제협력과 상하이협력기구 연구, 중국학연구, 2004(29).

박병인. 지역경제협력기제로서의 상하이협력기구 연구, 중국학연구, 2006(38).

박상남. 상하이협력기구(SCO)는 반미적인가? 국제지역정보, 2006(150).

박상남. 중국의 서부전략과 중앙아시아, 국제지역연구, 2005, 8(4).

박정민. 상하이협력기구(SCO) 발전과정에 대한 고찰: 러중 전력적 안보관계를 중심으로, 한국과 국제정치, 2013, 29(4).

변창구. 중국의 공세적 남중국해 정책과 미·중 관계, 한국동북아논총, 2013, 18(4).

변창구. 중국의 다자안보외교의 ARF, 한국동북아논총, 2004(32).

변창구. 중국의 동남아외교와 '소프트파워' 전략, 한국동북아논총, 2011(61).

변창구. 중국의 동아시아 해양전략과 남중국해 분쟁, 한국동북아논총, 2014(71).

설규상. 중국의 대 아세안 정책과 동아시아 지역주의, 글로벌정치연구, 2011, 4(2).

송일호, 이계영. 중국의 평화적 부상과 동아시아 지역협력 연구, 통상정보연구, 2012, 14(3).

신성원. 중국의 대외정책과 주변국 관계, 정책연구과제, 2014(1).

연현식. 중국의 부상과 동북아 신안보지설의 현상, 東西研究, 2009, 21(1).

유현정. AIIB와 THAAD: 이슈 연계 가능성 제기의 대한 제언, 세종논평, 2015

(294).

윤영덕. 중국의 주변외교전략과 대아세안 정책, 한국과 국제정치, 2006, 22(3).

이남주. 중국 무인승차 외교의 딜레마와 동북아정책, 민주사회와 정책연구, 2003, 3(1).

이동률. 2012 년 중국 외교 전략과 한반도, East Asia Brief, 2012, 7(1).

이동률. 시지핑체제 외교정책의 변화와 지속성: 제 18 차 전국대표대회 보고를 중심으로》, 中蘇研究, 2012/2013, 36(4).

이동률. 동북아 다자안보협력에 대한 중국의 인식과 전략, 중국학연구, 2008(45).

이동률. 중국의 주변지역 외교 전략 및 목표, 中國研究, 2006(38).

이동률. 탈냉전기 중국의 동남아 외교: 전략과 목표, 中蘇研究, 2000(87).

이선진. 동남아에 대한 중국 전략: 현황과 대응, JPI 정책포럼, 2010(7).

이선진. 중국 실크로드 전략과 동남아지역의 향후 정세, Chindia Plus, 2014(96).

李榮學. 중국 소프트파워 대외정책의 공세적 변화와 원인: 중국의 남중국해 정책을 중심으로, 中蘇研究, 2012, 36(1).

이윤범. 호치민 민족주의와 베트남의 외교전략 - 남중국해 군도의 영유권 분쟁을 중심으로, 동남아연구, 2012, 22(2).

이정태. 중국의 상하이협력기구 지정전략, 한국동북아논총, 2007(45).

이태환. 시진핑 시대 중국의 대외정책과 한반도, 정세외 정책, 2012(12).

이희옥. 한국에서 중국 부상의 성격: 시각과 실제, 한국과 국제정치, 2009, 25(4).

이희옥. 중국의 부상과 한중관계의 새로운 위상, 한국과 국제정치, 2012, 28(4).

이희옥. 중국의 주변지역전략과 대동남아정책의 새로운 조정, 中蘇研究, 2011, 35(2).

임경한. 중국의 남사군도(Spratly Islands) 분쟁 대응 전략, 국방정책연구, 2010, 26(2).

임정성. 스리랑카 남아시아의 싱가포르: 인도와 중국 사이 실익외교 '남아시아 호랑이' 도약의 꿈, Chindia Plus, 2013(85).

이지용. 한·중 수교 20 년 평가와 한국의 대중국 외교전략, 주요국제문제분석, 2012(19).

조영남. 중국의 부상과 동아시아 지역질서의 변화, 中蘇研究, 2010, 34(2).

조영남. 시진핑 시대의 중국 외교 전망: 중국공산당 제18차 당대회의 정치보고를 중심으로, 한국과 국제정치, 2013, 29(2).

주장환. 중국의 대 중아시아 경제 전략의 변화: '실크로도의 복원'에서 'Great China 로의 편입', 대한정치학회보, 2010, 18(2).

주장환. 중국의 대 중앙아시아 정책 - 서진 전략의 배경・내용・전망, 韓中社會科學研究, 2014, 12(3).

주장환, 윤성욱. 인민폐 국제화의 정치경제: 배경과 전략을 중심으로, 국가전략, 2009, 15(4).

지만수. 아시아인프라투자은행을 추진하는 중국의 속내와 경제적 기회, 주간 금융 브리프, 2015, 24(7).

지재운. 중국의 중앙아시아 전략, 중국학연구, 2005(31).

총성의. 시진핑 시대 중국의 변화 전망과 동북아 국제정세의 변화 가능성, 대한정치학회보, 2013, 20(3).

최필수. AIIB 설립과 동북아 개발금융, 韓中社會科學研究, 2015, 13(1).

한석희. 중국의 경제적 부상에 대한 한국의 새로운 시각, 한국정치학회보, 2003, 37(3).

한석희. 중국 魅力攻勢(Charm Offensive)에 대한 비판적 검토——중 - 아세안 (ASEAN) 관계 강화의 긍정적・부정적 측면을 중심으로, 국제지역연구, 2008, 12(2).

한석희. 시진핑 지도부의 대외관계 분석: 대미정책과 대북정책을 중심으로, 국가전략, 2012, 18(4).

한석희. 중국 주변국 외교의 성공전략, *Sungkyun China Brief*, 2014, 2(2).

三 英文文献

(一) 专著

Brantly Womack, *China among Unequals: Asymmetric Foreign Relations in Asia* (Singapore: World Scientific Press, 2010).

Bruce A. Elleman, *Beijing's Power and China's Border: Twenty Neighbors in Asia* (New

York: M. E. Sharpe, 2012）.

David C. Kang, *China Rising: Peace, Power, and Order in East Asia*（New York: Columbia University Press, 2007）.

David Shambaugh, *China Goes Global: The Partial Power*（New York: Oxford University Press, 2013）.

A. L.George &J. L.George, *Woodrow Wilson and Colonel House: A Personality Study*（New York: Dover, 1964）.

Henry Kissinger, *On China*（New York: Penguin Press, 2011）.

Irvine Janis, *Psychological Studies of Policy Decisions and Fiascoes*（Boston: Houghton Mifflin, 1982）.

Jonathan Holslag, *China's Coming War with Asia*（Cambridge: Polity Press, 2015）.

M.Taylor Fravel, *Strong Borders Secure Nation: Cooperation and Conflict in China's Territorial Disputes*（Princeton: Princeton University Press, 2008）.

Robert O. Keohane, *International Institutions and State Power: Essays in International Theory*（Boulder: Westview Press, 1989）.

Suisheng Zhao, *Chinese Foreign Policy: Pragmatism and Strategic Behavior*（New York: M.E.Sharpe, 2004）.

（二）期刊论文

Alexander Wendt, "The State as a Person in International Theory," *Review of International Studies*, Vol.30, No.2, 2004.

Amitav Acharya, "Will Asia's Past Be Its Future," *International Security*, Vol.28, No.3, 2003/2004.

R.Birt, "Personality and Foreign Policy: The Case of Stalin," *Political Psychology*, Vol.15, No.4, 1993.

Changhee Nam & Seiichiro Takagi, "Rising China and Shifting Alliance in Northeast Asia: Opportunities and Challenges Facing America and Its Allies," *The Korean Journal of Defense Analysis*, Vol.16, No.2, 2004.

David C. Kang, "Getting Asia Wrong: The Need for New Analytical Frameworks,"

International Security, Vol.27, No.4, 2003.

David Shambaugh, "China Engages Asia: Reshaping the Regional Order," *International Security*, Vol.29, No.3, May 2004.

David Shambaugh, "Coping with a Conflicted China," *The Washington Quarterly*, 2011, 34（1）.

Denny Roy, "Hegemon on the Horizon? China's Threat to East Asian Security," *International Security*, Vol.19, No.1, 1994.

Dirk Richard Morton, "Becoming a Good Neighbor in Southeast Asia: The Case of China's Territorial Disputes in the South China Sea, 1989-2006"（Ph.D. diss., Old Dominion University, 2007）.

Evan S. Medeiro & M. Taylor Fravel, "China's New Diplomacy," *Foreign Affairs*, Vol.82, No.6, 2003.

Gilbert Rozman, "History as an Arena of Sino-Korean Conflict and the Role of the United States," *Asian Perspective*, Vol.36, 2012.

Ihn-hwi Park, "Northeast Asia and the Trust-building Process: Neighboring States' Policy Coordination," *International Journal of Korean Unification Studies*, Vol.22, No.2, 2013.

James R. Masterson, "Economic Interdependence and Conflict: The Case of China and Its Neighbors"（Ph.D. diss., University of Cincinnati, 2009）.

Jong-Ho Jeong. Ethnoscapes, "Mediascapes, and Ideoscapes: Socio-Culture Relations between South Korea and China," *Journal of International and Area Studies*, Vol.19, No.2, 2012.

Jun Byoung-Kon & Kim Jang-ho, "China's Role and Perception of a Unified Korea," *The Korean Journal of Defense Analysis*, Vol.25, No.3, 2013.

Kim Taeho, "'Strategy Cooperative Partnership' between Beijing and Seoul? A Quest in Search of Reality," *New Asia*, Vol.18, No.2, 2011.

Mark Beeson & Fujian Li, "Charmed or Alarmed? Reading China's Regional Relations," *Journal of Contemporary China*, Vol.21, No.73, 2012.

Renato Cruz De Castro, "Exploring the Prospect of China's Peaceful Emergence in East

Asia," *Asian Affairs: An American Review*, Vol.33, No.2, 2010.

Robert Sutter, "China's Good Neighbor Policy and Its Implication for Taiwan," *Journal of Contemporary China*, Vol.13, No.41, 2004.

Shaun Breslin, "Understanding China's Regional Rise: Interpretations, Identities and Implications," *International Affairs*, Vol.85, No.4, 2009.

Shi Yinhong, "China and the North Korean Nuclear Issue: Competing Interests and Persistent Policy Dilemmas," *The Korean Journal of Defense Analysis*, Vol.21, No.1, 2009.

Stuart Harris, "China's Regional Policies: How Much Hegemony?" *Australian Journal of International Affairs*, Vol.59, No.4, 2005.

Wildavsky Aaron, "Why Self-interest Means Less Outside of a Social Context," *Journal of Theoretical Politics*, Vol.6, 1994.

四 网站

《朝鲜日报》网站，http://www.chosun.com/。

东亚研究院网站，http://www.eai.or.kr/korean/index.asp。

峨山政策研究院网站，http://www.asaninst.org/。

韩国国防研究院网站，http://www.kida.re.kr/。

韩国国家安保战略研究院网站，http://www.inss.re.kr/。

韩国国立外交院网站，http://www.knda.go.kr/knda/hmpg/kor/main/HmpgMain.do。

韩国联合通信社网站，http://www.yonhapnews.co.kr/。

韩国企划财政部网站，http://www.mosf.go.kr/main/main.jsp。

韩国统一研究院网站，http://www.kinu.or.kr/。

韩国外交部网站，http://www.mofa.go.kr/main/index.jsp。

韩国综合新闻数据库（Kinds）网站，http://www.kinds.or.kr/。

韩国总统府（青瓦台）网站，http://www.president.go.kr/。

皮尤研究中心网站，http://www.pewresearch.org/。

庆南大学极东问题研究所网站，http://ifes.kyungnam.ac.kr/kor/IFES_main.aspx。

世宗研究所网站，http://www.sejong.org/。

中国共产党新闻网，http://cpc.people.com.cn/。

中国政府网，http://www.gov.cn/。

《中央日报》网站，http://joongang.joins.com/。

后 记

《韩国对中国周边外交的认知研究(2002~2014)》一书自2017年底将初稿提交出版社以来,几经辗转,又逢百年未有之大疫,直到现在方才付梓。诚然,这本书写作的时间下限只到朴槿惠执政中期,但还是比较系统地将韩国政府、学者、媒体和民众等各界人士对中国周边外交的解读呈现给了读者。以韩国为例,研究周边国家眼中的中国周边外交,本书开辟了周边外交研究"由外至内"的新研究路径。

本书在写作过程中,首先我要感谢博士求学期间导师石源华教授的辛勤指导以及复旦大学朝鲜韩国研究中心郑继永教授、邢丽菊教授、方秀玉教授、蔡建副教授和朱芹助理研究员的帮助。其次,参加工作之后,上海政法学院政府管理学院汪伟民教授和上海全球安全治理研究院的吴强研究员、何俊研究员也为本书的出版提供了重要的支持。再次,我的学生李帅武、项宏伟、郑乐欢、韦之、李明浩等亦在协助书稿校订工作中付出了辛勤的劳动。最后,我也要感谢我的父母及家人,正因为你们的关心和鼓励,才能使我在人生路上不断成长。

谨以此书致所有我爱的人和关心、支持我的人!

张 弛

2021年3月25日于上海政法学院

图书在版编目(CIP)数据

韩国对中国周边外交的认知研究.2002-2014/张弛著.--北京：社会科学文献出版社，2021.6
（韩国研究文库）
ISBN 978-7-5201-8438-0

Ⅰ.①韩… Ⅱ.①张… Ⅲ.①中外关系－研究－2002-2014 Ⅳ.①D822

中国版本图书馆CIP数据核字（2021）第091742号

韩国研究文库
韩国对中国周边外交的认知研究（2002~2014）

著　者 / 张　弛
出 版 人 / 王利民
责任编辑 / 高明秀　肖世伟
出　　版 / 社会科学文献出版社·国别区域分社（010）59367078
　　　　　地址：北京市北三环中路甲29号院华龙大厦　邮编：100029
　　　　　网址：www.ssap.com.cn
发　　行 / 市场营销中心（010）59367081　59367083
印　　装 / 三河市龙林印务有限公司
规　　格 / 开　本：787mm×1092mm　1/16
　　　　　印　张：15.5　字　数：231千字
版　　次 / 2021年6月第1版　2021年6月第1次印刷
书　　号 / ISBN 978-7-5201-8438-0
定　　价 / 89.00元

本书如有印装质量问题，请与读者服务中心（010-59367028）联系

▲ 版权所有　翻印必究